国家级一流本科专业（会计学）建设点配套教材
普通高等教育"十四五"规划教材
应用型本科院校财会专业教改系列
普通高等教育省级精品教材

会计学原理

（第三版）

岳 龙 主编

江金锁 罗书章 副主编

立信会计出版社

图书在版编目(CIP)数据

会计学原理 / 岳龙主编. —3 版. —上海：立信会计出版社，2023.8(2025.7重印)
ISBN 978-7-5429-7420-4

Ⅰ.①会… Ⅱ.①岳… Ⅲ.①会计学-高等学校-教材 Ⅳ.①F230

中国国家版本馆 CIP 数据核字(2023)第 155250 号

策划编辑　　蔡伟莉
责任编辑　　孙　勇

会计学原理(第三版)
KUAIJIXUE YUANLI

出版发行	立信会计出版社		
地　　址	上海市中山西路 2230 号	邮政编码	200235
电　　话	(021)64411389	传　真	(021)64411325
网　　址	www.lixinph.com	电子邮箱	lixinaph2019@126.com
网上书店	http://lixin.jd.com		http://lxkjcbs.tmall.com
经　　销	各地新华书店		
印　　刷	上海华业装潢印刷有限公司		
开　　本	787 毫米×1092 毫米	1/16	
印　　张	16.75		
字　　数	428 千字		
版　　次	2023 年 8 月第 3 版		
印　　次	2025 年 7 月第 4 次		
书　　号	ISBN 978-7-5429-7420-4/F		
定　　价	46.00 元		

如有印订差错，请与本社联系调换

总 序

自20世纪末期开始，我国高等教育步入大众化教育发展阶段。当前，我国已建成了世界上最大规模的高等教育体系。随着经济发展进入新常态，经济结构深刻调整、产业升级步伐加快、社会文化建设不断进步，党中央、国务院适时作出了引导本科院校向应用型高校转变，推动高等院校转型发展的重大战略部署，以便为生产服务一线培养出大量的、急需的高层次应用型人才。

广东金融学院创建于1950年，是一所省属公办普通本科院校。近年来，学校以"建成国内知名的应用型金融品牌大学"为发展目标，坚持"面向金融、面向地方、面向需求"的办学思路，秉承"金融为根、育人为本、应用为先、创新为范"的办学理念，不断提高办学质量，在人才培养、科学研究、社会服务等方面履行大学职能和社会责任，赢得了良好的社会声誉。

广东金融学院会计系创立于1993年。伴随着我国会计市场化、国际化改革进程，以及我国会计规则体系的不断完善，会计系获得了"跨越式、可持续"的高速发展。20余年来，会计系始终立足于"培养高层次应用型会计人才"，在会计学科建设、专业建设、人才培养模式、师资队伍建设、课程建设等方面进行了积极探索，取得了可喜的成就。

教材是体现教学内容和教学方法的知识载体，是组织教学的基本工具，也是深入教学改革、提高教学质量的重要保证。教材建设是专业建设、课程建设的基本要素，也是教师教学、科研水平及其成果的重要反映。我们推出的"应用型本科院校财会专业教改系列"教材，是会计系近年来教材建设成果及应用型人才培养教改成果的集中体现。

"应用型本科院校财会专业教改系列"教材建设的指导思想及目标定位是：

(1) 坚持和服务于应用型本科会计人才的培养定位。应用型本科会计人才，是能够将会计学专业知识和技能应用于会计工作实践的高级专门人才。应用型本科院校教材建设，始终要坚持以社会人才需求为导向，坚持以本科层次的学科教育为依托，以应用型专业教育为基础，服务于高层次应用型会计人才的培养目标。

(2) 坚持"突出基础、突出应用、突出技能、突出特色"来构造教材体系和教材内容。在理论知识上，以保证系统性为前提，突出基础知识，以"应知应会"为度；在体例结构上，强化业务举例、知识链接、习题练习、实训案例等应用技能要素，以期打造出"在基础理论上弱于研究型本科，在知识体系上强于高职高专"，符合应用型本科层次会计人才培养定位的专业教材。

(3) 坚持"系统性"，兼顾"可行性"和"开放性"。坚持"系统性"，我们全面推出了财会专业的系列核心课教材、选修课教材及部分实验课教材;坚持"可行性",此次组织编写的教材均具备一定的历史积累,主编均具有本门学科教材的编写经验或具有本门课程长期的执教经历;坚持"开放性",对暂时不成熟的课程,将进行持续积累建设,陆续推出。

(4) 坚持、发挥金融行业特色和优势。我校有几十年金融行业办学的历史积累和优势,在金融企业会计教学和课程建设中,已形成自己的特色和优势。在本系列教材中,我们组织推出了《银行会计》《非银行金融企业会计》《商业银行财务管理》等三部金融行业特色专业教材。

本系列教材的推出,首先得益于我们拥有的一支"双师型、双强型"专业师资团队,我校会计系现有19名教授、20名副教授、22名博士,教授和博士的全面参与,构成了系列教材建设的中坚力量;其次也得益于会计系在"十一五""十二五"期间积累和取得的一系列教学成果,过去的10年间,会计系会计学专业、财务管理专业取得省级质量工程立项建设,会计学基础、会计信息系统、银行会计获得省精品课程立项建设,会计系在国家级教学实验中心建设、国家级教学实习基地建设,在人才培养模式创新,在校企协同培养班等方面取得的教学成果,均为推出本系列教材提供了基本的支撑和保证。

本系列教材的推出,凝结着全体参编人员的辛勤付出和智慧,也得到了立信会计出版社同仁的大力协作和支持。同时我们深知,随着财会体制变革的不断深化,加之编写人员的水平所限,教材可能存在不足和错误之处,恳请读者不吝赐教,多提宝贵意见,以便我们继续修订完善,不断提升本系列教材建设的质量和水平。

第三版前言

本书是为满足应用型本科院校会计学、财务管理学、审计学等专业人才培养目标,按照本科高等院校的教学规律和管理类教材体例而编写的应用型高等院校本科教材。

本书系统地阐述了会计学的基本理论、基本方法和基本技能。全书可分三个单元,共11章。其中:第一单元为"基础理论知识",由第一、第二、第三章构成;第二单元为"会计核算基本方法",由第四章至第十章构成;第三单元为"会计工作组织管理",由第十一章构成。

在本书编写过程中,我们力求在保证知识体系完整的前提下,以"应知应会、必知必会"为度,放弃大量理论探讨,力求行文简练,压减章节数量,突出会计学基础知识和基本核算方法。在各章中,我们加入了业务举例、业务实训和相关知识链接等内容,增强教材的可读性,以便在教学中节约教学时数,保证取得良好的教学效果。

本书由岳龙(广州城市理工学院教授)任主编,江金锁(广东金融学院教授)、罗书章(广东金融学院教授)任副主编。各章编写的具体分工为:第一、第二、第十章由岳龙编写;第三章由广州城市理工学院李岩编写;第四、第五、第六、第七章由江金锁编写;第八、第九、第十一章由罗书章编写。全书由岳龙进行体例设计,并经最后的修改、总纂后定稿。

本书编者对会计学原理课程均具有长期的执教经历,本书体现了一定的历史积沉。本书第一版出版后,深受同学和教师的欢迎,我们也收到了许多宝贵的修改建议,本次修订便是我们在此基础上,以党的二十大精神为引领,坚持立德树人、思政引领,依据全新的会计法规、准则和制度,在充分借鉴和吸收最新理论成果的基础上完成的。

由于我国财会体制变革正日益深化,加之我们编写人员的水平所限,书中若有不足和错误之处,恳请读者不吝赐教,批评指正。

编　者

2023 年 7 月

模拟试卷一

模拟试卷二

目　录

第一章　总　论 · 1
  第一节　会计的产生和发展 · 1
  第二节　会计的定义和职能 · 5
  第三节　会计目标和会计信息质量要求 · 9
  练习题 · 15

第二章　会计要素和会计等式 · 19
  第一节　会计对象和会计核算内容 · 19
  第二节　会计要素 · 23
  第三节　会计等式 · 28
  练习题 · 33

第三章　会计核算基础和方法 · 37
  第一节　会计基本假设 · 37
  第二节　会计核算基础 · 39
  第三节　会计要素确认和会计计量 · 41
  第四节　会计记录和会计循环 · 46
  练习题 · 51

第四章　会计科目和账户 · 55
  第一节　会计科目 · 55
  第二节　账户 · 61
  练习题 · 67

第五章　复式记账 · 71
  第一节　记账方法概述 · 71
  第二节　借贷记账法原理 · 73
  第三节　借贷记账法的应用 · 78
  练习题 · 85

第六章　企业主要经济业务的核算······93
第一节　资金筹集业务核算······93
第二节　供应过程业务核算······98
第三节　生产过程业务核算······103
第四节　销售过程业务核算······110
第五节　财务成果形成和分配业务核算······116
练习题······123

第七章　会计凭证······133
第一节　会计凭证概述······133
第二节　原始凭证······136
第三节　记账凭证······140
第四节　会计凭证的传递和保管······146
练习题······151

第八章　会计账簿······159
第一节　会计账簿概述······159
第二节　记账规则······161
第三节　对账、错账更正和结账······167
第四节　账务处理程序······174
练习题······179

第九章　财产清查······187
第一节　财产清查的意义、种类和程序······187
第二节　财产清查的内容和方法······189
第三节　财产清查结果的处理······195
练习题······199

第十章　财务会计报告······203
第一节　财务会计报告概述······203
第二节　资产负债表······206
第三节　利润表······215
第四节　现金流量表······220
第五节　所有者权益变动表······224
第六节　会计报表附注······227
练习题······229

第十一章 会计工作组织 …………………………………………………………… 233
第一节 会计法律制度和会计准则 …………………………………………… 233
第二节 会计工作管理体制 …………………………………………………… 237
第三节 会计人员和职业道德 ………………………………………………… 240
第四节 会计档案管理 ………………………………………………………… 245
第五节 会计信息化发展 ……………………………………………………… 248
练习题 ……………………………………………………………………………… 254

第一章 总 论

章前导引

教学目标

本章主要介绍了会计产生、发展的原因及过程,会计的定义、特点和职能,会计目标及会计信息的质量要求。

通过学习,学生应了解会计产生和发展的原因及过程;重点理解和掌握会计的定义、特点和职能;理解会计目标及会计信息质量的基本要求。

第一节 会计的产生和发展

一、会计产生和发展的原因

（一）会计是社会生产发展到一定阶段的产物

人类的生产活动一方面创造出物质资料,另一方面又要发生劳动时间和生产资料的耗费。在社会生产发展的初始阶段,人们只是在进行生产活动的同时,附带地把劳动成果、劳动耗费和发生的日期进行计量和记录,会计在其产生的初期还只是"生产职能的附带部分",还不是一项独立的、专职的工作。随着社会生产发展到一定程度,生产规模的日益扩大和复杂,劳动成果有了剩余以后,人们开始更关心劳动成果和劳动耗费的比较,更关心对剩余劳动产品的管理和分配。这时仅仅靠人们劳动过程中附带地进行记录和计算,显然满足不了需要。为了合理地安排劳动时间,减少生产资料的消耗,生产出尽可能多的物质资料,必然要对劳动时间和生产资料的耗费和所取得的劳动成果——物质资料进行观察、计量、记录和比较,以便取得必要的数据及其变化的资料,借以了解和控制生产活动,力求以较少的生产耗费获得较多的生产成果。为了满足生产发展需要,适应对劳动成果和劳动耗费进行管理的要求,会计逐渐从生产职能中分离出来,独立成为具有特定职能的专职管理活动,就产生了最早的会计。

（二）会计随着社会生产的发展,并适应经济管理的客观需要而不断发展、完善

会计是随着生产力的发展、生产关系的变革和生产经营管理的需要而产生、发展并不断完善起来的。为了对生产过程中进行核算和监督,随着社会生产的日益发展和生产规模的

日益扩大,生产、分配、交换、消费活动日益纷繁复杂,会计也经历了一个由简单到复杂、由低级到高级、由不完善到完善的发展过程。其主要表现为:①由单式记账发展到复式记账。②由简单的记录、计算和考核钱物收支,发展到以货币为计量工具对经济活动全过程进行核算和监督。③会计处理从手工记录发展到计算机网络传输。④会计信息从满足内部管理需要发展到满足社会公众需要的通用商业语言。会计产生和发展的历史表明:经济越发展,会计越重要。正如马克思所说的那样:"过程越是按照社会的规模进行,越是失去纯粹个人的性质,作为对过程进行控制和观念总结的簿记就越是必要。因此,簿记对资本主义生产,比对手工业和农民的分散生产更为必要;对公有制生产,比对资本主义生产更为必要"。(注:《马克思恩格斯全集》第24卷,人民出版社1972年版,第152页)

二、我国会计的产生和发展

会计在我国有悠久的发展历史。早在西周时期就设置"司会"官职,主管朝廷财政收支的核算;在西周《孟子正义》一书中提到"零星算之为计,总合算之为会",首次出现了"会计"两字构词连用,其基本含义是:既有日常的零星核算,又有岁末的总合核算,用来考核朝廷的年度财政收支。秦始皇统一中国后,社会经济得到发展,也促进了会计的发展,出现了用竹简木牌刻写的被称为"籍书"或"簿书"的账簿,用"入""出"作为记录符号反映各种财物的收支事项,这实际上是我国会计账簿的雏形。在宋朝,官府办理钱粮报销和移交手续时,一般都采用"四柱清册"进行结算。所谓"四柱",即"旧管""新收""开除""实在",其含义分别相当于现代会计中的"期初结存""本期收入""本期支出""期末结存"。"四柱"之间的结算关系可用会计方程式表示为"旧管+新收-开除=实在"。明、清两代统一了账簿格式,以货币为计量单位,账页分别收入、支出两部分,上收下支,这种格式一直为中式记账沿用。当时的会计工作者又设计了"龙门账"的会计核算方法。在这种会计核算方法下,把全部账目划分为"进""缴""存""该"四类,"进"指全部收入;"缴"指全部支出;"存"指全部资产(含债权);"该"指全部负债(含业主投资)。"进""缴""存""该"之间的结算关系可用会计方程式表示为"进一缴=存一该"。1905年(光绪三十一年),出任美国、秘鲁、日本的使者蔡畅勇编著《连环账谱》一书,把意大利的借贷会计传入国内。1908年,清政府创办大清银行时,开始将借贷记账法引进我国企业实际应用。我国的一些会计学者在借鉴外国会计学术成就、总结我国会计实践经验的基础上,在清末逐步建立起我国的现代会计学科。

中华人民共和国成立后,国家财政部主管全国会计事务、管理全国的会计工作,普遍实行复式记账法,制定并推行全国统一的会计制度。十一届三中全会后,我国进入了新的历史时期。随着经济体制改革的深入和对外开放的扩大,会计所处的环境不断地变化。1985年,我国颁布了第一部《中华人民共和国会计法》,标志着我国会计工作进入了法制化时期。

1992年,我国颁布了《企业会计准则》和《企业财务通则》,并从1993年7月1日开始施行,推出12个行业会计制度,改变了我国40多年来以计划经济为基础的会计模式,改革了会计平衡公式,规范会计要素体系,确立了明确的会计假设和会计原则,改革了会计报表体系,使我国会计制度初步实现了与国际会计惯例的协调与接轨,标志着我国适应社会主义市场经济体制的会计体系得以初步确立。

2000年后,继新《中华人民共和国会计法》《企业财务会计报告条例》的实施,我国又相继推出并实施了《企业会计制度》《金融企业会计制度》和《小企业会计制度》三项统一会计制度,加之1997年至2002年陆续推出的16条具体会计准则,使我国逐步推出和执行了打破行业的统一会计制度准则,进一步实现我国会计与国际会计惯例的协调和接轨。

2006年2月,财政部集中推出了《企业会计准则——基本准则》和38条具体会计准则。2011年10月,财政部发布了《小企业会计准则》。2012年12月,财政部发布了《事业单位会计准则》。2014年,财政部制定并发布了公允价值计量、合营安排、在其他主体中权益的披露3条具体会计准则,修订了长期股权投资、职工薪酬、财务报表列报、合并财务报表、金融工具列报5条具体会计准则。2015年10月,财政部发布了《政府会计准则——基本准则》。2017年,财政部发布了持有待售的非流动资产、处置组和终止经营具体会计准则,修订了收入、金融工具确认和计量、金融资产转移、套期会计、金融工具列报5条具体会计准则。2018年,财政部修订了租赁具体会计准则。2019年,财政部修订了非货币性资产交换、债务重组2条具体会计准则。这些会计准则的相继推出,建立起与我国社会主义市场经济相适应,并与国际财务报告准则充分协调、趋同,能够涵盖各类企事业单位、各项经济业务、独立实施的会计准则体系。

三、国外会计的产生和发展

在国外,早在印度原始公社时期,已经出现记账员,负责登记农业账目和与此相关的事项。在奴隶和封建社会里,由于商品经济不发达,当时的会计主要是政府部门用来记录、计算和考核钱物出纳等财务收支情况的。从13世纪至15世纪,地中海沿岸某些城市的商业和手工业快速发展,从而产生了科学的复式记账法。1211年,意大利佛罗伦萨银行已用借贷复式记账方法记账,当时人们称这种记账方法为"威尼斯簿记法"。1494年,意大利数学家卢卡·帕乔利(Luca Pacioli)在其所著《算术、几何、比及比例概要》一书中,用数学原理对当时出现在意大利沿海商业发达城市的借贷记账法的记账原理及其运用,进行详细介绍并加以理论概括。一般认为,这是借贷复式记账法形成的重要标志,标志着近代会计的开端。1581年,威尼斯"会计学院"的建立,表明会计已作为一门学科在学校里传授。以后,借贷复式记账法先后传至世界各国,并得到世界各国会计学者在理论上和技术上的不断发展和完善,为世界各国普遍采用。

在20世纪二三十年代,为适应市场竞争的需要,西方一些发达资本主义国家的会计学者又创造了标准成本会计制度,并分别开展会计准则的研究和制订。1973年6月,澳大利亚、英国、美国、加拿大、法国、日本、荷兰、联邦德国、墨西哥九个国家的会计职业组织集合于伦敦,成立了国际会计准则委员会,并陆续颁布了《国际会计准则》,促进了会计准则的国际化。20世纪20年代末,特别是第二次世界大战后,随着现代化大生产的发展,各种先进科学和技术被广泛用于管理方面,会计也全面着眼于管理,形成了以成本管理为中心内容的管理会计,极大地丰富了会计学的内容,扩充了会计的传统职能,标志着现代会计科学体系的确立。20世纪50年代后,计算机技术成功地运用到会计领域,继续引发了会计方法、会计理论的重大变革,在各国会计学者和实务工作者的不断努力下,会计学科的内容正日益丰富和完善,人类又进入了一个现代会计科学充满活力的崭新时代。

四、会计学体系的形成和发展

会计学是研究会计理论和方法的一门经济管理科学,是人们对会计实践活动进行科学总结，找出其内在规律所形成的系统化的知识体系。会计学源自会计实践，又反作用于会计实践工作，从而使会计工作不断趋向完善。会计工作实践的历史悠久，而会计学的形成则相对较晚。1494年，卢卡·帕乔利所著《算术、几何、比及比例概要》一书也只是第一部研究近代簿记方法的理论著作；直到20世纪初的1903年，英国出版了劳伦斯·狄克西的《高等会计学》和乔治·利司尔的《会计学全书》，这才标志着真正意义上的会计学的产生，而有组织的深入研究会计理论则是20世纪30年代以后。

会计实践是不断发展和不断丰富的，会计实践的发展和丰富推动了会计学的发展和完善。随着会计学研究的深入发展，会计学分化出许多分支，每一分支都形成了一个独立的学科。这些学科相互促进、相互补充，构成了一个完整的会计学科体系。会计学按其研究的空间范围，可分为宏观会计学和微观会计学，微观会计学又按研究客体的性质不同分为企业会计学和预算会计学，企业会计学又按其研究内容一般分为会计学原理、财务会计、管理会计、成本会计、政府及非营利组织会计、财务管理、审计学等。

1. 会计学原理

会计学原理主要阐述会计的基本理论、基本知识和基本方法。它主要研究会计的基本概念、记账原理、账务处理程序和方法、会计凭证、账簿、报表，介绍会计要素的确认、计量、记录和报告的基本知识等。它为进一步学习会计学科体系其他内容奠定基础。

2. 财务会计

财务会计主要阐述处理各项会计要素的基本理论和方法、财务报表的编制方法。它主要研究如何根据企业已发生的经济业务，通过对会计要素的确认、计量、记录和报告，提供其财务状况、经营成果和现金流量信息，以满足会计信息使用者的需要。

3. 管理会计

管理会计以现代管理科学为基础，以改善企业管理为目的，所提供的信息主要是面向企业内部管理人员。它主要阐述企业如何利用会计信息和其他有关信息对企业进行经营管理，使企业进行最优预测决策的基本理论和方法。它主要研究预测决策会计、控制会计和责任会计等。

4. 成本会计

成本会计主要阐述企业成本核算和成本管理的理论和方法，研究成本管理及降低成本的途径，为企业经营管理决策提供所需的各种成本信息。它主要研究成本计划的编制、实际成本的计算、成本分析、成本预测、成本控制和成本决策的方法等。

5. 政府及非营利组织会计

政府及非营利组织会计主要阐述中央地方政府预算、行政事业单位、社会组织等单位的业务核算内容。它研究对预算单位及事业单位等的财务收支进行核算和监督内容方法，达到合理地分配和调度预算资金，提高预算资金使用的社会效益和经济效益的目标。根据单位的性质不同，它又可分为财政总预算会计、行政单位会计和事业单位会计。

6. 财务管理

财务管理主要阐述企业如何筹集资金和运用资金的理论和方法。它主要研究筹资、投资、融资、财务分析、财务预测、企业兼并重组和企业清算等。

7. 审计学

审计学主要阐述对经济活动的合法性、合理性、效益性进行监督检查的基本理论和方法。它主要研究审计的基本理论与方法、财务审计、责任审计和经济效益审计等。

会计学的内容并不是一成不变的,它将随着人类文明的进步,现代化生产条件、经营管理理念的更新,新科学技术的出现而不断丰富和发展。现代会计学的研究领域和范围进一步扩大,出现了一些新的特殊领域或研究视角的会计学科,诸如税务会计、人力资源会计、社会责任会计、法务会计、无形资产会计、衍生金融工具会计、资源与环境会计、网络会计等。

第二节 会计的定义和职能

一、会计的定义

会计是以货币为主要计量单位,运用专门的方法和程序,对企事业单位及其他组织的经济活动,进行全面、连续、系统的核算和监督,提供财务信息,并进行分析预测,参与经营决策的一种经济管理活动。

对会计本质的认识历来在国内外会计界存在着不同的看法。综观会计界对会计本质的认识,主要存在两种具有代表性的观点:管理活动论和信息系统论。

管理活动论认为会计本质是一种经济管理活动。该理论认为,会计是通过收集、处理和利用经济信息,对经济活动进行组织、控制、协调,促使人们权衡比较利弊得失,讲求经济效果的一种管理活动。这是因为:其一,会计对企业的经济活动进行核算并提供会计信息的最终目的是提高企业的经济效益;其二,包含管理会计在内的现代会计利用财务信息直接参与了企业的管理决策活动。会计既为管理提供信息,又直接履行了管理的职能。

信息系统论把会计的本质理解为一个经济信息系统。该理论认为,会计是一个收集、处理和输送经济信息的信息系统。最早提出这个观点的是美国会计学家A·C·利特尔顿。他在1953年编写的《会计理论结构》一书中指出:"会计是一种特殊门类的信息服务。""会计的显著目的在于对一个企业的经济活动提供某种有意义的信息。"20世纪60年代以后,随着信息论、系统论和控制论等管理理论的发展,该观点在西方发达国家会计界广泛流行。我国持这种观点的人认为,会计是旨在提高经济效益,加强经营管理,建立的一个以提供财务信息为主的信息系统。这个系统主要用于处理各单位经济活动所产生的可以用货币量度的数据或资料,而后把它加工成有助于经营决策的财务信息和其他信息。

对会计本质的不同理解,必然导致对会计定义的不同概括,目前,在会计界管理活动论仍是主流观点,为此本书对会计的定义是建立在管理活动论基础之上的。

二、会计的特点

(一)会计的本质属性是一种管理活动,是企业经营管理的重要组成部分

从系统论角度看,经济管理是个大系统,它把人、财、物、信息等有限的资源合理配置,有效地利用,以实现经营目标。这个系统一般是由生产管理子系统、销售管理子系统、质量管理子系统、会计管理子系统、人事管理子系统等若干个子系统组成的。会计管理子系统作为

一种价值管理活动,与其他子系统的区别,在于它能够收集用货币计量的全部经济信息,经过加工处理后形成对经济管理有用的财务信息。这些信息一方面能反映经营者经济责任的履行情况;另一方面又为经营者今后决策提供依据。

(二) 会计是以货币为主要计量尺度所进行的一种价值管理活动

对任何一种经济活动的计量和记录,都必须应用一定的计量单位,否则就无法进行数量反映。人们经常采用的计量单位主要有三种:实物量度、劳动量度和货币量度。

1. 实物量度

实物量度,如千克、米、件等,是为了计量各种不同物资的实物数量而采用的,它对于提供经营管理上所需的实物指标,保护各种物资的安全和完整具有重要意义。但是,实物量度的局限性在于它只能用于总计同一种类的物资,而不能用来总计各种不同种类的物资,更无法用来综合反映各种不同的经济活动。

2. 劳动量度

劳动量度,如工日、工时等,是为了核算企业在经营活动中消耗的劳动者工作时间的数量而采用的一种计量单位。应用劳动量度,可以具体确定某一工作过程的劳动耗费,这在商品经济条件下是非常必要且具有特定作用的。但是,由于价值规律是商品经济下的基本经济规律,社会再生产过程中所消耗的劳动量,还不能广泛利用劳动量度来进行记录和计算,仍需要间接地利用价值形式进行计算,即必须借助于价值形式才能把各种经济性质相同或不同的生产经营业务加以综合,以求得经营管理所必需的资产、负债、成本和利润等这样一些综合性的经济指标,总括反映各个单位错综复杂的经济活动过程及其结果。

3. 货币量度

货币是商品的一般等价物,具有价值尺度的功能。以货币作为统一的计量单位来进行核算是会计的一个重要特点。在商品经济条件下,任何经济活动都同时表现为价值的运动,会计只有采用货币计量,才能对经济活动的各个方面进行综合的核算与监督,以取得反映经济活动情况的全面的会计信息资料。在会计核算中,尽管实物计量和劳动量度也要经常应用,但会计上的主要计量单位还是货币。因此,在会计核算中,实物计量和劳动量度仅作为货币计量的辅助记录。

(三) 会计活动本身具有连续性、系统性、全面性和综合性

会计具有一套科学的专门方法,能对经济活动进行连续、系统、全面和综合的核算与监督。连续性是指会计对各种经济业务按其发生的时间先后顺序进行不间断地记录,对每一项经济活动能够自始至终地反映各个阶段的变化过程和结果;系统性是指对会计记录要按一定要求进行科学的分类、整理和汇总,为经营管理提供系统的、完整的有用会计信息;全面性是指会计对全部经济活动进行完整的计量和记录,全面反映经济活动的来龙去脉,不能有任何遗漏;综合性是指会计对各项经济业务以统一货币为计量尺度进行综合汇总,为经营管理提供总括的价值指标。

(四) 会计必须以真实、合法的会计凭证为依据,进行真实的记录和反映

会计所收集的经济信息必须真实可靠,这样通过信息处理后形成的财务信息,才能客观地反映经济活动。为了实现会计目标,向各有关方面提供真实、有用的会计信息,会计对任何经济业务的记录与核算,必须取得或填制合法的会计凭证。在会计核算中使用的原始凭

证,既是对经济业务的最原始记录,又是经业务责任人确认后形成的真实记录。按有关规定,记账人员必须对凭证进行审核无误后,才能作为进行会计处理的依据。只有以合法的原始凭证为依据,才能取得真实可靠的经济信息。

三、会计的职能

（一）会计的基本职能

会计的职能是指会计在经济管理中具有的客观功能。会计具有反映和监督两个基本职能。

1. 反映职能

反映职能是会计的最基本职能,主要是会计能从数量上反映各个单位已经发生或已经完成的各种经济活动的情况,为管理提供可靠的信息。会计反映具有以下特点：

（1）会计反映主要从价值上综合反映各单位的经济活动的过程和结果。会计反映的指标主要是数量指标,且主要是以货币作为计量尺度的指标,会计反映的内容几乎包括所有能用货币表现的经济活动。例如,款项和有价证券的收付;财产物资的收发、保管和使用;债权债务的发生和结算;资金的增减和经费的收支;收入、费用、成本的计算;财务成果的计算和分配等。

（2）会计反映具有完整性、连续性和系统性。完整性是指对属于会计对象的全部经济活动都必须加以记录,不能任意取舍,不能遗漏;连续性是指会计对每笔经济业务所作的反映,必须按照发生的时间顺序,自始至终不可间断地进行记录;系统性是指进行会计核算时,必须采用一整套专门的方法,对各种经济活动进行科学归类、整理和记录,最后提供系统化的数据和资料。

（3）会计主要反映已经发生或已经完成的经济活动。各单位的经济活动既有已经发生或已经完成的,也有将来发生或将来完成的。会计反映的是已经发生或已经完成的经济活动。因为已经发生或者完成的经济活动,已造成不可改变的既成事实,具有可验证性。会计按照《企业会计准则》和《企业会计制度》的要求,通过一系列的专门核算方法将已经发生或完成的经济活动情况记录下来,并对记录的会计数据进行加工处理,及时报告给会计信息的使用者。

2. 监督职能

监督职能是指会计机构或会计人员利用会计信息对各单位经济活动全过程的合法性、合理性和有效性进行的控制和监督。会计监督具有以下特点：

（1）会计监督主要利用价值指标来进行货币监督。会计主要利用货币量度,借助资金、成本、利润等价值指标,综合反映经济活动的过程和结果。因此,会计可以利用上述各项核算指标监督经济活动;同时,会计监督除了利用货币量度监督以外,还要进行实物监督。

（2）会计监督既要对已经发生的经济活动进行事中监督、事后监督,又要对未来经济活动进行事前监督。事前监督是指在经济活动以前,从讲求经济效果出发,审查经济活动计划和方案的合理性,参与经济决策;事中监督是指在经济活动进行时,检查各项经济活动是否符合国家有关政策、法规和制度的规定,以及有关计划、预算的要求,及时调整经济活动,使经济活动达到预期的目的;事后监督是指在经济活动完成之后,利用系统的会计信息进行反馈控制,加强事后的检查、分析和评价,监督经济活动的有效性,以便改进工作,使下一期的计划和方案更具有合理性。

(3)会计监督是单位内部的监督,它是外部监督不可替代的。国家通过财政、税务、审计、物价、工商管理等机构,对各单位的经济活动进行来自单位外部的国家监督,对于保护公共财产、维护财经法纪和经济秩序、提高经济效益等具有重要作用。但这些外部监督,不可能也不应该取代会计监督。因为外部监督只能定期进行,或者只针对某类经济事项进行监督,而会计监督是单位内部的监督,能够对本单位的经济活动进行完整和连续的监督,这是外部监督无法替代的。

会计反映和会计监督是会计的两大基本职能。会计反映是全部会计工作的基础,也是会计监督的基础,离开了会计反映,没有会计反映职能提供可靠、完整的会计信息资料,会计监督就失去了客观依据;同时,会计监督又是会计反映的保证,只有通过会计监督控制下进行的会计反映,才能保证为会计信息的使用者提供真实可靠的数据资料,离开会计监督,会计反映也就失去了意义。因此,会计的这两个基本职能是密切结合、相辅相成的。只有把会计反映和会计监督结合起来,才能充分发挥会计在经济管理中的作用。

(二)会计的拓展职能

随着经济的发展和管理要求的提高,会计的职能也在不断地充实和加强,现代会计除了会计反映和会计监督两大基本职能外,还衍生出很多新的管理职能,如进行分析和预测、参与经营决策、对经济活动进行评价控制等。

1. 分析职能

会计分析是以会计核算资料为基础,结合有关的信息资料,运用专门的分析方法,对经营活动过程和财务成果进行综合分析,从而分析比较计划或预算执行的成绩和不足,肯定成绩、找出差距,提出改进措施。

2. 预测职能

会计预测是根据已有的会计信息和其他信息资料,对客观经济过程及其发展趋势进行预先的判断、估计和预测,找出下一会计期间的预定目标。

3. 决策职能

会计预测是会计作为价值管理的专职部门,可以在会计预测的基础上,参与企业、单位的经济决策,按照一定的目标,从各种备选方案中选出可行的最优方案,保证取得最佳的经济效益。

4. 控制职能

会计控制是通过会计日常核算和监督工作,评价经营业绩和差距,对经济活动施加有效的干预和制约,使之符合经营目标要求,符合相关政策、制度的规定,保证财产的完整和保值增值。

【知识链接】

企业及其组织形式

企业是以营利为目的,运用各种生产要素(如资本、土地、劳动力和技术等),从事生产、流通和服务等经济活动,向市场提供商品或服务,实行自主经营、自负盈亏、独立核算的法人或其他社会经济组织。

企业按组织形式可分为独资企业、合伙企业和公司制企业三种。公司制企业是现代企业中最主要的最典型的组织形式。公司制企业即股份制企业，它是由两个及两个以上投资人依法出资组建，有独立法人财产，自主经营、自负盈亏的法人企业。公司制企业又分有限责任公司和股份有限公司。有限责任公司是指股东以其出资额为限对公司承担责任，公司以其全部资产对公司债务承担责任的股份公司。股份有限公司是指其全部资本分为等额股份，股东以持有股份为限对公司承担责任，公司以其全部资产对公司债务承担责任的股份公司。

企业按经营业务范围可分为制造业、商业和服务业企业等。

第三节 会计目标和会计信息质量要求

一、会计目标的概念和意义

会计目标是指在一定社会经济环境下，人们期望会计工作达到的要求和标准。

会计目标决定于会计信息使用者的需求，主要解决两个方面的问题：一是会计为谁服务，即会计向谁提供会计信息，谁是会计信息的使用者；二是这种服务的标准，即提供什么样的信息，会计信息使用者需要什么样的会计信息。会计目标包含会计信息使用者和会计信息具体要求两个内涵。

会计目标是人们在对会计本质认识的基础上，以主观要求提出的会计要达到的境界和标准，它集中而现实地体现了会计活动的宗旨，决定和制约着会计管理活动的方向。在会计理论中，会计目标处于最高层次，是制定会计假设、会计原则、会计制度的出发点；在会计实务中，会计目标是优化会计行为，制定、改进和评价会计程序和方法的依据，它控制着会计工作的各个环节和全过程。

会计的最终目标是满足会计信息使用者的需要，为会计信息使用者提供对他们决策有用的信息。我国《企业会计准则——基本准则》明确规定："企业应当编制财务会计报告。财务会计报告的目标是向财务会计报告使用者提供与企业财务状况、经营成果和现金流量等有关的会计信息，反映企业管理层受托责任履行情况，有助于财务会计报告使用者做出经济决策。财务会计报告使用者包括投资者、债权人、政府及其有关部门和社会公众等。"

财务会计作为对外报告会计，其目的是为了在企业管理层和外部信息使用者之间存在信息不对称的情况下，通过向外部会计信息使用者提供有用的信息，帮助财务会计报告使用者做出相关决策。承担这一信息载体和功能的便是企业编制的财务会计报告，它是财务会计确认和计量的最终成果，是沟通企业管理层与外部信息使用者之间的桥梁和纽带。财务会计报告的目标定位十分重要，它决定着财务会计报告应当向谁提供有用的会计信息，应当保护谁的经济利益，决定着财务会计报告所要求会计信息的质量要求，决定着会计要素的确认与计量原则，是财务会计系统的核心与灵魂。

【知识链接】

受托责任观和决策有用观

受托责任观产生于企业所有权与经营权分离的经济背景之下,投资者与经营管理者委托受托关系的出现。这种观点认为:委托人将财产的经营管理权授予受托人,受托人接受托付后即应承担受托责任,这时会计的目标定位应在于向财产委托者提供受托者经济责任的履行情况,提供经营管理者完成经济管理责任的信息;财务会计报告的目标应有效地反映经营责任履行情况信息,反映企业资产的保值、增值情况和财富创造信息,并以反映经营业绩为重点。

决策有用观是在资本市场的日渐发达以及企业所有权与经营权之间的关系变得不确定的历史背景下形成的。这种观点认为:随着资本市场的发展,投资者进行投资需要大量的信息,且会计信息的使用者也迅速增多,这时向信息使用者提供决策有用的信息比反映受托者责任履行信息更为重要;会计的目标就是向会计信息使用者提供对其决策有用的信息,主要包括关于企业现金流量的信息和经营业绩及资源变动的信息。

二、会计信息使用者

(一) 外部会计信息使用者

外部会计信息使用者是不直接参与企业日常管理决策的信息使用者。按照我国《企业会计准则——基本准则》的规定,财务会计报告的使用者包括投资者、债权人、政府及其有关部门和社会公众等。

1. 投资者

投资者主要包括已持有或准备持有企业股权,以期获取投资收益的机构投资者(含其他企业、基金公司和自营券商等)和个人投资者。

根据决策有用观,财务会计报告所提供的信息,应先满足投资者的需求,如实反映企业所拥有或者控制的经济资源、对经济资源的要求权、经济资源及其要求权的变化情况;如实反映企业的各项收入、费用、利得和损失的金额及其变动情况;如实反映企业各项经营活动、投资活动和筹资活动等所形成的现金流入和现金流出情况等,从而有助于现在的或者潜在的投资者正确、合理地评价企业的资产质量、偿债能力、盈利能力和营运效率等;有助于投资者根据相关会计信息做出理性的投资决策;有助于投资者评估与投资有关的未来现金流量的金额、时间和风险等。

2. 债权人

债权人主要包括为企业提供贷款或持有企业债券的金融机构和个人。

债权人主要关心企业的偿债能力,要通过会计信息了解自己债权的安全程度,通过分析企业资产与负债的总体结构、资产的流动性,评价企业的获利能力及产生现金流量的能力,从而做出向企业提供贷款、增加或减少给企业的贷款、收回贷款或改变信用条件的决策。债权人分短期债权人和长期债权人。短期债权人关注的是企业在短期内的偿债能力,需要获取资产变现能力的信息;长期债权人需要了解企业长期偿债能力,这种能力主要反映在企业预期的财务状况上,如企业的资本结构、资产的流动性、资产的市场价值及长期盈利能力。

3. 政府及其有关部门

政府及其有关部门主要包括财政、税务、物价、审计、统计和证券监管、国有资产监管等部门。政府及其有关部门从宏观经济管理者、证券市场监管者或国有资产所有者代表的角度对会计信息产生需求。作为社会经济的组织管理者,政府及其有关部门需要会计信息来监管企业的经济活动、制定税收政策、进行税收征管和国民经济计划统计等进行宏观调控;也有责任对企业会计信息的真实性、合规性、完整性进行监督和检查;同时,政府及其有关部门也可将各企业的会计信息汇总后,分析、了解国民经济各部门、各地区的整体情况,为制定各项经济政策提供依据。

4. 社会公众

社会公众主要是指企业外部与企业有直接或间接联系的用户,如顾客、证券商、经纪人、中介机构、经济分析人员等。企业要实现其经营目标,完成投资者赋予的经济责任,就必须对经营过程中所遇到的重大问题,如产品定价、新产品开发、成本费用、工资奖金分配、对外投资等需要借助相关机构参与完成。这些机构出于投资决策、购买决策或对企业经营情况进行咨询、审计、鉴证、评价和分析等,均需要了解、利用企业的会计信息。

(二) 内部会计信息使用者

内部会计信息使用者主要包括企业内部经营管理者及企业职工。企业经营管理者受雇于企业投资者,要完成投资者赋予的经营管理责任,实现企业的经营目标,进而实现管理者自身的价值,就必须对经营过程中遇到的重大问题进行正确的决策,如新产品的开发、产品的定价、成本费用的控制、工资奖金的分配、对外投资等问题。这些问题决策的正确与否,直接关系到企业的兴衰成败。所以,企业管理者必须了解本企业所有的会计信息,并据以做出正确决策。企业职工作为企业人力资本,应获得相应的劳动报酬,因职工的薪酬与企业的经营业绩密切相关,因此企业职工必须依靠会计信息了解企业的经营状况和经营成果。企业职工以员工的身份参与企业经营管理,关心企业的利润分配情况及企业的发展前景等,也会对会计信息的产生相应的需求。

三、会计信息质量要求

会计信息质量要求是对企业提供的会计信息质量提出的基本标准和基本要求,是使会计信息对其使用者决策有用所应具备的基本特征,同时也是对会计核算一般规律的概括和总结,是会计核算工作的基本指导思想。我国《企业会计准则——基本准则》中提出了如下八个方面的会计信息质量要求。

(一) 可靠性

可靠性要求企业应当以实际发生的交易或者事项为依据进行确认、计量和报告,如实反映符合确认和计量要求的各项会计要素及其他相关信息,保证会计信息真实可靠、内容完整。

企业提供会计信息的目的是为了满足会计信息使用者的决策需要,因此,就应做到内容真实、数字准确、资料可靠。在会计核算工作中坚持这一质量标准,就应当保证会计信息的真实性,在会计核算时如实反映企业的财务状况、经营成果和现金流量;应当正确运用会计原则和方法,准确反映企业的实际情况;会计信息应当能够经受验证,以核实其是否真实。

（二）相关性

相关性要求企业提供的会计信息应当与财务会计报告使用者的经济决策需要相关，有助于财务会计报告使用者对企业过去、现在或者未来的情况做出评价或者预测。

会计信息的价值在于其与决策相关，能满足会计信息使用者的需要，有助于决策。在会计核算工作中坚持这一质量标准，就要求在收集、加工、处理和提供会计信息过程中，充分考虑会计信息使用者的信息需求。

（三）明晰性

明晰性要求企业提供的会计信息应当清晰明了，便于财务会计报告使用者理解和使用。

提供会计信息的目的在于使用，要使用会计信息，必须先了解会计信息的内涵，弄懂会计信息的内容，如果无法做到这一点，就谈不上对决策有用。这就要求会计核算和财务会计报告必须清晰明了。在会计核算工作中坚持明晰性标准，就要求会计记录应当准确、清晰，填制会计凭证、登记会计账簿必须做到依据合法、账户对应关系清楚、文字摘要完整；在编制会计报表时，项目钩稽关系清楚、项目完整、数字准确。使会计尽可能传递易被人理解的会计信息。

（四）可比性

可比性要求企业提供的会计信息应当相互可比。为明确同一会计主体财务状况和经营业绩的变化趋势，信息使用者必须能够比较不同期间的会计信息；为评价估计不同会计主体的财务状况和经营业绩，信息使用者必须能够比较不同会计主体的会计信息。可比性包括同一会计主体不同期间的纵向可比和不同会计主体的横向可比两重含义。

可比要求对于同一会计主体不同时期发生的相同或者相似的交易或者事项，应当采用一致的会计政策，会计核算方法前后各期应当保持一致，不得随意变更；如果企业在不同的会计期间采用不同的会计核算方法，将不利于会计信息使用者对会计信息的理解，不利于会计信息作用的发挥。

可比还要求对于不同会计主体发生的相同或者相似的交易或者事项，也应当采用规定的会计政策，确保会计信息口径一致，以使不同会计主体按照一致的确认、计量和报告要求提供会计信息。不同的会计主体可能处于不同地区，经济业务发生于不同的时间，为了保证会计信息能够满足决策的需要，只要是相同的交易或者事项，就应当采用相同的会计处理方法，便于比较不同会计主体的会计信息。

（五）实质重于形式

实质重于形式要求企业应当按照交易或者事项的经济实质进行会计确认、计量和报告，不应仅以交易或者事项的法律形式为依据。

在实际工作中，交易或者事项的外在法律形式或者人为形式并不总能完全真实地反映其实质内容。所以，会计信息要想反映其所要反映的交易或者事项，就必须根据交易或者事项的经济实质和现实，而不能仅仅根据它们的法律形式进行核算和反映。

（六）重要性

重要性要求企业提供的会计信息应当反映与企业财务状况、经营成果和现金流量有关的所有重要交易或者事项。在会计核算过程中对交易或者事项应当区别其重要程度，采用不同的核算方式。如果会计信息的省略或者错报会影响使用者据此做出经济决策的,该信息就具有重要性。对资产、负债、损益等有较大影响,并进而影响财务会计报告使用者据以做出合理判断的重要会计事项,必须按照规定的会计方法和程序进行处理,并在财务会计报告中予以充分、准确地披露;对于次要的会计事项,在不影响会计信息真实性和不误导财务会计报告使用者做出正确判断的前提下,可适当简化处理。

(七) 谨慎性

谨慎性要求企业对交易或者事项进行会计确认、计量和报告应当保持应有的谨慎,不应高估多计资产或者收益、低估少计负债或者费用。

在会计核算工作中坚持谨慎,要求企业在面临不确定因素的情况下做出职业判断时,应当保持必要的谨慎,如果一项经济业务有多种处理方法可供选择时,应选择不会导致夸大资产、虚增利润的方法。在进行会计核算时,应当合理预计可能发生的损失和费用,而不应预计可能发生的收入和过高估计资产的价值。

(八) 及时性

及时性要求企业对于已经发生的交易或者事项,应当及时进行确认、计量和报告,不得提前或者延后。会计核算的意义在于可以把相关信息及时传递给财务会计报告使用者,及时为会计信息使用者提供可靠的决策信息,从而便于其及时使用和决策。

在会计核算过程中坚持这一质量标准,一是要及时收集会计信息;二是要及时处理会计信息;三是要及时传递会计信息。

【关键术语】

会计　会计反映　会计监督　会计目标　可靠性　相关性　明晰性　可比性
实质重于形式　重要性　谨慎性　及时性

【问题思考】

1. 会计产生和发展的原因是什么?
2. 在我国市场经济体制下会计发展和变革过程如何?
3. 什么是会计?关于会计本质的认识有哪两种主要观点?
4. 会计的主要特点是什么?
5. 如何理解会计的核算职能和监督职能?两者的关系如何?
6. 会计目标是什么?会计信息使用者有哪些?
7. 会计信息有哪些质量要求?其各自的基本要求如何?

【思政语录】

1. 或言禹会诸侯江南,计功而崩,因葬焉,命曰会稽。会稽者,会计也。

——司马迁《史记》

2. 应该使一切政府工作人员明白,贪污和浪费是极大的犯罪。——毛泽东
3. 诚信为本,操守为重,遵守准则,不做假账。——朱镕基

练 习 题

姓名_____
学号_____
分数_____

扫二维码获得更多
本章习题及案例

一、单项选择题

1. 会计是（　　）发展到一定阶段的产物。
   A. 计算技术　　　　　　　　B. 社会生产
   C. 生产关系　　　　　　　　D. 计算机

2. 在我国,"会计"一词最早出现于（　　）。
   A. 西周　　　　　　　　　　B. 宋朝
   C. 秦朝　　　　　　　　　　D. 明朝

3. 在宋朝,官府办理钱粮报销和移交手续时,一般都采用（　　）进行结算。
   A. "籍书"　　　　　　　　　B. "四柱清册"
   C. "龙门账"　　　　　　　　D. "连环账谱"

4. 明、清两代,为了统一账簿格式,会计工作者设计了（　　）。
   A. "籍书"　　　　　　　　　B. "四柱清册"
   C. "龙门账"　　　　　　　　D. "连环账谱"

5. （　　）年,清政府创办大清银行时,开始将借贷记账法引入我国企业实际应用。
   A. 1908　　　B. 1985　　　C. 1993　　　D. 2006

6. （　　）年,我国颁布了第一部《中华人民共和国会计法》。
   A. 1985　　　B. 1993　　　C. 2000　　　D. 2006

7. 1494年,意大利数学家卢卡·帕乔利在其所著（　　）一书中,对借贷记账法的记账原理及其运用,进行详细理论概括,标志着近代会计的开端。
   A.《连环账谱》
   B.《算术、几何、比及比例概要》
   C.《会计学全书》
   D.《高等会计学》

8. （　　）年6月,澳大利亚、英国、美国、加拿大、法国、日本、荷兰、联邦德国、墨西哥九个国家的会计职业组织集合于伦敦,成立了国际会计准则委员会。
   A. 1494　　　B. 1581　　　C. 1903　　　D. 1973

9. 会计的本质属性是一种经济（　　）。
   A. 管理活动　　B. 信息系统　　C. 管理工具　　D. 监督活动

10. 会计是以（　　）为主要计量尺度所进行的一种价值管理活动。
    A. 实物　　　B. 货币　　　C. 劳动　　　D. 时间

11.《企业会计准则——基本准则》中,提出了（　　）条会计信息的质量要求。
    A. 4　　　　B. 8　　　　C. 10　　　　D. 13

二、多项选择题

1. 下列各项中,表明我国古代会计发展成就的有( )。
   A. "司会" B. "四柱清册"
   C. 龙门账 D. 借贷记账法

2. 1903年,英国出版的( )才标志着真正意义上的会计学的产生。
   A.《算术、几何、比及比例概要》 B.《高等会计学》
   C.《会计学全书》 D.《连环账谱》

3. 会计界对会计本质的认识,主要存在有( )两种具有代表性的观点。
   A. 管理活动论 B. 信息系统论
   C. 管理工具论 D. 信息工具论

4. 会计活动本身具有( )的特征。
   A. 连续性 B. 系统性
   C. 全面性 D. 综合性

5. 会计的基本职能有( )。
   A. 会计反映 B. 会计监督
   C. 会计分析 D. 预测决策

6. 会计目标包含的两个内涵有( )。
   A. 会计信息使用者 B. 会计信息具体要求
   C. 会计信息内容 D. 会计职能

7.《企业会计准则——基本准则》中规定,企业财务会计报告的目标在于( )。
   A. 向财务会计报告使用者提供有关的会计信息
   B. 反映企业管理层受托责任履行情况
   C. 有助于财务会计报告使用者作出经济决策
   D. 有助于企业进行会计管理

8. 财务会计报告使用者主要包括( )。
   A. 投资者 B. 债权人
   C. 政府及其有关部门 D. 社会公众

9. 可比性要求企业提供的会计信息应当在( )相互可比。
   A. 不同会计主体 B. 不同会计期间
   C. 企业与事业单位 D. 会计要素之间

10. 谨慎性要求企业对交易或者事项进行会计确认、计量和报告应当保持应有的谨慎,不应( )。
    A. 高估资产或收益 B. 低估负债或费用
    C. 低估资产或收益 D. 高估负债或费用

三、判断题

1. 现代会计发展的标志之一就在于:会计信息从满足内部管理需要发展到满足社会公众需要的通用商业语言。 ( )

2. 我国"会计"两字构词连用,首次出现在西周《孟子正义》一书。 (   )
3. 2000年,我国颁布了第一部《中华人民共和国会计法》,标志着我国会计工作进入了法制化时期。 (   )
4. 1992年,我国颁布《企业会计准则》和《企业财务通则》,标志我国适应社会主义市场经济体制的会计体系得以初步确立。
5. 我国现已颁布的具体企业会计准则共42条。 (   )
6. 20世纪20年代,管理会计的形成,标志着现代会计科学体系的确立。 (   )
7. 会计是以货币为唯一计量尺度所进行的一种价值管理活动。 (   )
8. 会计核算职能是会计最基本职能。会计核算主要从价值上综合反映各单位的经济活动的过程和结果。 (   )
9. 会计的全部职能就在于进行会计反映和会计监督。 (   )
10. 及时性要求企业对于已经发生的交易或者事项,应当及时进行确认、计量和报告,不得延后。 (   )

【实训案例】

1. 资料

初学会计的同学,通过平时的学习积累,可能读到了部分思想家、管理学家和会计学家的经典名言。

过程越是按社会的规模进行,越是失去纯粹的个人性质,作为对过程的控制和观念总结的簿记就越是必要。(马克思)

在一个账目时代,懂得一些会计学的重要概念是很有必要的。实际上,无论你是经理、专职人员还是投资者,会计学是你在经济学中学到的最实用的工具之一。如果你经营一家企业,你就要依靠你的账目,依靠会计人员告诉你是盈利了,还是亏损了,在哪一方面的经营上企业处于繁荣状态。(保罗·A·萨缪尔森)

会计肩负着帮助公众了解企业经营活动的义不容辞的责任,因此,企业提供简明的信息报告,以及关于这些报告可靠性的审计报告,是与社会公众利益密切相关的。(阿纳尼亚斯·查尔斯·利特尔顿)

管理的重心在决策,决策的重心在信息。(赫伯特·西蒙)

政府的任务不仅是提高企业公布的财务报告的质量,而且要使技术性很强的会计过程所产生的结果易于为人们所理解,并使投资者相信这些对于判断证券的价值是值得信赖的。这些目标是基于这样一种假设:公众投资的欲望部分地取决于对财务报告的了解和信任。(迈克尔·查特菲尔德)

2. 要求

阅读上述名言,请思考这些大师分别是从什么角度来认识会计的?

第二章
会计要素和会计等式

章前导引

教学目标

本章主要介绍会计对象及内容,阐述会计要素的定义、特点、构成内容,说明会计等式的平衡关系。

通过学习,学生应了解会计的一般对象和企业生产经营过程,掌握会计核算的具体内容;重点理解和掌握会计要素的定义、特点和构成内容;理解和掌握会计等式的平衡关系原理。

第一节 会计对象和会计核算内容

一、会计对象

会计对象是指会计核算和监督的内容,是会计所要核算和监督的客体对象。会计对象就是各单位在生产经营过程中,能以货币表现的经济活动。

(一)会计的一般对象

1. 会计对象是能够以货币表现的经济活动,即社会再生产过程的资金运动

社会再生产过程包含生产、分配、交换和消费环节中多种多样、纷繁复杂的经济活动。基于会计自身特点和职能定位,作为一种价值管理活动,只能核算和监督能够用货币表现的那些经济活动。在社会再生产过程,有些经济活动是不能用价值形式来表现的,就不能作为会计核算和会计监督的经济活动。

社会再生产过程是通过全社会中实行独立核算的各经济组织的再生产活动来实现的。虽然这些经济组织所从事的经济活动的具体内容各不相同,但是,任何经济组织要从事经济活动都必须先取得一定的财产物资作为物质条件。这些财产物资的货币表现称为资金。随着各经济组织经济活动的开展,所取得的资金必然不断地改变形态并发生数量上的变化,这个过程便形成各个经济组织的资金运动。

2. 会计对象是经济主体单位自身发生的交易或者事项

对一个具体的经济组织而言,会计对象就是企业、事业、行政等单位在社会再生产过程

中发生的能够用货币表现的经济活动。企业、行政、事业等单位的工作性质和任务虽然不同,但它们的许多经济活动都或多或少地与社会产品的生产、交换、分配和消费有关,它们的这些经济活动都是社会再生产过程的组成部分。社会再生产过程是通过各个企业、行政、事业等单位的经济活动和财务收支活动来进行的。会计核算与监督的具体工作,主要是在千千万万个企业、行政、事业等单位内部或之间进行的。显然,会计对象应该是这些单位自身的经济活动。会计对象具体表现为经济活动中所发生的各项经济业务,即会计交易或者事项。

会计交易或者事项是指能够导致会计主体单位的各项资产和权益发生变化的经济事项。所谓"交易",是指本主体单位与其外部主体单位和个人之间发生的各种价值交换行为,如收到投资者的投资、购进材料物资、销售产品等;所谓"事项",是指本主体单位内部发生的各种价值转移的行为和事件,如生产领用材料、产品完工入库等。作为会计对象的会计交易或事项应符合两个基本条件和特征:一是能够导致本会计主体单位的某项资产和权益发生增减变动的经济事项,在会计上称为"可确认";二是能够以货币计量的经济事项,在会计上称为"可计量"。

3. 社会各经济组织的性质不同,决定其具有不同经济活动内容的会计对象

社会各经济组织的性质不同,决定了其经济活动的内容不同,必然产生资金运动形式的差异,形成各具特色的资金运动。由于企业和行政、事业单位在社会再生产过程中所处的地位、任务、经济活动的具体内容和方式不同,其会计核算和监督的内容——会计对象的具体表现形式也不一样,有着各自的特点。目前我国的经济组织按性质不同,主要有两大类:一类是企业单位;另一类是行政、事业单位。因此,会计对象一般可以具体划分为企业单位的会计对象和行政、事业单位的会计对象两类。

(二) 企业的会计对象

企业是组织生产经营活动的基本单位,是按照经济核算的原则,独立进行生产经营活动的经济实体。企业主要从事生产经营活动,追求盈利是其经济活动的主要特点,其资金运动的表现形式为经营资金运动。其中,工业企业和商品流通企业的会计对象具有代表性。

1. 工业企业的会计对象

工业企业的主要生产经营过程大体分为供应过程、生产过程和销售过程三个阶段。

供应过程是生产的准备过程。在供应过程中,企业用现金或者银行存款等货币资金购买各种材料物资、支付采购费用,随着采购业务的完成,企业要计算材料的采购成本。生产过程既是产品的制造过程,也是各种财产物资的消耗过程。

生产过程是产品的制造过程。在生产过程中,劳动者运用劳动手段加工劳动对象,生产出一定质量标准的产成品并验收入库。在这个过程中,发生材料消耗、工资支付、固定资产损耗、水电动力费用支付等业务。在产品制成后,要计算完工产品的制造成本。

销售过程是产品价值的实现过程。在销售过程中,企业通过市场将产品销售出去,取得销售收入,收回货币资金。从销售收入中扣除已销产品成本,补偿企业耗费后,便形成企业的利润。于是,就发生了成本费用结转、货款结算、负债偿还、税金交纳、利润分配等经济业务。

工业企业的资金从货币资金形态出发,随着供应过程、生产过程、销售过程的不间断地进行,周而复始地运动着。由上述过程引起的各种经济业务也呈现着规律性的变化,即以货

币资金采购材料物资,然后投入生产,变为在产品,继而加工为产成品,将产成品销售出去,收回货币资金,再用于购买材料物资,投入再生产。这些经济业务及其引起的资金循环和周转,都是会计要核算和监督的内容,所以工业企业会计的对象是指在工业企业生产经营过程中发生的,能够用货币计量的各项经济业务。

2. 商品流通企业的会计对象

商品流通企业的经营活动主要是组织商品流通,把社会产品从生产领域转移到消费领域。商品流通企业的经营活动过程,主要包括商品购进和销售两个过程。

在商品购进过程中主要经济业务是采购商品,引起货币资金转换为商品资金形态;在商品销售过程中卖出商品,又使商品资金形态再转换为货币资金形态。商品流通企业的资金是沿着"货币资金—商品资金—货币资金"的形式,周而复始地进行。商品流通企业购销活动中,还将发生支付工资及经营费用、货款结算、成本计算、上交税金、利润分配等经济业务,这些都是商品流通企业会计所要核算和监督的内容,即商品流通企业会计的对象。

(三)行政、事业单位的会计对象

行政、事业单位也是社会再生产过程的基本单位,包括国家行政机关、司法机关、教育文化、医疗卫生等单位。行政、事业单位主要从事国家管理、公共产品、文化教育等方面的服务活动,非营利性是其经济活动的主要特点,其资金运动的表现形式为预算资金运动。行政、事业单位为了完成国家赋予的各项任务,同样需要具备一定数量的资金。行政、事业单位的资金有国家行政拨款投入的,也有自身业务收入的。因此,行政、事业单位的会计对象就是国家或者自身业务收入的取得和为完成国家赋予的各项任务所发生的各项费用支出,即其资金运动形式是由货币资金的取得到货币资金的支出。

二、会计核算内容

各单位在生产经营和业务活动中,会发生各种各样的经济业务和经济事项。我国《会计法》规定,下列经济业务和经济事项应当进行会计核算。

(一)款项和有价证券的收付

款项即是作为支付手段的货币资金,主要包括现金、银行存款,以及其他视同现金和银行存款使用的银行汇票存款、银行本票存款、在途货币资金、信用卡存款、信用证存款、保函押金和各种备用金等。有价证券是指以货币表示的,表明投资者一定财产拥有权或所有权的证券,如股票、国库券、企业债券、金融债券以及其他票证等。由于款项和有价证券的收付直接影响单位资金的增减变化,更直接影响到单位货币资金的供应,影响单位的生产经营活动。因此,必须及时、如实地进行核算,加强监督管理,保证单位货币资金流动性、安全性,提高货币资金的使用效率。

(二)财物的收发、增减和使用

财物是单位的财产物资的简称。企业财产物资是企业进行生产经营活动中具有实务形态的经济资源。财物一般包括原材料、燃料、包装物、低值易耗品、在产品、外购商品、自制半成品、产成品等流动资产;也包括房屋、建筑物、机器、设备、设施、运输工具等固定资产。财物的收发是指企业财产物资在企业各单位之间的收入和发出。财物的增减是指企业财产物资的增减变动。企业在生产经营活动过程中,既会因购入新的财产物资,使财物的增加,也会有财产物资出售、报废，使财物减少。财物的使用是指企业财产物资的具体运用。

财产物资在企业资产总额中占有很大比重，企业的整个生产经营过程都围绕财产物资而进行。对财物的收发、增减和使用的核算，是会计核算中的经常性业务。从单位经营管理来讲，强化企业财物的核算，有利于保证财物安全完整，控制和降低产品成本。因此，各单位必须加强对单位财物收发、增减和使用环节的管理，对财物的收发领用、增减和使用情况进行会计记录和会计核算，全面反映单位财物的收、发、结存和使用情况，保证财物安全完整，维护单位正常的生产经营秩序。

（三）债权、债务的发生和结算

从会计核算上看，债权主要是指企业收取款项的权利，一般包括各种应收款和预付款等；债务则是指单位承担的能以货币计量的，需要以资产或者劳务偿付的义务，主要包括各项借款、应付账款、预收款项和各种应交款项等。

债权、债务是单位日常生产经营和业务活动中经常发生的。债权债务的发生和结算，又涉及单位与其他单位以及单位与其他有关方面的经济利益，关系到单位自身的资金周转，影响着单位的生产经营活动和业务活动。因此，对债权、债务的发生和结算应及时进行会计核算，这是会计核算的重要内容。各单位必须加强对债权、债务的核算，及时、真实、完整地核算和反映单位的债权、债务，以便管理层强化对债权、债务的管理和筹划，避免给企业带来经济损失。

（四）资本的增减

资本是投资人为开展生产经营活动而投入的资金。在会计上，资本一般是指企业的所有者权益，即投资者对企业净资产的要求权，包括实收资本、资本公积、盈余公积和未分配利润。资本从数量上来讲，应当等于单位的全部资产数量减去全部负债数量的余额。资本的利益关系人比较明确，用途也基本确定。资本的增减变动政策性很强，资本的增减变动，一般应具有法律效力的合同、协议、董事会决议等为依据。因此，核算资本的增减变化，应遵循统一的《企业会计准则》和《企业会计制度》，并以具有法律效力的文件为依据，以保证资本的增减符合法律要求。

（五）收入、支出、费用、成本的计算

收入是指企业在日常活动中形成的、会导致所有者权益增加的、与所有者投入资本无关的经济利益的总流入，主要包括企业在生产经营和业务活动中由于销售产品、商品或者提供劳务等取得的收入。支出主要是指企业实际发生各项开支，以及在生产经营以外的支出和损失。费用是指企业在日常活动中发生的、会导致所有者权益减少的、与向所有者分配利润无关的经济利益的总流出，主要包括企业因生产经营和业务管理所发生的各项支出，如管理费用、财务费用、事业费用等。成本是指企业生产产品和提供劳务等发生的各项直接耗费，是按一定的产品和劳务对象所归集的费用。

收入、支出、费用、成本的计算结果是确定企业经营成果和盈亏状况的主要依据。会计只有在正确核算收入、支出、费用和成本的基础上，才能正确反映企业经营成果和盈亏状况，同时，收入、费用、成本是互相联系、密不可分的，产生收入就要发生一定的成本和费用。因此，必须对其按照一定的标准进行会计核算。

（六）财务成果的计算和处理

财务成果主要是指企业在一定时期内通过从事生产经营活动而在财务上获得的成果，

具体表现为盈利或者亏损。财务成果的计算和处理,一般包括利润的结计、所得税的计算、利润的分配和亏损的弥补。由于对财务成果的计算和处理涉及企业所有者、经营者等有关方面的经济利益,因此,会计上必须严格按照规定进行核算。

(七)需要办理会计手续、进行会计核算的其他事项

会计核算的主要内容,除了上述六项核算内容外,在实际的会计工作中,还可能存在其他需要办理会计手续、进行会计核算的事项。随着企业经营活动的加深,企业的经营业务日趋纷繁复杂,会计核算中仍有可能出现一些新的业务和内容,如企业的股份制改组上市、企业合并、集团合并会计报表、终止清算、破产清算、资产评估等。对这些业务的核算,也是会计核算不可缺少的内容。

第二节 会计要素

一、会计要素的定义及分类

会计要素是会计对象按交易或者事项的经济特征所进行的基本分类,是反映会计主体财务状况和经营成果的基本单位。

会计要素是会计对象的具体化,会计要素科学地概括了会计对象的基本内容,是构成会计报表的基本要素,是确定会计报表结构和内容的基础,也是会计确认和计量的基本依据。

《企业会计准则——基本准则》将会计要素按照其性质分为资产、负债、所有者权益、收入、费用和利润六项。其中,资产、负债和所有者权益为资产负债表要素,侧重于反映企业的财务状况;收入、费用和利润为利润表要素,侧重于反映企业的经营成果。

二、资产负债表要素

(一)资产

1. 资产的定义和基本特征

资产是指企业过去的交易或者事项形成的、由企业拥有或者控制的、预期会给企业带来经济利益的资源。资产具有以下基本特征:

(1)资产从本质上讲是一种经济资源,是企业从事生产经营活动的物质条件,可以作为生产要素投入生产经营中去。这些经济资源可以具有实物形态,如房屋、机器设备、现金、原材料等;也可以不具有实物形态,如以债权形态出现的各种应收款项,以特殊权利形态出现的专利权、商标权等无形资产。

(2)资产是由于过去的交易或者事项所形成的,是现实资源,而不是预期的资源,是过去已经发生的交易或者事项所产生的结果。只有过去发生的交易或者事项才能增加或者减少企业的资产,而不能根据谈判中的交易或者计划中的经济业务来确认资产。

(3)资产是企业拥有或者控制的资源。拥有是指企业享有某项资源的所有权,控制是指虽然不享有某项资源的所有权,但该资源能被企业所控制,企业实质上已经掌握某项资源

的未来收益和风险,能为企业带来经济利益。

(4) 资产预期会给企业带来未来经济利益,即会直接或者间接地增加流入企业的现金或者现金等价物的潜力。资产的这一特征,说明它必须具有有用性,具有使用价值,预期不能带来经济利益的,就不能确认为企业的资产。企业已经陈旧毁损不能使用的财产物资、已经无望收回的债权等,都不能作为企业的资产进行核算和列报。

2. 资产的分类

企业的资产按其流动性,分为流动资产和非流动资产。

(1) 流动资产是指可以在1年(含1年)或者超过1年的一个营业周期内变现或者耗用的资产。它包括库存现金、银行存款、交易性金融资产、应收款项、预付账款、存货等。

库存现金是指企业持有的各种本币和外币的货币资金。

银行存款是指企业存入商业银行存款账户的款项。

交易性金融资产是指企业为交易目的而持有的,各种能够随时变现,持有时间不超过1年的股票、债券或基金等。

应收款项是指企业在日常生产经营过程中发生的应收未收款项,包括应收账款、应收票据、其他应收款等。

预付账款是指企业在购买商品、接受劳务等过程中按合同规定预先支付给对方的款项。

存货是指企业在日常的生产经营过程中持有以备出售,或者仍然处在生产过程中将要消耗,或者在生产或提供劳务的过程中将要耗用的各种材料或者物料等。它包括原材料、在产品、半成品、产成品等。

(2) 非流动资产是指不能在1年或者超过1年的一个营业周期内变现或者耗用的资产。它主要包括长期股权投资、固定资产、无形资产等。

长期股权投资是指持有时间超过1年、不能随时变现或不准备随时变现的股票投资和其他投资。

固定资产是指企业使用年限在1年以上,并在使用过程中保持原来实物形态的资产。它包括房屋及建筑物、机器设备、运输设备、工具器具等。

无形资产是指企业拥有或者控制的,可以长期使用而没有实物形态可以辨认的非货币性资产。它包括专利权、非专利技术、商标权、著作权、土地使用权等。

(二) 负债

1. 负债的定义和基本特征

负债是指企业由于过去的交易或者事项形成的、预期会导致经济利益流出企业的现时义务。负债具有以下基本特征:

(1) 负债是债权人的权益,是债权人对企业资产的要求权。负债是企业生产经营所需资金的一个重要来源,是一项经济责任,或者说是一项义务,它需要企业进行偿还。企业的负债不能无条件取消,只能偿还,或者以新的负债代替原有的负债;履行负债义务会导致经济利益流出企业。

(2) 负债是由于过去的交易或者事项引起的,企业当前所承担的一种现时义务。只有过去发生的交易或者事项才能增加或者减少企业的负债,未来发生的交易或者事项可能产生的义务,不属于现时义务,不能作为会计上的负债。

(3) 清偿负债会导致企业未来经济利益的流出。为了清偿债务,企业往往要在将来用现金或者其他资产或者提供劳务偿还,也有可能将债务转为其他企业的所有者权益。

(4) 负债有确切的受款人和偿付日期,或者受款人和偿付日期可以合理地确定;负债将要由企业在未来某一个时日加以清偿。

2. 负债的分类

企业的负债按其流动性,分为流动负债和非流动负债。

(1) 流动负债是指将在1年(含1年)或者超过1年的一个营业周期内偿还的债务。它包括短期借款、应付款项及预收账款等。

短期借款是指企业从银行或其他金融机构借入的期限在1年以下的各种借款。

应付款项指企业在日常生产经营过程中发生的各项应偿还的债务。它包括应付账款、应付票据、应付职工薪酬、应交税费、应付股利、其他应付款等。

预收账款指企业因销售商品或提供劳务,按合同规定预先向客户收取的款项。

(2) 非流动负债是指偿还期在1年或者超过1年的一个营业周期以上的债务。它包括长期借款、应付债券、长期应付款等。

长期借款是指企业从银行或者其他金融机构借入的期限在1年以上的各项借款。

应付债券是指企业为筹集长期资金而实际发行的长期债券。

长期应付款是指除长期借款和应付债券以外的其他长期应付款项。它包括应付引进设备款、融资租入固定资产应付款等。

(三) 所有者权益

1. 所有者权益的定义和基本特征

所有者权益是指企业指资产扣除负债后由所有者享有的剩余权益。公司的所有者权益又称为股东权益。它在数量上等于企业全部资产减去全部负债后的余额,企业的全部资产,除了债权人所有的以外,应归投资者所有。

与债权人权益(负债)相比,所有者权益具有以下特征:

(1) 负债是企业对债权人所承担的经济责任,企业负有偿还的义务;而所有者权益则是企业对投资人所承担的经济责任,在一般情况下,除非发生减资、清算,企业不需要偿还给投资者。

(2) 企业清算时,负债拥有优先求偿权;只有在清偿所有的负债后,才能返还给所有者的所有者权益。

(3) 债权人只享有按期收回利息和债务本金的权利,而无权参与企业的利润分配和经营管理;投资者既可以参与企业的利润分配,也可以参与企业的经营管理。

2. 所有者权益的构成

所有者权益包括所有者投入的资本、直接计入所有者权益的利得和损失、留存收益等。

(1) 所有者投入的资本包括实收资本和资本公积。企业的实收资本是指投资者按照企业章程或合同、协议的约定,实际投入企业的资本。它是企业注册成立的基本条件之一,也是企业承担民事责任的财力保证。企业资本公积也称准资本,主要来源于资本在投入过程中所产生的溢价。资本公积主要用于转增资本(或股本)。

(2) 直接计入所有者权益的利得和损失是指不应计入当期损益、会导致所有者权益发生增减变动的、与所有者投入资本或者向所有者分配利润无关的利得或者损失。其中,利得是指由企业非日常活动所形成的、会导致所有者权益增加的、与所有者投入资本无关的经济利益的流入;损失是指由企业非日常活动所发生的、会导致所有者权益减少的、与所有者分配利润无关的经济利益的流出。

(3) 留存收益包括盈余公积和未分配利润。盈余公积又分为法定盈余公积和任意盈余公积。法定盈余公积是指企业按照我国《公司法》规定的比例从净利润中提取的盈余公积;任意盈余公积是指企业经股东大会或者类似机构批准后按照规定的比例从净利润中提取的盈余公积。未分配利润是指企业留待以后年度分配的利润。

【知识链接】

注册资本金

注册资本金是指公司制企业在公司登记机关登记的全体股东认缴的出资金额。我国《公司法》规定,公司实行注册资本"认缴制",即在公司登记注册时,股东可以不实际缴付或者只实际缴付部分所认缴的注册资本,剩余部分按照公司章程规定的期限缴付,股东以其认缴的出资额为限承担法律责任。在会计上,实收资本与《公司法》规定的注册资本内涵是相同的。但其金额在公司最初注册成立时不一定相等,当按照公司章程规定的期限后续实际足额缴付后,实收资本与注册资本相等。

三、利润表要素

(一) 收入

1. 收入的定义和基本特征

收入是指企业在日常活动中形成的、会导致所有者权益增加的、与所有者投入资本无关的经济利益的总流入。收入具有以下特征:

(1) 收入是从企业日常活动中产生,而不是从偶发的交易或者事项中产生。日常活动是指企业为完成其经营目标而从事的所有活动,以及与之相关的其他活动,如工业企业制造和销售产品的活动。企业所进行的有些活动并不是经常发生的,如工业企业出售作为原材料的存货,虽然不是经常发生的,但因与日常活动有关,也属于收入。

(2) 收入为企业带来经济利益的形式是多种多样的,收入既可能表现为企业资产的增加,如增加银行存款、应收款项;也可能表现为负债的减少;还可能同时引起企业资产的增加和负债的减少,如销售实现时,部分增加银行存款,部分冲减预收货款。

(3) 收入会导致企业所有者权益的增加。由于收入是经济利益的总流入,所以收入会导致企业所有者权益的增加。

(4) 收入只包括本企业经济利益的流入,不包括为第三方或者客户代收的款项。企业为第三方或者客户代收的款项,如增值税、代收利息等,一方面增加企业的资产;另一方面增加企业的负债。因此,不增加企业的所有者权益,也不属于本企业的经济利益,不能作为本企业的收入。

2. 收入的构成

收入主要包括主营业务收入、其他业务收入和投资收益等。

(1) 主营业务收入也称基本业务收入,是指企业为完成其经营目标而从事的日常活动的主要项目中获得的收入,是在其基本或者主流业务活动中所获得的收入,如工商企业的商品销售收入、服务业的劳务收入等。

(2) 其他业务收入也称附营业务收入,是指企业在主营业务以外的其他日常活动所获得的收入,如工业企业销售原材料、提供非工业性劳务取得的收入。

(3) 投资收益是指企业对外投资所取得的收益减去发生的投资损失后的净额。

(二) 费用

1. 费用的定义和基本特征

费用是指企业在日常活动中发生的、会导致所有者权益减少的、与向所有者分配利润无关的经济利益的总流出。费用具有以下特征:

(1) 费用是为获得一定收入而发生的,是为取得收入而付出的代价,费用一定要与收入配比才能确认,不是为取得收入而形成的各类资产的减少或者负债的增加不属于费用的范围。

(2) 费用是企业在日常活动中发生的经济利益的流出,而不是从偶发的交易或者事项中发生的经济利益的流出。

(3) 费用可能表现为资产的减少,或者负债的增加,或者两者兼而有之。费用的发生形式多种多样,既可能表现为资产的减少,如购买办公用品支付现金、制造产品减少库存;也可能表现为负债的增加,如负担长期借款利息;还可能是两者的组合,如购买办公用品支付部分现金,同时承担其他应付款债务。

(4) 费用会导致所有者权益的减少。企业发生费用会导致所有者权益的减少,但是会导致所有者权益减少的经济利益的总流出却不一定属于费用。例如,企业向所有者分配利润,一方面减少企业的所有者权益;另一方面减少企业的资产或者增加企业的负债,因此,不属于费用。

2. 费用的构成

费用按其归属的不同,费用可分为计入成本的成本费用和期间费用。

(1) 计入成本的成本费用是指企业为生产产品、提供劳务而发生的各种耗费,是计入一定产品、劳务、服务等成本对象的各项费用。它包括直接为生产产品和提供劳务而发生的直接费用(如直接人工费、直接材料费)和为组织和管理生产发生,而需要分配计入成本的各项间接费用。企业应当在确认收入时,将已销售产品或者提供劳务的成本从当期收入中扣除,计入当期损益。

(2) 期间费用是指直接计入当期损益的费用。它包括管理费用、销售费用和财务费用。其中,管理费用是指企业行政管理部门为组织和管理生产经营活动而发生的各种费用;销售费用是指企业在销售商品、提供劳务等日常活动中发生的除成本以外的各项费用和专设销售机构的各项经费;财务费用是指企业筹集生产经营所需资金而发生的费用。

(三) 利润

1. 利润的定义和基本特征

利润是指企业在一定会计期间的经营成果。利润包括收入减去费用后的净额、直接计入当期利润的利得和损失等。利润具有以下特征:

(1) 利润是企业一定时期的最终财务成果。它是企业在一定会计期间内实现的全部收入减去全部费用后的差额。

（2）利润是按配比性原则计量的,是一定时期的收入与费用相减的结果。

（3）利润的实现,会相应地表现为资产的增加或者负债的减少,其结果是所有者权益的增值。

2. 利润的构成

利润包括营业利润、利润总额和净利润。

（1）营业利润是主营业务收入加上其他业务收入,减去主营业务成本、其他业务成本、税金及附加、销售费用、管理费用、财务费用、资产减值损失,再加上投资净收益后的金额。

（2）利润总额是营业利润加上营业外收入,减去营业外支出后的金额。

（3）净利润是利润总额减去所得税费用后的金额。

【知识链接】

国际会计准则委员会划分的会计要素

1973年成立的国际会计准则委员会（International Accounting Standards Committee，IASC）,在其1989年发布的《编制财务报表的框架》中,将财务报表的要素划分为资产、负债、权益、收益和费用五类。

第三节 会计等式

一、会计等式的定义

会计等式又称为会计恒等式,是揭示各会计要素之间内在联系和基本数量关系的数学表达式。

会计对象可以概括为资金运动,具体表现为会计六要素的增减变化,会计主体每发生一笔经济业务,都是资金运动的一个具体过程,每一资金运动过程都必然涉及相应的会计要素,会计要素并不是孤立的,全部资金运动所涉及的会计要素之间存在一定的相互联系,会计要素之间的这种内在关系,可以通过会计恒等式表现出来,这种恒等式就叫会计等式。它是设置账户、复式记账和编制会计报表等的理论依据。

二、基本会计等式

会计要素之间存在着密切的内在联系。企业为进行生产经营活动,就必须拥有一定数量可供支配、运用的资产。而企业的资产最初进入企业的来源渠道不外乎两种:一是由所有者提供;二是由债权人提供。

既然企业的所有者和债权人为企业提供了全部资产,就应该对企业的资产享有要求权,这种对企业资产的要求权在会计上总称为权益。其中,属于债权人的部分,称为债权人权益或者负债;属于所有者的部分,称为所有者权益。资产表明企业拥有什么经济资源和拥有多少经济资源;权益则表明是谁提供了这些经济资源,谁对这些经济资源拥有要求权。资产与权益之间存在着相互依存的关系,两者是不可分割的。从数量上看,有一定数额的资产,就必定有对该资产的权益;有一定权益,则必然有体现其权益的资产。也就是说,一个企业的资产总额与权益(负债和所有者权益)总额必定相等。这种关系可以用以下等式表示:

$$资产 = 负债 + 所有者权益$$

在会计理论中,"资产=负债+所有者权益"这一会计等式称为基本会计等式,它描述了资产、负债和所有者权益三个基本会计要素的数量关系。这一会计等式,既表明了某一会计主体在某一时点所拥有的各种资产,同时也表明了这些资产的归属关系,体现了企业资金运动过程中某一时点上会计要素之间的数量关系,是资金运动的静态表现形式,所以又称为静态会计等式,它是编制资产负债表的依据。

三、经济业务发生对基本会计等式的影响

(一) 经济业务对基本会计等式的影响

企业在生产经营中,不断地发生各种经济业务。这些经济业务的发生,会导致有关会计要素数量的增减变化。但这些增减变化并不会破坏上述基本会计等式的平衡关系。这是因为我们可以结合经济业务作如下分析:

企业的经济业务虽然数量众多、类型各异,但站在会计要素的数量关系上归纳起来不外乎以下九种类型:

(1) 经济业务的发生,导致资产内部项目此增彼减,增减金额相等,不会影响基本会计等式的平衡关系。

(2) 经济业务的发生,导致负债内部项目此增彼减,增减金额相等,不会影响基本会计等式的平衡关系。

(3) 经济业务的发生,导致所有者权益内部项目此增彼减,增减金额相等,不会影响基本会计等式的平衡关系。

(4) 经济业务的发生,导致负债项目增加,而所有者权益项目减少,增减金额相等,不会影响基本会计等式的平衡关系。

(5) 经济业务的发生,导致所有者权益项目增加,而负债项目减少,增减金额相等,不会影响基本会计等式的平衡关系。

(6) 经济业务的发生,导致资产项目和负债项目同时等额增加,不会影响基本会计等式的平衡关系。

(7) 经济业务的发生,导致资产项目和负债项目同时等额减少,不会影响基本会计等式的平衡关系。

(8) 经济业务的发生,导致资产项目和所有者权益项目同时等额增加,不会影响基本会计等式的平衡关系。

(9) 经济业务的发生,导致资产项目和所有者权益项目同时等额减少,不会影响基本会计等式的平衡关系。

上述九种类型的变化还可以进一步归纳概括为四种情况并对基本会计等式产生影响:

(1) 经济业务的发生,引起基本会计等式的左右两边项目同时等额增加,即资产增加,负债或所有者权益项目也同时等额增加,基本会计等式保持平衡。

(2) 经济业务的发生,引起基本会计等式的左右两边项目同时等额减少,即资产减少,负债或者所有者权益项目也同时等额减少,基本会计等式保持平衡。

(3) 经济业务的发生,引起基本会计等式左边各有关项目发生等额增减变化,即资产项目的一增一减,基本会计等式保持平衡。

(4) 经济业务的发生,引起基本会计等式右边各有关项目发生等额增减变化,即负债和所有者权益内部项目或者彼此之间项目的此增彼减,基本会计等式保持平衡。

(二) 经济业务对基本会计等式影响举例

2022年12月31日,天河公司拥有5 000万元资产,其中现金50万元,银行存款850万元,应收账款120万元,存货2 300万元,固定资产1 680万元;投资者投入的资本金为4 200万元,银行借款余额为460万元,应付账款为340万元。天河公司2022年12月31日资产、负债和所有者权益的项目状况见表2-1。

表2-1　　　　　　　　资产、负债和所有者权益的项目状况表

2022年12月31日　　　　　　　　　　　单位:万元

资　产	金　额	负债和所有者权益	金　额
库存现金	50	银行借款	460
银行存款	850	应付账款	340
应收账款	120	实收资本	4 200
存货	2 300		
固定资产	1 680		
合计	5 000	合计	5 000

假定天河公司在2023年1月发生如下经营业务,现说明验证上述业务对会计等式的影响。

1. 资产与负债项目等额增加

1月5日,天河公司获得银行贷款200万元,款项存入银行。

这项经济业务使天河公司资产中的"银行存款"增加200万元,同时使负债中的"银行借款"也增加200万元。基本会计等式左、右两边等额增加200万元,两边的总额合计变为5 200万元,基本会计等式两边的总额依然相等,会计等式保持平衡。

2. 资产与负债项目等额减少

1月10日,天河公司用银行存款偿还应付账款100万元。

这项经济业务使天河公司资产中的"银行存款"减少100万元,同时使负债中的"应付账款"也减少100万元。基本会计等式两边等额减少100万元,两边的总额合计变为5 100万元,基本会计等式两边的总额依然相等,基本会计等式保持平衡。

3. 资产项目等额一增一减

1月15日,天河公司从银行存款提取现金50万元备用。

这项经济业务使天河公司资产中的"库存现金"增加50万元,同时使资产中的"银行存

款"减少50万元。基本会计等式左边的资产类项目发生了等额的一增一减变化50万元,基本会计等式两边的总额合计依然为5 100万元,两边的总额依然相等,基本会计等式保持平衡。

4. 负债和所有者权益项目等额一增一减

1月20日,天河公司将对甲公司的应付账款150万元,经双方协商转为本公司的股权。

这项经济业务使天河公司负债项目中的"应付账款"减少150万元,同时所有者权益中的"实收资本"增加150万元。基本会计等式右边的负债类项目和所有者权益类项目发生了等额的一减一增变化150万元,基本会计等式两边的合计依然为5 100万元,两边的合计依然相等,基本会计等式保持平衡。

天河公司2023年1月31日资产、负债和所有者权益的项目状况见表2-2。由此可见,天河公司1月份在生产经营中发生的上述各项业务活动,虽然影响和改变了资产、负债和所有者权益项目的构成状况,但均未破坏"资产=负债+所有者权益"会计等式的平衡关系。

表2-2　　　　　　　　　资产、负债和所有者权益的项目状况表

2023年1月31日　　　　　　　　　　　　　　　　　单位:万元

资　产	金　额	负债和所有者权益	金　额
库存现金	100	银行借款	660
银行存款	900	应付账款	90
应收账款	120	实收资本	4 350
存货	2 300		
固定资产	1 680		
合　计	5 100	合　计	5 100

四、扩展的会计等式

"资产=负债+所有者权益"这一基本会计等式描述了资产、负债和所有者权益三要素的数量关系。它是用来反映某个会计期间开始时,即某一时日的财务状况的。随着企业经营活动的进行,在会计期间内,企业一方面取得收入;另一方面要发生各种各样的费用,并因此而减少了资产或增加了负债。所以企业在会计期间的任一时刻,基本会计等式扩展为:

$$资产 = 负债 + 所有者权益 + (收入 - 费用)$$

这一等式称为扩展的会计等式。其中,收入-费用=利润,这一会计等式是企业资金运动的动态表现形式,反映了收入、费用和利润之间的平衡关系,也称动态会计等式或者会计第二等式,是企业编制利润表的基础。扩展的会计等式表明,企业在经营中取得的利润或者发生的亏损,对先前时点上静态会计等式中的所有者权益必然增加或者抵冲一部分数额。

我们考察企业经济业务在会计期间中发生的增减变化,虽然涉及会计六要素的数量变化,但也不会破坏会计六要素的平衡关系。这是因为:

(1) 企业收入的取得,或者表现为资产要素和收入要素同时、等额的增加,或者表现为收入要素的增加和负债要素同时、等额的减少,结果等式仍然保持平衡。

(2) 企业费用的发生,或者表现为负债要素和费用要素同时、等额的增加,或者表现为费用要素的增加和资产要素同时、等额的减少,结果等式仍然保持平衡。

(3) 在会计期末,将收入与费用相减得出企业的利润。利润在按规定程序进行分配以后,留存企业的部分(包括盈余公积和未分配利润)转化为所有者权益的增加(或减少),同时或者是资产要素相应增加(或者减少),或者是负债要素相应减少(或者增加),结果等式仍然保持平衡。

如上述分析可知:由于收入、费用和利润这三个要素的变化实质上都可以表现为所有者权益的变化,因此上述三种情况都可以归纳到前面我们概括的九种业务类型中去。这使上述扩展的会计等式才会始终保持平衡。它说明资产、负债、所有者权益、收入、费用和利润这六大会计要素之间存在着一种恒等关系。这种恒等关系始终成立,任何经济业务的发生,都不会破坏会计等式的平衡关系。

【关键术语】

会计对象　会计要素　资产　负债　所有者权益　收入　费用　利润　会计等式

【问题思考】

1. 什么是会计对象?如何理解会计的一般对象?
2. 什么是会计要素?会计要素有哪些?
3. 什么是资产?资产具有哪些特征?资产应如何分类?
4. 什么是负债?负债具有哪些特征?负债应如何分类?
5. 什么是所有者权益?它与负债有何区别?其构成如何?
6. 什么是收入、费用和利润?三者的关系如何?
7. 什么是会计等式?基本会计等式的平衡关系和作用是什么?

【思政语录】

1. 对于浪费的人,金钱是圆的;可对于节俭的人,金钱是扁平的,是可以一块块堆积起来的。
　　　　　　　　　　　　　　　　　　　　　　　　　　　　　　　——鲁迅
2. 拥有一个好的名声比拥有金钱更显得重要。——塞勒斯
3. 唯天下至诚,方能经纶天下之大经,立天下之大本。——《中庸》

练 习 题

姓名_____
学号_____
分数_____

扫二维码获得更多
本章习题及案例

一、单项选择题

1. 资产、负债和所有者权益,是侧重于反映企业(　　)的会计要素。
   A. 会计对象　　　B. 财务状况　　　C. 财务成果　　　D. 会计主体
2. 流动资产是指可以(　　)变现或者耗用的资产。
   A. 3个月　　　　B. 半年　　　　　C. 1年　　　　　　D. 2年
3. 银行存款属于企业的(　　)。
   A. 流动资产　　　　　　　　　　　B. 交易性金融资产
   C. 资本　　　　　　　　　　　　　D. 收入
4. 库存现金属于企业的(　　)。
   A. 流动资产　　　B. 存货　　　　　C. 固定资产　　　D. 无形资产
5. 无形资产是(　　)。
   A. 短期使用资产　　　　　　　　　B. 非货币性资产
   C. 货币性资产　　　　　　　　　　D. 不可辨认的资产
6. 所有者权益是指企业的(　　)扣除负债后由所有者享有的剩余权益。
   A. 资产　　　　　B. 负债　　　　　C. 收入　　　　　D. 费用
7. 会计等式是揭示各(　　)之间内在联系和基本数量关系的数学表达式。
   A. 会计主体　　　B. 会计要素　　　C. 会计对象　　　D. 会计内容

二、多项选择题

1. 作为会计对象的会计交易或者事项应具备的两个基本条件和特征为(　　)。
   A. 能够导致本会计主体单位的某项资产和权益发生增减变动的经济事项
   B. 能够以货币计量的经济事项
   C. 能够报告的所有经济事项
   D. 能够报告的经济事项
2. 下列各项中,属于会计中的"交易"的有(　　)。
   A. 收到投资者的投资　　　　　　　B. 生产领用材料
   C. 销售产品　　　　　　　　　　　D. 产品完工入库
3. 工业企业的主要生产经营过程分为(　　)。
   A. 供应过程　　　B. 生产过程　　　C. 销售过程　　　D. 分配过程
4. 我国《会计法》规定,下列经济业务和经济事项中,应当进行会计核算的有(　　)。
   A. 款项和有价证券的收付　　　　　B. 财物的收发、增减和使用负债

C. 债权债务的发生和结算　　　　D. 资本的增减

5. 会计六要素中侧重于反映财务状况的要素包括(　　)。
   A. 资产　　　　B. 负债　　　　C. 所有者权益　　　　D. 利润
6. 资产从特性上讲是一种(　　)。
   A. 有用资源　　B. 现实资源　　C. 预期资源　　　　D. 实物资源
7. 下列项目中,属于流动资产的有(　　)。
   A. 交易性金融资产　　　　　　B. 存货
   C. 1年期银行存款　　　　　　D. 无形资产
8. 流动负债包括(　　)。
   A. 短期借款　　B. 应付款项　　C. 应付债券　　　　D. 预提费用
9. 所有者权益包括(　　)。
   A. 实收资本　　　　　　　　　B. 资本公积
   C. 直接计入所有者权益的利得和损失　　D. 未分配利润
10. 收入应具有的特征包括(　　)。
    A. 从企业日常活动中产生　　　B. 会导致企业所有者权益的增加
    C. 带来利益的形式多种多样　　D. 本企业经济利益的流入
11. 收入主要包括(　　)。
    A. 主营业务收入　　　　　　　B. 其他业务收入
    C. 投资收益　　　　　　　　　D. 实收资本
12. 费用按其归属的不同,可分为(　　)。
    A. 财务费用　　B. 销售费用　　C. 成本费用　　　　D. 期间费用
13. 会计等式是(　　)等的理论依据。
    A. 会计主体　　B. 设置账户　　C. 复式记账　　　　D. 编制报表

三、判断题

1. 会计不能反映和监督社会再生产过程中的全部经济活动,而只能反映和监督社会再生产过程中能够用货币表现的那些经济活动。(　　)
2. 会计交易或事项是指能够导致会计主体单位的各项资产和权益发生变化的经济事项。(　　)
3. 资产作为经济资源可以具有实物形态,也可以不具有实物形态。(　　)
4. 固定资产是长期使用的有形资产。(　　)
5. 负债包括现时的偿债义务和潜在的偿债义务。(　　)
6. 所有者权益在数量上等于企业全部资产减去全部负债后的余额。(　　)
7. 企业清算时,只有在清偿所有的负债后,才能返还所有者权益。(　　)
8. 收入包括从偶发的交易或者事项中产生经济利益的总流入。(　　)
9. 费用可能表现为资产的减少,或者负债的增加,或者两者兼而有之。(　　)
10. 利润的实现,会相应地表现为资产的增加或者负债的减少,其结果是所有者权益的增值。(　　)
11. 任何经济业务的发生,都不会破坏会计等式的平衡关系。(　　)

【实训案例】

业务实训一

1. 资料

天河公司发生的业务事项详见表 2-3 中的"业务内容"。

2. 要求

根据表 2-3 中的"业务内容",识别相应的会计要素类别。

表 2-3　　　　　　天河公司发生的业务内容及其对应的会计要素

序号	业务内容	会计要素类别					
		资产	负债	所有者权益	收入	费用	利润
1	业务库存现金						
2	存放开户银行的银行存款						
3	库存原材料						
4	应收取的销货款						
5	库存的产成品						
6	车间的生产设备						
7	长期股权投资						
8	向银行借入的借款						
9	应交税款						
10	应付职工的薪酬						
11	实收资本金						
12	未分配的利润						
13	商品销售收入						
14	获得的投资收益						
15	发生的广告费						
16	发生的管理费						

业务实训二

1. 资料

天河公司 2023 年 3 月 31 日拥有 5 500 万元资产,其中现金 60 万元、银行存款 550 万元、应收账款 115 万元、存货 2 275 万元、固定资产 2 500 万元。天河公司 2023 年 3 月 31 日实收投资者投入的资本金 4 200 万元,银行借款余额 460 万元,应付账款 840 万元。天河公司 2023 年 3 月 31 日资产、负债和所有者权益的项目状况如表 2-4 所示。

表2-4　　　　　　　　　　资产、负债和所有者权益的项目状况
　　　　　　　　　　　　　　　2023年3月31日　　　　　　　　　　　　单位：万元

资产	金额	负债和所有者权益	金额
库存现金	60	银行借款	460
银行存款	550	应付账款	840
应收账款	115	实收资本	4 200
存货	2 275		
固定资产	2 500		
合计	5 500		5 500

假定天河公司在2023年4月发生如下经济业务：

(1) 4月5日,将库存现金50万元存入开户银行。

(2) 4月15日,获得银行借款100万元,款项已存入银行。

(3) 4月20日,用银行存款支付前欠白云公司货款40万元。

(4) 4月30日,销售库存产品50万元,货款尚未收回。

2. 要求

按上述资料,编制天河公司2023年4月30日"资产、负债和所有者权益的项目状况表",分析说明4月发生的业务活动对会计等式的影响。

第三章 会计核算基础和方法

章前导引

教学目标

本章主要介绍会计基本假设、会计核算基础,阐述会计要素的确认标准和计量属性;阐述会计核算的基本方法。

通过学习,学生应理解和掌握会计的基本假设和基础,掌握会计要素确认的一般要求和计量属性,初步了解会计核算的基本方法。

第一节 会计基本假设

会计基本假设又称会计前提,是会计确认、计量和报告的前提,是为保证会计工作的正常进行和会计信息的质量,对会计核算所处时间、空间环境等所作的合理设定。会计基本假设是会计准则、制度中规定的各种程序和方法适用的前提条件。会计核算对象的确定、会计方法的选择、会计数据的收集等,都要以会计基本假设为依据。《企业会计准则——基本准则》规定,我国企业会计基本假设包括会计主体、持续经营、会计分期和货币计量四项。

一、会计主体

会计主体是指会计工作为之服务的特定单位或组织,是会计确认、计量和报告的空间单位。在会计主体假设下,企业应当以本身发生的交易或者事项进行会计确认、计量和报告,应当以本身发生的各项交易或者事项为对象,记录和反映企业本身的各项生产经营活动。

明确会计主体,才能划定会计核算的空间范围与立场。会计所要反映的总是一个特定企业的经济活动,会计核算应当区分企业自身的经济活动与其他企业、单位的经济活动;区别企业的经济活动与企业所有者和债权人的经济活动。在会计实务中,只有那些影响企业本身的交易或者事项,才能在本企业进行确认、计量和报告。通过界定特定会计核算的范围,才能准确提供反映一个特定单位财务状况和财务成果的会计信息。

会计主体不同于法律主体。一般而言,法律主体必然是会计主体,但会计主体不一定要求是法律主体。会计主体可以是一个法人企业,也可以是企业中的内部单位或者企业中的一个特定的部分,如企业的分公司;会计主体可以是单一的企业,也可以是几个企业组成的联营公司或者企业集团。

二、持续经营

持续经营是指会计确认、计量和报告应当以企业持续、正常的生产经营活动为前提。

持续经营要求会计主体的生产经营活动将无限期地延续下去,在可以预见的将来,企业将会按当前的规模和状态继续经营下去,不会停业,也不会大规模削减业务,企业将会按既定的目标持续不断地经营下去。

持续经营假设要求会计核算应当以企业持续、正常的生产经营活动为前提,而不考虑企业是否破产清产等,在此前提下选择会计程序及会计处理方法,进行会计核算。尽管客观上企业会由于市场经济的竞争而面临被淘汰的危险,但只有假定作为会计主体的企业是持续正常经营的,会计原则、会计程序及会计方法才有可能建立在非清算的基础之上,不采用破产清算的一套处理方法,这样才能保持会计信息处理的一致性和稳定性。

会计一系列核算方法和遵循的有关要求都是建立在会计主体持续经营的基础之上的,正是在持续经营的前提下,才可以建立起会计确认和计量的原则;企业的资产和负债才区分为流动的和非流动的;企业对收入、费用的确认才能采用权责发生制。例如,固定资产的价值通常在其使用年限内分期以折旧的形式转作费用,逐渐减少固定资产的价值,这一方法就是以持续经营为前提的。

三、会计分期

会计分期是指将一个会计主体持续经营的生产经营活动,划分成若干相等会计期间,以便分期结算账目和编制财务会计报告。会计期间分为会计年度和会计中期。会计中期是指短于一个完整的会计年度的报告期间,会计中期又分为半年度、季度和月度。年度、半年度、季度和月度均按公历起讫日期确定。

会计分期是把企业生产经营过程按会计核算需要人为地划分为较短的会计期间,目的在于通过会计期间的划分,分期结账,按期编制财务会计报告,从而及时地向有关方面提供反映财务状况和经营成果的会计信息,满足有关方面的需要。由于有了会计期间,才产生了本期与非本期的区别;由于有了本期与非本期的区别,才产生了权责发生制和收付实现制,产生了收入与费用的期间配比原则。只有正确地划分会计期间,才能定期提供财务状况和经营成果的会计信息,才能进行会计信息的期间比较。

会计分期与持续经营是密不可分的,只有设定企业是持续经营的,才有必要和可能划分会计期间。会计期间假设依赖于持续经营假设,持续经营假设又需要会计期间假设补充。两者结合,才能连续地提供会计主体在各会计期间的经营业绩,才能提供期初、期末的财务状况及其变动的会计信息。

四、货币计量

货币计量是指会计主体在会计核算过程中,应采用货币作为计量单位,进行会计确认、计量和报告,反映会计主体的各项生产经营活动。企业使用的计量单位较多,为了全面、综合地反映企业的生产经营活动,会计核算客观上需要一种统一的计量单位作为计量尺度。货币作为商品的一般等价物,能用来计量一切资产、负债和所有者权益,以及收入、费用和利润,便于综合价值反映。货币计量使会计核算的对象统一地表现为价值运动,从而能够全面、综合、连续地反映企业的财务状况和经营成果。企业经济活动中凡是能够用这一尺度计量的,就可以进行会计记录与反映;凡是不能用这一尺度计量的,则不必进行会计核算。因此,会计必须以货币计量为前提。

货币计量假设要求企业对所有经济业务采用同一种货币作为统一尺度来进行计量。按我国《会计法》规定,我国企业的会计核算以人民币为记账本位币。业务收支以人民币以外的货币为主的企业,可以选定一种货币作为记账本位币,但在编报财务会计报告时应当折算成人民币。

货币本身也有价值,它是通过货币的购买力或者物价水平表现出来的,在市场经济条件下,货币的价值也会发生变动。会计核算以货币作为统一计量单位,包含着币值稳定的假设,即假定货币本身的价值是稳定的,不会有大的波动,或前后波动能够被抵销。如果发生恶性通货膨胀,就需要采用特殊的会计原则来处理有关的经济业务。

第二节 会计核算基础

企业生产经营活动在时间上是持续不断进行的,企业不断取得收入,不断发生各种成本费用,将收入和相关费用相配比,就可以确认计算企业经营成果(利润或亏损)。

会计需要在持续经营假设下进行分期核算。由于生产经营活动是连续进行的,而反映经营成果的会计期间是人为划分的,所以企业就会发生一部分收入、费用出现的收支期间与应归属期间不完全一致的情况。于是,便涉及在处理这类交易或事项时,应确认为哪一个会计期间的问题,选择合适的会计核算基础。为此,可供选择的会计核算基础有权责发生制和收付实现制。

一、权责发生制

权责发生制又称应收应付制,是以收入的权利和支出的责任是否应归属本期为标准,来决定收入和费用归属期的一种会计核算基础。按照权责发生制,凡是属于本期已经实现的收入和已经发生或者应当负担的费用,不论款项是否收付,都应当作为本期的收入和费用处理;凡是不属于本期的收入和费用,即使款项已经在当期收付,也不应当作为本期的收入和费用。

权责发生制的核心是按交易或者事项是否影响各个会计期间的经营成果和受益情况,来确认收入、费用的归属期,它以应收应付作为标准来确定本期收入和费用,而不考虑款项是否已实际收付。

以权责发生制为基础,可以正确反映特定会计期间所实现的收入和为实现收入所应负担的费用,从而可以把各期的收入与其相关的费用、成本相配比,加以比较,以便正确确定财务状况和经营成果。

《企业会计准则——基本准则》规定，企业应当以权责发生制为基础进行会计确认、计量和报告。

二、收付实现制

收付实现制又称现收现付制，是以款项是否实际收到或付出为标准，来决定收入和费用归属期的一种会计核算基础。按照收付实现制，凡是本期实际收到的款项，不论其是否属于本期实现的收入，都作为本期收入处理；凡是本期实际付出的款项，不论其是否属于本期应当负担的费用，都作为本期的费用处理。凡本期没有实际收到和付出的款项，即使应当归属本期，也不作为本期的收入和费用处理。

收付实现制的核心是将款项的实际收付与收入、费用的归属期统一在一起。它完全以款项的实际收付为标准来确定本期收入和费用，而不考虑与款项收付相关联的交易或者事项实质上是否已发生。

收付实现制对收入和费用的确认完全按照款项实际收到或者支付的日期为基础来确定归属期。它是行政事业单位会计采用的会计处理基础。

三、权责发生制与收付实现制的应用举例

【例 3-1】 天河公司 2023 年 3 月份发生如下经济业务：
(1) 5 日，销售产品，收到货款 50 000 元，存入银行。
(2) 8 日，销售产品，货已发出，货款 200 000 元按购销合同约定下月结算收款。
(3) 10 日，收到客户前欠购货款 150 000 元，存入银行。
(4) 16 日，预收购货单位预付的货款 100 000 元存入银行，按购销合同约定下月发货。
(5) 18 日，以银行存款支付本月水电费 40 000 元。
(6) 20 日，以银行存款支付下季度办公用房租金 60 000 元。
(7) 21 日，结算本月应负担的银行短期借款利息 5 000 元，利息于下月贷款到期后与本金一同支付。

按照权责发生制与收付实现制的两种会计核算基础，确认、计算 3 月份天河公司的收入、费用及利润，见表 3-1。

表 3-1　　　　　　　天河公司收入、费用及利润计算表　　　　　　　单位：元

业务序号	权责发生制		收付实现制	
	收入	费用	收入	费用
(1)	50 000		50 000	
(2)	200 000			
(3)			150 000	
(4)			100 000	
(5)		40 000		40 000

(续表)

业务序号	权责发生制		收付实现制	
	收　入	费　用	收　入	费　用
（6）				60 000
（7）		5 000		
合　计	250 000	45 000	300 000	100 000
利　润	205 000		200 000	

第三节　会计要素确认和会计计量

一、会计要素确认

（一）会计确认的意义

会计确认是指按照一定的会计标准，识别和确定发生的经济业务是否可以作为会计要素进入会计核算系统并列入会计报表的会计行为。

企业日常经济活动会产生众多的经济业务，这些经济业务包含有大量的经济信息。在这些经济信息中，有的属于会计核算的内容，有的不属于会计核算的内容。只有属于会计核算内容的经济信息进入会计核算系统，才能产生有用的会计信息。为了保证企业提供的会计信息的有用性，面对企业经济活动中产生的大量经济信息，哪些应进入本企业会计核算系统，哪些不应进入会计核算系统，需要会计人员根据一定的会计标准进行识别与筛选，即应进行必要的会计确认。会计确认解决了会计的定性问题，涉及会计核算的全过程，它包括初始确认与再确认两个过程。

初始确认是指当企业发生各项经济业务时，确定反映各项经济业务的原始经济信息是否可进入本企业会计核算系统。初始确认实际上是经济信息能否转化为会计信息并进入会计核算系统的筛选过程。初始确认的标准主要是发生的经济业务是否属于本会计主体、能否用货币计量，如果发生的经济业务属于本会计主体且可以用货币计量，则可以进入会计核算系统。

再确认是指对会计核算系统输出的经过加工的会计信息的确认，它是依据管理者的需要，确认账簿资料中记录的会计信息是否应列入会计报表，以及如何列入会计报表的过程。再确认实际上是对已经形成的会计信息再提纯、再加工，以保证会计信息的真实性和正确性。再确认的标准主要是满足会计信息使用者的需要，企业提供的会计信息应当满足有关方面进行决策时对会计信息的需要。

（二）会计确认的标准

1. 符合会计要素的定义和特征

会计要素是对会计内容的基本分类，会计要素的定义、特点及其构成也是会计确认的最基本标准,是对经济业务的经济信息进行初次确认至再确认的基本条件和前提。在会计确认时,首先要根据各会计要素的定义和特点来判断某项经济信息能否进入会计核算系统;其次要确定进入会计核算系统的经济信息应当作何要素予以记录,最后还要依据会计要素的分类,确定该项经济信息应记入哪个具体的账户和进一步应列入会计报表的哪一个项目。

2. 可用货币计量

货币计量是会计核算的基本前提,经济活动中的交易或者事项只要能够用货币计量,才能作为会计对象进行确认。一个反映经济业务的经济信息,在会计确认时不仅要符合会计要素的定义和特点,而且还必须能够用货币定量或者计价。只有这样,才能保证会计信息质量的统一性,才可以进行会计信息的比较、加工和汇总。可以说,经济信息可用货币计量是会计确认的核心问题,如果某项经济数据不具备可用货币计量的特征,就不可能在会计上予以确认。

3. 经济信息的可靠性

会计信息要真实可靠,首先应是如实地、完整地反映已发生的经济业务,其次这些经济业务必须是根据它们的实质和不带偏向的经济现实,而不仅仅根据它们的法律形式进行会计核算。为此,在会计确认时,要认真审核原始凭证所记载的经济数据是否有客观可靠的证据。在有的情况下,必须进行估计成本或者价值的,应使用合理的估计,若无法做出合理的估计,就不能作为会计要素加以确认。

4. 经济信息的相关性

会计信息应当满足不同信息使用者的需要。为此,会计确认时要针对信息使用者的具体需要,排除不相关的数据,压缩多余的数据,增进会计信息的有用性,如在会计报表中增加补充资料以满足不同使用者的需要。

(三) 会计要素的确认条件

1. 资产的确认条件

在资产的具体确认中,应按三个重要标准来进行判断:第一,企业所拥有和控制的资源应符合资产的定义,不符合资产定义者不能确认为资产。第二,与该资源有关的经济利益很可能流入企业。能否带来经济利益是资产的一个本质特征,但在现实生活中,由于经济环境瞬息万变,与资源有关的经济利益能否流入企业或者能够流入多少实际上带有不确定性。因此,资产的确认还应与经济利益流入的不确定性程度的判断结合起来。如果一项支出已经发生,但在本会计期间和以后的会计期间,由这项支出带来的未来经济利益都不会流入企业或者流入企业的确定程度不足,那么这项支出不能确认为资产,而只能将其确认为费用。第三,该资源的成本或者价值能够可靠地加以计量。只有当有关资源的成本或者价值能够可靠地计量时,资产才能予以确认。在实务中,企业取得的许多资产都是发生了实际成本的,如企业购置的厂房或者设备等,对于这些资产,只要实际发生的购买成本能够可靠地计量,就视为符合资产确认的可计量条件;若不能准确地计量,但能合理估计的,也可确认为一项资产。

2. 负债的确认条件

在负债的具体确认中,应按以下标准进行判断:第一,符合负债的定义,负债是由于过去的交易或者事项而引发的一项现时义务。未来交易或者事项可能形成的偿还债务,不能作为现时的负债予以确认。第二,与该义务有关的经济利益很可能流出企业。一项债务的偿还,企业必须付出债权人可以接受的资产或者劳务,因而使企业拥有的能够带来经济利益的经济资源流出。第三,未来流出的经济利益的金额能可靠地加以计量。负债一般都有一个到期偿还的确切金额,即使没有确切的金额,也能合理地估计偿还金额。

3. 所有者权益的确认条件

所有者权益的确认,主要取决于资产、负债、收入、费用等其他会计要素的确认。所有者权益即企业的净资产,是企业资产总额扣除债权人权益后的净额,反映所有者(股东)财富的净增加额。通常,企业收入的增加会导致资产的增加,相应地会增加所有者权益;企业费用的增加会导致负债的增加,相应地会减少所有者权益。因此,企业日常经营的好坏和资产负债的质量直接决定着企业所有者权益的增减变化和资本的保值、增值。

4. 收入的确认条件

收入的确认包括入账时间和入账金额两个方面。企业收入的来源渠道多种多样,不同收入来源的特征有所不同,其收入确认条件也往往存在一定的差异。如销售商品、提供劳务、让渡资产使用权等。一般而言,收入只有在经济利益很可能流入企业从而导致资产增加或者负债减少、经济利益的流入额能够可靠地计量时才能予以确认。具体确认时,应该按以下标准来进行判断:第一,与收入相关的经济利益很可能流入企业,从而导致资产增加或者负债减少时才能确认。第二,经济利益很可能流入企业的结果,会导致和具体表现为资产增加或者负债减少。第三,经济利益流入额能够可靠地计量。

5. 费用的确认条件

费用是与收入相对应的概念,它是为得到收入而付出的代价。费用只有在经济利益很可能流出企业从而导致资产减少或者负债增加、经济利益的流出额能够可靠地计量时才能予以确认。在费用的具体确认中,应按以下标准来判断:第一,与费用相关的经济利益很可能流出企业。第二,经济利益流出的结果会导致资产减少或者负债增加。第三,经济利益流出额能够可靠地计量。

6. 利润的确认条件

利润是反映收入减去费用、利得减去损失后的净额。利润的确认主要只能依附于一定期间的收入和费用、利得和损失的确认,收入和费用、利得和损失的确认标准即为利润的确认标准。

二、会计计量

(一) 会计计量的意义

会计计量是采用一定的计量属性,在将符合确认条件的会计要素登记入账并列报于会计报表时,确定其金额的过程。

企业在日常经济活动中产生的大量经济信息,只有经过会计确认才能进入会计核算系统。而会计确认又离不开会计计量,因为只有可以计量的经济信息才能被会计核算系统接受,经过初次确认和再确认后,应输入的数据才能被正式记录,输出的数据才能被列入企业的会计报表。

会计确认与会计计量实际上总是不可分割地联系在一起的,未经确认就不能进行计量,没有计量确认也失去意义。会计确认是会计计量的前提,它决定着某个经济信息能否作为某个会计要素进入会计核算系统,主要解决会计核算的定性问题。会计计量是会计确认的条件,它决定已确认的经济信息如何按真实与相关的金额列示在企业的会计报表上,主要解决会计核算中的定量问题。

(二)会计计量单位

计量单位是计量尺度的量度单位。会计计量尺度包括实物量度、劳动量度和货币量度三种。在商品经济社会中,形形色色的实物量度和劳动量度已无法对会计主体的经济活动进行全面、综合的反映,而货币作为商品一般等价物,以其内在价值尺度取代实物量度和劳动量度,成为会计统一的基本计量尺度。会计计量以货币量度为基本计量尺度,来综合反映会计主体经济活动的过程和结果,为经济管理提供价值信息指标;同时,会计实务中仍需要实物量度、劳动量度作为辅助的计量尺度来计量相关的资产和劳务事项。

我国《会计法》规定:"会计核算以人民币为记账本位币",业务收支以人民币以外的货币为主的单位,可以选定其中一种货币作为记账本位币,但是编报的财务会计报告应当折算为人民币。

(三)会计计量属性

计量属性是指用货币进行对会计要素进行计量时的标准。计量属性反映的是会计要素金额的计量基础。根据《企业会计准则——基本准则》的规定,会计计量属性主要包括历史成本、重置成本、可变现净值、现值和公允价值。

1. 历史成本

历史成本又称实际成本,是指取得或者制造某项资产时所实际支付的现金或者其他等价物金额。在历史成本计量下,资产按照购置时支付的现金或者现金等价物的金额,或者按照购置资产时所付出的对价的公允价值计量。负债按照因承担现时义务而实际收到的款项或者资产的金额,或者承担现时义务的合同金额,或者按照日常活动中为偿还负债预期需要支付的现金或者现金等价物的金额计量。

历史成本是取得资产的原始交易价格,历史成本计价有原始交易单证作计价根据,具有依据可靠、便于取得、易于查核的优点。但它是建立在币值稳定假设之上的,在物价变动的情况下,不能真实地反映会计要素的实际价值。

【例3-2】 2023年5月5日,天河公司购买生产设备1台,该设备买价为100 000元,另支付税费(不含增值税)13 000元,包装运输费3 000元。则该设备按历史成本计价为116 000元。

2. 重置成本

重置成本又称现行成本,是指按照当前市场条件,重新取得同样一项资产所需支付的现金或者现金等价物金额。在重置成本计量下,资产按照现在购买相同或者相似资产所需支付的现金或者现金等价物的金额计量。负债按照现在偿付该项债务所需支付的现金或者现金等价物的金额计量。

【例3-3】 2023年12月31日,天河公司在财产清查中发现账外已使用2年的设备1台,预计在当前市场上购买同类设备应支付款项150 000元。则天河公司对这台设备按重置成本计价为150 000元。

3. 可变现净值

可变现净值是指在正常生产经营过程中,以资产预计售价减去进一步加工成本和预计销售费用和相关税费后的净值。在可变现净值计量下,资产按照其正常对外销售所能收到现金或者现金等价物的金额扣减该资产至完工时估计将要发生的成本、估计的销售费用和相关税费后的金额计量。可变现净值通常应用于存货资产减值情况下的后续计量。

【例3-4】 2023年12月31日,天河公司将一批库存商品按市场销售价200 000元卖出,出售时支付各项费用合计为20 000元。则天河公司对这批商品按可变现净值计价为180 000元。

4. 现值

现值是指对未来现金流量以恰当的折现率进行折现后的价值,是考虑货币时间价值的一种计量属性。在现值计量下,资产按照预计从其持续使用和最终处置中所产生的未来净现金流入量的折现金额计量。负债按照预计期限内需要偿还的未来净现金流出量的折现金额计量。

5. 公允价值

公允价值是指市场参与者在计量日发生的有序交易中,出售一项资产所能收到或者转移一项负债所需支付的价格。在公允价值计量下,资产和负债按照在公平交易中,熟悉情况的交易双方自愿进行资产交换或者债务清偿的金额计量。

【例3-5】 2023年10月5日,天河公司以每股20元的价格购入的A公司股票10 000股,价值为200 000元。2023年12月10日,天河公司以每股25元的价格,总价为250 000元将该股票在市场中卖出。则天河公司在12月10日对这批出售股票按公允价值计价为250 000元。

（四）计量属性的应用原则

《企业会计准则——基本准则》规定,企业在对会计要素进行计量时,一般应当采用历史成本,采用重置成本、可变现净值、现值和公允价值计量的,应当保证所确定的会计要素金额能够取得并可靠地计量。

企业会计核算通常以历史成本作为基本的计量属性,是由于历史成本具有可靠、简便、可验证等其他计量属性不能比拟的优点。但是在市场经济条件下,历史成本也存在一定的缺陷,因此人们提出了重置成本、可变现净值、现值和公允价值等计量属性,作为历史成本的补充。

我国的企业会计准则体系引入公允价值这一计量属性,是因为随着我国资本市场的发展,越来越多的股票、债券、基金等在交易所挂牌上市,使得这类金融资产的交易已经形成了较为活跃的市场,已经具备了引入公允价值的条件。在这种情况下,引入公允价值,更能真实反映企业的现时价值,对投资人等财务会计报告使用者的决策更具有相关性。

我国在引入公允价值过程中,充分考虑了国际财务报告准则中公允价值应用的三个级次:第一,资产或者负债等存在活跃市场的,活跃市场中的报价应当用于确定其公允价值;第二,不存在活跃市场的,参考熟悉情况并自愿交易的各方最近进行的市场交易中使用的价格或者参照实质上相同的其他资产或者负债的当前市场价格确定公允价值;第三,不存在活跃市场,且不满足上述两个条件的,应当采用估值技术等确定其公允价值。

我国引入公允价值是适度、谨慎和有条件的。其原因是考虑到我国尚属新兴的市场经济国家,如果不加限制地引入公允价值,有可能出现公允价值计量不可靠,甚至可能出现人为操作利润的现象。因此,我国在相关具体准则中规定,只有存在活跃市场,且公允价值能够获得并可靠地计量的情况下,才能采用公允价值计量。

【知识链接】

《企业会计准则——基本准则》

《企业会计准则——基本准则》由财政部于 2006 年 2 月 15 日颁布,并于 2007 年 1 月 1 日起施行,于 2014 年 7 月修改并重新公布。该基本准则共 11 章 50 条,其规范的主要内容包括:财务报告目标、会计基本假设、会计信息质量要求、会计要素的定义及其确认、计量原则、财务会计报告等会计核算的基本问题。

第四节 会计记录和会计循环

一、会计记录的定义

会计记录是指通过账户、会计凭证和账簿等载体,运用复式记账等手段,对会计要素确认和计量的结果进行记录,为编制财务会计报告积累数据的过程。

财务会计的目标,即在于通过会计信息系统,向会计信息使用者提供有关财务状况和经营成果等信息。会计记录是在会计确认、计量的基础上对会计主体的经济活动进行记述的方法。在会计信息的生成过程中,会计要通过对会计要素的确认和计量的同时进行会计记录,将确认的会计要素,进行综合计价,并逐笔逐项进行记录,进行系统归类和汇总,以取得各项会计记录指标,为编制财务会计报告积累数据资料。

在会计的核算流程中,会计的记录方法主要包括:设置会计科目和账户、复式记账、填制和审核凭证、登记账簿、成本计算、财产清查。

二、会计记录的方法

(一) 设置会计科目和账户

设置会计科目和账户是对会计对象的具体内容进行分类核算的专门方法。会计对象的具体内容包括资产、负债、所有者权益、收入、费用和利润六要素,但以六要素为单位进行直接记录和反映还过于笼统。为了对会计对象的具体内容进行系统的分类核算和记录,就要对其进行科学分类。设置会计科目和账户就是根据会计对象具体内容的不同特点和经济管理的不同要求,选择一定的标准进行分类,来事先划定分类核算的项目,在账簿中开设相应的账户,通过账户分类,连续地记录经济活动情况,以取得经营管理所需的各种分类指标。正确、科学地设置会计科目和账户,是满足经济管理需要、完成会计核算任务的基础。

(二) 复式记账

复式记账是对每一项经济业务,都要以相等的金额同时在两个或者两个以上的相互联系的账户中进行记录的方法。复式记账是一种科学的记账方法。运用复式记账法,可以完整地反映经济业务的全貌和经济活动中资金增减变动的来龙去脉,反映经济业务的对应关系,也便于检查账簿记录的正确性。

(三) 填制和审核凭证

填制和审核凭证是为会计记录提供完整、真实的原始资料,保证账簿记录的正确和完整而采用的一种专门方法。会计凭证是用来记录经济业务内容,明确经济责任的书面证明,是登记账簿的直接依据。会计凭证分为原始凭证和记账凭证。对于已发生的经济业务,必须由经办人或者单位填制和取得原始凭证,并经过审核无误后,应用复式记账原理,将经济业务的交易或者事项填列在记账凭证上,作为登记账簿的依据。通过会计凭证填制和审核,可以提供真实可靠、合理合法的原始依据,保证账簿记录的真实性,也有助于会计监督的实行。

(四) 登记账簿

登记账簿是根据审核无误的凭证在账簿上连续、系统、完整地记录经济业务分门别类地记入有关账簿的一种专门方法。登记账簿应当以记账凭证为依据,利用账户和复式记账方法,把经济业务分门别类地登记到账簿中去,并定期进行结账、对账。账簿记录对会计凭证中分散记录的经济业务内容进行进一步的归类、汇总,使之更加系统化,以便为编制会计报表提供系统完整的数据资料。

(五) 成本计算

成本计算是按照一定对象归集经营过程中发生的各项费用,借以确定该对象的总成本和单位成本的一种专门方法。这种方法主要在企业中运用。它是制定价格、确定盈亏和加强经济核算的重要条件。通过成本计算,可以检查经营过程中所发生的费用是否符合节约的原则,这对于分析成本的高低及其形成原因,寻求降低成本的途径,提高经济效益。成本计算可以在经营管理中确定产品的定价策略、计算盈亏提供数字资料。

(六) 财产清查

财产清查是通过盘点实物,核对账目来查明各项财产物资和货币资金的实有数,并查核实有数与账存数是否相符的一种专门方法。在日常会计核算过程中,为了保证会计记录真实正确,必须定期或不定期地对各项财产物资、货币资金和往来款项进行清查、盘点和核对。在清查中,如果发现账实不符,应查明原因,调整账簿记录,使账存数额同实存数额保持一致,做到账实相符,保证财产物资的安全与完整。通过财产清查,可以保证会计核算资料的正确性,也可以查明各项财产物资的保管和使用情况,以便采取措施挖掘物资潜力和加速资金周转,监督财产的安全与合理使用。

会计记录方法相互关联、相互配合,构成一个完整的方法体系。在会计主体的经济业务发生时,首先要根据业务内容填制或取得会计凭证,按照设定的会计科目设置账户;其次根据审核无误的记账凭证,运用复式记账法进行账簿登记,对于生产经营发生的各项费用要按特定的成本对象及时进行成本计算,同时要通过财产清查保证账实相符,为编制财务会计报告打下可靠的基础。会计记录方法的相互关系见图3-1。

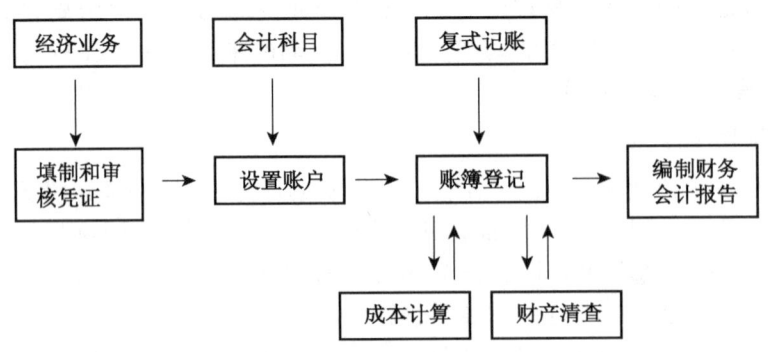

图 3-1 会计记录方法的相互关系

三、会计记录的一般要求

会计记录是会计核算流程中的最日常、最关键的环节,在会计记录过程中,必须遵循一定的标准和程序,才能真实地记录和反映企业的经营状况和经营成果。上述各种会计记录的方法是相互联系、密切配合的统一整体。在会计对经济业务进行记录和反映的过程中,不论是采用手工处理方式还是使用计算机数据处理系统,对于日常所发生的经济业务,首先要取得合法的凭证,按照所设置的账户进行复式记账,根据账簿的记录进行成本计算;其次通过财产清查,保证账实相符,以便为会计核算的最终环节——编制财务会计报告,提供系统、可靠的记录资料。在会计核算的实务工作中,会计记录必须满足如下一般要求:

(1) 各单位必须按照国家统一的会计准则、会计制度、财务管理制度的要求,设置会计科目和账户、复式记账、填制会计凭证、登记会计账簿、进行成本计算和财产清查。

(2) 各单位必须根据实际发生的经济业务事项,取得和填制会计凭证,进行真实的会计记录,作为记账的依据。

(3) 各单位发生的各项经济业务事项,应当在依法设置的会计账簿上统一登记、核算,不得违反我国《会计法》和国家统一的会计制度的规定私设会计账簿进行登记、核算。

(4) 各单位对会计凭证、会计账簿、财务会计报告和其他会计记录资料,应当建立档案,妥善保管。

(5) 使用电子计算机进行会计记录核算的,其软件及其生成的会计凭证、会计账簿、财务会计报告和其他会计记录资料,必须符合国家统一的会计制度的规定。

(6) 会计记录的文字应当使用中文。在民族自治地区,会计记录可以同时使用当地通用的一种民族文字。在中华人民共和国境内的外商投资企业、外国企业和其他外国组织的会计记录,可以同时使用一种外国文字。

四、会计循环

(一) 会计循环的意义

会计循环是指一个会计主体在一定的会计期间内,从经济业务发生,经过会计确认、计量、记录和报告,来完成会计核算的基本处理程序和过程。

会计作为一项有效、有序的管理活动和完整的信息系统,需要不断提供正确的财会信息数据。会计循环既是会计核算的基本组织过程,也是会计信息产生的步骤。企业日常发生的大量且零星的经济业务,包含着大量的经济信息。会计要将这些经济信息按照会计的规则与方法加工成会计信息,提供给有关使用者,就必须经过一系列有条不紊的工作程序,进行会计确认、计量、记录和报告。

经济业务经过确认输入会计核算系统,再经过计量、记录后进行报告,是一个十分复杂的过程。首先,大量经济业务信息,只有按一定的标准或者规定确认之后,才允许其进入会计核算系统;已经进入会计核算系统的信息要作为有用的信息输出,必须再一次经过确认才能够保证其有效性。其次,经过确认的经济信息还必须在会计上进行可靠的金额计量,才能采用一定的会计记录方法,在特定的载体上进行记录,最后以财务会计报告的形式提供给会计信息使用者。从会计期间的角度理解会计循环,会计就是从对交易或者事项的确认开始,依次经过计量、记录,实现对交易或者事项的会计处理,到最后编制财务会计报告,完成一个会计期间的会计循环,下一会计期间依然按此顺序进行。在这个循环系统中,确认、计量和记录是会计人员生产会计信息的"过程",报告是会计人员生产会计信息,满足信息使用者需要的"产品"。

(二)会计循环的基本步骤

会计作为一个会计信息的生成系统,是由会计人员运用系统的会计处理方法对发生的交易或者事项进行处理,在此基础上编制财务会计报告来完成的。这些处理方法,从会计循环角度理解,即是从确认会计要素开始,依次经过填制和审核凭证、登记账簿、成本计算、财产清查等加工程序,到最后编制财务会计报告,完成一次会计循环。其会计循环的基本步骤如下。

1. 初次确认

以能否符合会计确认标准分析发生的经济业务,将符合确认条件和标准的经济业务纳入会计核算系统,并确定经济业务的发生对会计要素的具体影响。

2. 记账

通过审核原始凭证,分析具体的经济业务,编制会计分录、填制记账凭证或者登记日记账,将能够以货币表现的经济业务记录到会计信息的载体账簿上。

3. 过账

根据已编制的记账凭证登记到分类账户中,以便分类反映各会计要素的具体项目内容。

4. 结账

将各种收入账户和费用账户结转到有关账户中,结清收入账户和费用账户,以便结出本期的经营成果。

5. 初编试算平衡表

根据账簿中记载的余额、发生额等编制试算平衡表,以检验账簿记录的正确性。

6. 编制期末调整分录并过账

依据权责发生制原则对分类账户的有关记录进行调整,结清损益类账户和利润账户,以便正确计算当期损益;对未入账的经济业务编制调整分录,以使各账户反映最新的情况。

7. 调整编制试算平衡表

由于编制了期末调整分录并过账,需要再次根据全部账户数据资料,编制调整后的试算平衡表,再次检验账簿记录的正确性。

8. 编制正式的财务会计报告

根据调整后的试算平衡表,编制正式的资产负债表和利润表等。

以上环节和步骤构成了一个完整的会计循环,比较全面地反映了一个会计主体在一定会计期间内的会计核算工作的全部内容。其中,前三个环节属于会计主体日常的会计核算工作内容;后五个环节属于会计主体在会计期末的会计核算工作内容。

【关键术语】

会计基本假设　会计主体　持续经营　会计分期　货币计量　权责发生制　会计确认
会计计量　历史成本　公允价值　会计记录　会计循环

【问题思考】

1. 会计为什么必须具备四项基本假设？其内在要求如何？
2. 权责发生制和收付实现制对会计要素的确认标准有何区别？
3. 会计要素的确认程序和标准如何？
4. 会计计量属性有哪些？历史成本和公允价值计价的优缺点分别是什么？
5. 什么是公允价值？为何采用公允价值计价？其应用范围和要求如何？
6. 会计记录的方法有哪些？会计循环的基本程序及步骤有哪些？

【思政语录】

1. 民无信不立。　　　　　　　　　　　　　　　　　　　　　　　——孔子
2. 诚信为本,操守为重,坚持准则,不做假账。　　　　　　　　　——朱镕基

练 习 题

姓名_____
学号_____
分数_____

扫二维码获得更多
本章习题及案例

一、单项选择题

1. 《企业会计准则——基本准则》中,提出了(　　)条会计基本假定。
   A. 4　　　　　　B. 8　　　　　　C. 10　　　　　　D. 13

2. 《企业会计准则——基本准则》规定,企业应当以(　　)为基础进行会计确认、计量和报告。
   A. 货币计量　　　　　　　　　　B. 持续经营
   C. 权责发生制　　　　　　　　　D. 收付实现制

3. 会计确认最基本的标准是(　　)。
   A. 符合会计要素的定义和特征　　B. 可用货币计量
   C. 经济信息的可靠性　　　　　　D. 满足信息使用者的需要

4. 再确认的标准主要是(　　)。
   A. 满足会计信息使用者的需要　　B. 是否属于本会计主体
   C. 能否用货币计量　　　　　　　D. 是否符合会计分期

5. 会计是以(　　)为主要计量尺度所进行的一种价值管理活动。
   A. 实物　　　　　　　　　　　　B. 货币
   C. 劳动　　　　　　　　　　　　D. 时间

6. 计量属性反映的是会计要素(　　)的计量基础。
   A. 性质　　　　B. 属性　　　　C. 金额　　　　D. 种类

7. (　　)是最基本的会计计量属性。
   A. 历史成本　　　　　　　　　　B. 重置成本
   C. 现值　　　　　　　　　　　　D. 公允价值

8. 可变现净值通常应用于存货资产(　　)情况下的后续计量。
   A. 增值　　　　　　　　　　　　B. 减值
   C. 处置　　　　　　　　　　　　D. 重新取得

二、多项选择题

1. 会计主体假定明确了会计的(　　)。
   A. 核算空间　　　　　　　　　　B. 核算立场
   C. 核算尺度　　　　　　　　　　D. 核算方法

2. 权责发生制是基于(　　)会计假定提出的。
   A. 会计主体　　　　　　　　　　B. 持续经营

C. 会计分期 　　　　　　　　　　　D. 货币计量
3. 初始确认的标准主要是发生的经济业务( )。
　　A. 是否属于本会计主体 　　　　　B. 能否用货币计量
　　C. 是否符合会计分期 　　　　　　D. 是否符合持续经营
4. 会计确认的标准主要包括( )。
　　A. 符合会计要素的定义和特征 　　B. 可用货币计量
　　C. 经济信息的可靠性 　　　　　　D. 经济信息的相关性
5. 资产确认应坚持的标准为( )。
　　A. 符合资产的定义
　　B. 与该资源有关的经济利益很可能流入企业
　　C. 能够可靠地计量
　　D. 具有流动性
6. 负债确认应坚持的标准为( )。
　　A. 符合负债的定义
　　B. 与该义务有关的经济利益很可能流出企业
　　C. 能够可靠地计量
　　D. 具有流动性
7. 收入的确认包括( )两方面。
　　A. 入账时间 　　　　　　　　　　B. 入账金额
　　C. 收入分类 　　　　　　　　　　D. 货币计量
8. 会计计量是采用一定的计量属性,在将符合确认条件的会计要素( )时,确定其金额的过程。
　　A. 登记入账 　　　　　　　　　　B. 列报于会计报表
　　C. 进行识别 　　　　　　　　　　D. 进行区分类别
9. 历史成本计价的优点在于( )。
　　A. 依据可靠 　　　　　　　　　　B. 便于取得
　　C. 易于查核 　　　　　　　　　　D. 真实地反映实际价值
10. 下列会计方法中,属于会计记录的方法包括( )。
　　A. 设置会计科目 　　　　　　　　B. 登记账簿
　　C. 财产清查 　　　　　　　　　　D. 编制财务会计报告
11. 会计记录必须满足的一般要求包括( )。
　　A. 必须按照国家统一的会计准则、制度进行
　　B. 必须根据实际发生的经济业务事项,取得和填制会计凭证
　　C. 应当在依法设置的会计账簿上统一登记、核算
　　D. 必须使用中文
12. 下列事项中,属于会计循环应有步骤的有( )。
　　A. 记账 　　　　　　　　　　　　B. 结账
　　C. 计算成本 　　　　　　　　　　D. 编制试算平衡表

三、判断题

1. 会计中期分为半年度、季度、月度和旬。（ ）
2. 会计确认是会计计量的前提,会计计量是会计确认的条件。（ ）
3. 一项资源若不能准确地计量,但能合理估计的,也可确认为资产。（ ）
4. 收入只有在经济利益很可能流入从而导致企业资产增加时才能予以确认。（ ）
5. 企业在对会计要素进行计量时,一般应当采用公允价值计价。（ ）
6. 会计记录的文字只能使用中文。（ ）
7. 货币是会计的唯一计量尺度。（ ）

【实训案例】

业务实训

1. 资料

天河公司2023年5月发生如下经济业务：

(1) 5月3日,销售产品,收到货款10 000元,存到银行。

(2) 5月9日,销售产品,货已发出,货款200 000元按购销合同约定下月结算。

(3) 5月12日,收到客户前欠购货款30 000元,存入银行。

(4) 5月15日,预收购货单位预付的货款400 000元存入银行,按购销合同约定下月发货。

(5) 5月26日,以银行存款支付本月水电费50 000元。

(6) 5月31日,以银行存款支付下季度办公用房租金60 000元。

2. 要求

按照权责发生制与收付实现制的两种会计基础,确认、计算5月份天河公司的收入、费用及利润数,并填入表3-2。

表3-2　　　　　　　　天河公司收入、费用及利润计算表

2023年5月　　　　　　　　　　　　　　　　单位:元

业务序号	权责发生制		收付实现制	
	收入	费用	收入	费用
(1)				
(2)				
(3)				
(4)				
(5)				
(6)				
合计				
利润				

第四章 会计科目和账户

章前导引

教学目标

本章主要阐述会计科目的概念、分类和会计账户的概念与分类等内容。

通过学习,学生应理解会计对象、会计要素与会计科目三者之间的关系;掌握会计科目的概念与分类;掌握会计账户的概念与分类,理解会计科目与账户两者之间的联系与区别。

第一节 会 计 科 目

一、设置会计科目的意义

企业发生的各项经济业务,无论多么复杂,都可以归纳为资产、负债、所有者权益、收入、费用、利润这六个会计要素的增减变化。但是,如果仅仅以这六个会计要素来归集会计数据,无疑过于笼统,难以满足会计信息使用者的具体需求。为此,需要对每个会计要素进行再分类,并在此基础上设置会计科目。

会计科目就是根据会计核算的要求,对会计要素按照经济内容所做的进一步分类而形成的项目。设置会计科目具有如下意义:

其一,可以连续、全面、系统地反映企业的经济活动过程。连续、全面、系统地反映企业的经济活动过程是会计核算的基本要求。会计科目是在对各个会计要素所包括的具体内容进行分类的基础上形成的,各个会计科目所反映的经济内容,既有严格的界限又有内在的联系,它们共同组成了一个完整的会计科目体系。借助于这一体系,可以把错综复杂的经济业务有条理地记录下来,便于随时了解企业在一定时期内会计要素中的哪些具体项目发生了增减变化,归集、综合全部会计科目所提供的会计数据,可以系统地反映出资产、负债,所有者权益、收入、费用、利润等各个会计要素在一定时期的变化情况和损益的发生、分配过程。

其二,可以为企业记账提供基础条件。会计科目在整个会计核算方法中具有基础性地位。离开了会计科目,企业无法设置账户,自然无法利用账户复式记账、填制会计凭证、登记账簿和编制会计报表等。

其三,可以为会计监督提供了依据。每一个会计科目都代表着特定的经济内容。这些内容规定着每一个会计科目所能反映的范围。企业、事业单位的经济活动通过会计科目在会计账簿上留下了其运动的轨迹。因此,借助会计科目及其表现的经济活动轨迹,可以实现对各企业、事业单位经济活动的合法性、合理性、真实性进行监督。

其四,可以为会计信息使用者提供相关信息,实现会计目标。依据会计信息使用者的需求设置会计科目,进而设置账户,可以为会计信息使用者提供有用的会计信息,实现企业财务会计的目标。

二、设置会计科目的原则

(一)设置会计科目,必须结合会计要素的特点

设置会计科目,必须对会计要素的具体内容进行科学分类,以便分门别类地反映和监督各项经济业务。因此,各单位应结合本单位会计要素的特点来确定应设置的会计科目。例如,工业企业是制造产品的单位,根据其业务特点,工业企业就必须设置反映和监督生产经营过程和产品生产成本的会计科目。商品流通企业不从事产品生产,而是组织商品流通,商品流通企业必须设置反映和监督商品流通业务的会计科目。

(二)设置会计科目,必须符合企业内部经济管理的要求

会计科目用于对分类、记录和计算经济业务内容,是会计人员处理会计信息和储存中间会计信息的媒体,成为企业形成最终会计信息——财务会计报告的基础。在企业经济管理过程中,企业要对各项经济活动体现的全部会计信息进行分析、评价,调整经营方式、做出经营决策,而会计信息是企业从事经营管理和实行经济管理决策的重要依据,因此,企业的会计信息必须能够按照这种经济管理所需要的模式加以提供,这种需要正是在日常核算中通过设置科学、系统的会计科目得以实现的。

(三)设置会计科目,必须尽量满足外部会计信息使用者的需求

会计目标是会计工作努力的方向和应达到的目标。财务会计的目标主要是满足外部会计信息使用者对会计信息的需求,包括满足国家有关部门进行宏观调控、外部投资者进行投资方向决策、债权人进行信贷融通等方面的需求。因此,所设置的会计科目就必须顺应这种外部需求。

(四)设置会计科目,必须做到统一性和灵活性相结合

我国《企业会计准则应用指南——会计科目和主要账务处理》规定了企业应该设置的会计科目和相应的核算内容。但是,在会计实践中,往往有一些预料不到的特殊经济业务发生,无法直接在该制度中找到相应的会计科目进行核算。在这种情况下,可以根据这些特殊的经济业务内容,灵活地设置新的会计科目来进行会计核算。有的项目可以合并、有的项目可以分解。例如,低值易耗品、包装物较少的企业,可以将"低值易耗品""包装物"会计科目反映的内容并入"包装物及低值易耗品"科目反映。

(五)设置会计科目,必须做到繁简适当

设置会计科目的繁简主要以企业对会计要素的再分类层次来决定的。如果企业对会计要素分类层次过于简单,会造成会计信息笼统而缺乏可用性,如果对会计要素分类层次过于具体,提供的会计信息固然具有可用性,但是会增加核算工作量。因此应根据自身的需要合

理地、适当地设置会计科目。例如,所有者投入的资本在国有企业称为"实收资本",在股份制企业称为"股本"。

（六）会计科目必须保持相对稳定

为了便于在不同时期分析、比较会计科目所反映的会计核算内容和核算指标,使得会计信息具有可比性,要求设置会计科目除非有变更必要,一般应该保持相对稳定,不能经常变动会计科目的名称、核算内容、核算方式。

三、会计科目的分类

（一）按经济内容分类

会计科目按其反映的经济内容,可以划分为资产类、负债类、共同类、所有者权益类、成本类、损益类共六大类,见表 4-1。

表 4-1　　　　　　　　　　企业会计科目表

一、资产类							
序号	编号	科目名称	适用范围	序号	编号	科目名称	适用范围
1	1001	库存现金		20	1224	应收分保保险责任准备金	保险专用
2	1002	银行存款					
3	1003	存放中央银行款项	银行专用	21	1231	其它应收款	
4	1011	存放同业	银行专用	22	1241	坏账准备	
5	1012	其它货币资金		23	1251	贴现资产	银行专用
6	1021	结算备付金	证券专用	24	1301	贷款	银行和保险共用
7	1031	存出保证金	金融共用				
8	1051	拆出资金	金融共用	25	1302	贷款损失准备	银行和保险共用
9	1101	交易性金融资产					
10	1111	买入返售金融资产	金融共用	26	1311	代理兑付证券	银行和保险共用
11	1121	应收票据					
12	1122	应收账款		27	1321	代理业务资产	
13	1123	预付账款		28	1401	材料采购	
14	1131	应收股利		29	1402	在途物资	
15	1132	应收利息		30	1403	原材料	
16	1211	应收保护储金	保险专用	31	1404	材料成本差异	
17	1221	应收代位追偿款	保险专用	32	1406	库存商品	
18	1222	应收分保账款	保险专用	33	1407	发出商品	
19	1223	应收分保未到期责任准备金	保险专用	34	1410	商品进销差价	
				35	1411	委托加工物资	

(续表)

			一、资产类				
序号	编号	科目名称	适用范围	序号	编号	科目名称	适用范围
36	1412	周转材料		55	1602	累计折旧	
37	1421	消耗性生物资产	农业专用	56	1603	固定资产减值准备	
38	1431	周转材料	建造承包商专用	57	1604	在建工程	
				58	1605	工程物资	
39	1441	贵金属	银行专用	59	1606	固定资产清理	
40	1442	抵债资产	金融共用	60	1611	融资租赁资产	租赁专用
41	1451	损余物资	保险专用	61	1612	未担保余值	租赁专用
42	1461	存货跌价准备		62	1621	生产性生物资产	农业专用
43	1501	其他权益工具投资		63	1622	生产性生物资产累计折旧	农业专用
44	1511	独立账户资产	保险专用				
45	1521	持有至到期投资		64	1623	公益性生物资产	农业专用
46	1522	持有至到期投资减值准备		65	1631	油气资产	石油天然气开采专用
47	1523	其他债权投资		66	1632	累计折耗	石油天然气开采专用
48	1524	长期股权投资					
49	1525	长期股权投资减值准备		67	1701	无形资产	
				68	1702	累计摊销	
50	1526	投资性房地产		69	1703	无形资产减值准备	
51	1531	长期应收款		70	1711	商誉	
52	1541	未实现融资收益		71	1801	长期待摊费用	
53	1551	存出资本保证金	保险专用	72	1811	递延所得税资产	
54	1601	固定资产		73	1901	待处理财产损益	

			二、负债类				
序号	编号	会计科目名称	适用范围	序号	编号	会计科目名称	适用范围
74	2001	短期借款		81	2101	交易性金融负债	
75	2002	存入保证金	金融共用	82	2111	专出回购金融资产款	金融共用
76	2003	拆入资金	金融共用	83	2201	应付票据	
77	2004	向中央银行借款	银行专用	84	2202	应付账款	
78	2011	吸收存款	银行专用	85	2205	预收账款	
79	2012	同业存放	银行专用	86	2211	应付职工薪酬	
80	2021	贴现负债	银行专用	87	2221	应交税费	

(续表)

二、负债类							
序号	编号	会计科目名称	适用范围	序号	编号	会计科目名称	适用范围
88	2231	应付利息		98	2411	递延收益	
89	2232	应付股利		99	2501	长期借款	
90	2241	其他应付款		100	2601	应付债券	
91	2251	应付保户红利	保险专用	101	2602	长期应付款	
92	2261	应付分保账款	保险专用	102	2701	未到期责任准备金	保险专用
93	2311	代理买卖证券款	证券专用	103	2702	保险责任准备金	保险专用
94	2312	代理承销证券款	证券和银行共用	104	2711	保户储金	保险专用
				105	2721	独立账户负债	保险专用
95	2313	代理兑付证券款	证券和银行共用	106	2801	未确认融资费用	
				107	2802	专项应付款	
96	2314	代理业务负债		108	2901	递延所得税负债	
97	2401	预计负债					

三、共同类							
序号	编号	会计科目名称	适用范围	序号	编号	会计科目名称	适用范围
110	3001	清算资金往来	银行专用	113	3201	套期工具	
111	3002	货币兑换	金融共用	114	3202	被套期项目	
112	3101	衍生工具					

四、所有者权益类							
序号	编号	会计科目名称	适用范围	序号	编号	会计科目名称	适用范围
115	4001	实收资本		119	4103	本年利润	
116	4002	资本公积		120	4104	利润分配	
117	4101	盈余公积		121	4201	库存股	
118	4102	一般风险准备	金融共用				

五、成本类							
序号	编号	会计科目名称	适用范围	序号	编号	会计科目名称	适用范围
122	5001	生产成本		127	5402	工程结算	建造承包商专用
123	5101	制造费用					
124	5201	劳务成本		128	5403	机械作业	建造承包商专用
125	5301	研发支出					
126	5401	工程施工	建造承包商专用				

(续表)

六、损益类							
序号	编号	会计科目名称	适用范围				
129	6001	主营业务收入		147	6421	手续费及佣金支出	金融共用
130	6011	利息收入	金融共用	148	6501	提取未到期责任准备金	保险专用
131	6021	手续费及佣金收入	金融共用				
132	6031	保费收入	保险专用	149	6502	保险责任准备金	保险专用
133	6032	分保费收入	保险专用	150	6511	赔付支出	保险专用
135	6041	租赁收入	租赁专用	151	6521	保单红利支出	保险专用
135	6051	其他业务收入		152	6531	退保金	保险专用
136	6061	汇兑损益	金融专用	153	6541	分出保费	保险专用
137	6101	公允价值变动损益		154	6542	分保费用	
138	6111	投资收益		155	6601	销售费用	
139	6201	摊回保险责任准备金	保险专用	156	6602	管理费用	
140	6202	摊回赔付支出	保险专用	157	6603	财务费用	
141	6203	摊回分保费用	保险专用	158	6604	勘探费用	
142	6301	营业外收入		159	6701	资产减值损失	
143	6401	主营业务成本		160	6711	营业外支出	
144	6402	其它业务支出		161	6801	所得税	
145	6405	税金及附加		162	6901	以前年度损益调整	
146	6411	利息支出	金融共用				

【知识链接】

企业会计科目表的产生

长期以来,我国会计科目构成了不同时期会计制度的一个重要组成部分,通过《企业会计制度》统一规定了会计科目(一级科目)。2006年2月,随着《企业会计准则》的全面推出,为执行新的会计准则,我国通过《企业会计准则应用指南——会计科目和主要账务处理》,统一推出了规范性的、具有指导意义的企业会计科目表,供企业在制定自身会计制度时选择性使用。2014年至2018年,伴随具体会计准则的修订和完善,财政部也对2006年颁布的《企业会计准则——应用指南》中规定的会计科目体系做了相应的修订和完善。

(二)按提供信息的详细程度分类

在生产经营过程中,由于经济管理的要求不同,所需要的核算指标的详细程度也就不同。根据经济管理的要求,既需要设置提供总括核算资料的一级科目,又需要设置提供详细核算资料的二级科目和三级科目。

1. 一级科目

一级科目亦称总账科目或者总分类科目，它是对会计要素的具体内容进行总括分类的科目，是进行总分类核算的依据。为了满足国家宏观经济管理的需要，一级科目原则上由国家统一规定。表4-1中列示了《企业会计准则》和《企业会计制度》中常用的一级科目。

2. 二级科目

二级科目亦称二级明细分类科目或者子目，是在一级科目的基础上，对一级科目所反映的经济内容进行较为详细分类的会计科目。例如，在"原材料"一级科目下，按材料类别开设"原料及主要材料""辅助材料""燃料"等二级科目。

3. 三级科目

三级科目亦称三级明细分类科目或细目，是在二级科目的基础上，对二级科目所反映的经济内容进行较为详细分类的会计科目。例如，在"原料及主要材料"二级科目下，按材料的品种、规格开设三级科目。大多数三级科目是企业根据经营管理的需要自行设置的。

综上所述，一级科目是最高层次的会计科目，控制和统驭着二级科目和三级科目；二级科目是对一级科目的补充说明，控制和统驭着三级科目，是介于一级科目与三级科目之间起沟通作用的会计科目；三级科目是对二级科目和一级科目更详细的补充说明。它们相互联系，相互补充，组成了一个完整的会计科目体系。

第二节 账　　户

一、账户的概念

账户是根据会计科目设置的，用来分类记录经济业务并初步加工数据的工具。例如，根据"库存现金"科目，可以设置"库存现金"账户，用来分别记录库存现金的收款、付款和结存余额。设置会计科目只是解决了会计数据的分类，而会计数据的分类记录则需要通过设置账户来完成。账户是根据会计科目设置的、用来分类记录并初步加工有关数据的工具。例如，根据"原材料"科目，可以设置"原材料"账户，用来分别记录材料的收入、发出与结存数据。可见，只有设置账户，才能按照会计科目分门别类地记录有关分类数据，以便进一步加工处理，形成更全面、更系统的会计信息，满足用户的需要。

账户和会计科目之间的联系表现为：①两者的经济内容相同，都是会计对象的具体内容，即对会计要素的具体分类。②使用两者的目的相同，都是为了能够系统地记录各种经济业务，反映会计要素具体项目的增减变化情况。③会计科目是会计账户的设置依据，一个会计科目可以对应地设置一个会计账户。

会计账户和会计科目之间的区别表现为：①两者体现为"名"和"实"的差别，即会计科目是被核算要素的名称，会计账户是被核算要素的实体，同样可以理解为会计科目是会计账户的名称，会计账户是会计科目的实体。②两者体现为"形式"和"内容"的差别，即会计科目是被核算要素的形式，会计账户是被核算要素的内容。③两者体现为程序上的先后差异，即为了核算会计要素增减变化情况，首先要设置会计科目，其次再设置会计账户。④两者体现为结构和格式上的差异,会计科目本身不存在结构和格式问题,会计账户则存在一定的结构和格式。

二、账户的基本结构

账户的结构是指账户中如何记录经济业务,用于反映特定的经济内容,以便取得各种必要的指标。

企业的会计要素随着经济业务的发生不断进行着数量上的增减变动,因此,用来分类记录经济业务的账户必须具有一定的结构。由于各项经济业务引起的会计要素的变动不外乎增加和减少两种情况,因此,账户必须分为左右两方,一方登记增加,另一方则登记减少。同时,还需要反映增减变动的结果,即余额。

在实际工作中,账户的基本结构包括:①账户的名称,即会计科目。②日期,即在账户中记录经济业务的日期。③凭证号数,即记账凭证的号数,用于说明账户记录的资料来源。④摘要,即对经济业务内容的概括说明。⑤金额,即本期发生的增加金额、减少金额和一定时点上的余额。账户基本结构见图 4-1。

账户名称

年		凭证号数	摘要	借方发生额	贷方发生额	余额
月	日					

图 4-1 账户的基本结构

账户的左、右两方是按照相反的方向记录增加额和减少额的,也就是说,如果账户的左方记录增加额,则在右方记录减少额;反之,如果账户在右方记录增加额,则在左方记录减少额。至于哪一方记增加金额,哪一方记减少金额,则取决于账户所反映的经济内容和性质,此内容将在下一章详细说明。账户左、右两方金额相抵后的差额,称为账户的余额。账户的余额一般与记录增加额在同一个方向。这样,在账户中所记录的金额有以下四种:

(1) 本期增加发生额。它是指一定时期(月度、季度或年度)内账户所登记的增加金额的合计。

(2) 本期减少发生额。它是指一定时期(月度、季度或年度)内账户所登记的减少金额的合计。

(3) 期末余额。它是指本期增加发生额和本期减少发生额相抵后的差额和期初余额按一定的公式计算出来的数额,即月末、季末、年末计算出来的账户余额。

(4) 期初余额。上期期末余额就是本期期初余额,本期期末余额就是下期期初余额。

以上四项金额的关系可用下列等式表示:

$$期末余额 = 期初余额 + 本期增加发生额 - 本期减少发生额$$

为了便于教学,本书将账户的结构简化为"丁"字形账户或称 T 形账户,如图 4-2 所示。

左方(借方)	账户名称	右方(贷方)

图 4-2 账户的简化结构

三、账户的分类

(一) 按经济内容分类

同会计科目的分类相对应,账户按其反映的经济内容,可以划分为资产类、负债类、所有者权益类、成本类、损益类共五大类。

(二) 按提供信息的详细程度分类

同会计科目的分类相对应,账户按其提供信息的详细程度,可分为总分类账户和明细分类账户。总分类账户是指根据总分类科目(一级科目)设置的,用来对会计对象具体内容(会计要素)进行总括分类核算的账户,简称总账账户或者总账。明细分类账户是指根据明细分类科目(二级科目与三级科目)设置的,用来对会计对象具体内容进行明细分类核算的账户,简称明细账。

(三) 按其用途与结构分类

账户的用途是指账户所起的作用,通过账户记录能够提供什么核算指标。账户的结构是指在账户中如何提供相应的指标,即账户的借方发生额、贷方发生额及余额各表示什么含义。账户按其用途和结构分类,可以分为盘存类账户、结算类账户、跨期摊配类账户、调整类账户、资本类账户、集合分配类账户、成本计算类账户、计价对比类账户、损益计算类账户和经营成果类账户十大类。

1. **盘存类账户**

盘存类账户是指可以通过实地盘点核算监督企业各项财产物资和货币资金(包括有价证券)的增减变动及其实有数的账户,如"原材料"账户、"固定资产"账户、"库存商品"账户、"库存现金"账户、"银行存款"账户等。

2. **结算类账户**

结算类账户是指核算和监督企业与其他单位和个人之间往来账款结算业务的账户。结算类账户又可以分为债权结算类账户(如"应收账款"账户)、债务结算类账户(如"应付账款"账户)和债权债务类结算账户。如果企业不单独设置"预收账款"账户,而将预收款业务在"应收账款"账户中进行核算,此时"应收账款"账户就是一个债权债务结算类账户。

3. **跨期摊配类账户**

跨期摊配类账户是指用来反映和监督会计主体货币资金支付期与受益期不一致的账户,如"长期待摊费用"账户。

4. **调整类账户**

调整类账户是指用来调节和整理其他相关账户(被调整账户)的账面金额的账户。调整账户按照其调整的方式不同,可以分为抵减账户、附加账户、抵减附加账户三种。①抵减账户也称备抵账户,用来抵减相关账户(被调整账户)的余额,以求得被调整账户的实际余额的账户。其调整方式是:被调整账户余额-抵减调整账户余额=被调整账户实际余额,如"累计折旧"账户。②附加账户用来增加被调整账户余额的账户,附加账户与其被调整账户的记账方向相同。③抵减附加账户也称备抵附加账户,既用来抵减、又用来增加被调整账户的余额,以求得被调整账户的实际余额的账户。其调整的方式是:被调整账户余额+调整账户的附加数-调整账户的抵减数=调整后的实有数,如"材料成本差异"账户。

5. 资本类账户

资本类账户是指用来核算企业股权投资者投资的增减变动及其实有数的账户,如"实收资本"账户、"资本公积"账户。

6. 集合分配类账户

集合分配类账户是指用来归集和分配企业经营过程中某一阶段的某种间接费用,借以核算、监督有关间接费用计划执行情况,以及其分配情况的账户,如"制造费用"账户。

7. 成本计算类账户

成本计算类账户是指用来核算和监督企业经营过程中应计入特定成本计算对象的费用,并确定各成本计算对象实际成本的账户,如"生产成本"账户、"在途物资"账户。

8. 计价对比类账户

计价对比类账户是指用来核算企业某项经济业务按照两种不同的计价标准进行对比,借以确定其业务成果的账户,如材料按计划成本核算时企业设置的"材料采购"账户、"固定资产清理"账户。

9. 损益计算类账户

损益计算类账户是指用来反映和监督经营过程中发生的各项损益,并借以确定最终经营成果的账户。其共同特点是,期末账户没有余额。损益计算类账户主要包括收入计算类账户、费用计算类账户。①收入计算类账户,用来核算和监督企业在一定时期(月、季或年)内所取得的各种收入和收益的账户,如"主营业务收入"账户。②费用计算类账户,用来核算和监督企业在一定时期(月、季或年)内所发生的应计入当期损益的各项费用的账户,如"主营业务成本"账户。

10. 经营成果类账户

经营成果类账户是指用来核算和监督企业在一定时期(月、季或年)内全部营业活动最终成果的账户,如"本年利润"账户。

(四) 按其与会计报表的关系分类

账户按其与会计报表的关系,可以分为资产负债表账户和利润表账户两大类。

1. 资产负债表账户

资产负债表账户亦称实账户,包括资产类账户、负债类账户和所有者权益类账户。

2. 利润表账户

利润表账户亦称虚账户,包括收入类账户、费用类账户和利润类账户。

【关键术语】

会计科目　总分类科目　明细分类科目　账户　总分类账户　明细分类账户　账户结构

【问题思考】

1. 会计科目、会计要素、会计对象三者之间有怎样的关系?
2. 会计科目有哪几种分类标准?
3. 会计账户与会计科目有怎样的关系?
4. 账户按其用途与结构可分为哪几大类?其各自包括哪些具体账户?

【思政语录】

1. 实现中国梦必须弘扬中国精神。这就是以爱国主义为核心的民族精神,以改革创新为核心的时代精神。这种精神是凝心聚力的兴国之魂、强国之魄。 ——习近平

2. 坚持人与自然和谐共生,坚持绿水青山就是金山银山,坚持良好生态环境是最普惠的民生福祉。 ——习近平

练 习 题

姓名_____
学号_____
分数_____

扫二维码获得更多
本章习题及案例

一、单项选择题

1. 会计科目是(　　)。
   A. 会计要素的名称　　　　　　　B. 报表的项目
   C. 账户的名称　　　　　　　　　D. 账簿的名称
2. 会计科目是对(　　)的具体内容进行分类核算的项目。
   A. 会计要素　　B. 会计账户　　C. 会计分录　　D. 交易或事项
3. 下列项目中,属于会计科目的是(　　)。
   A. 应收购货单位款项　　　　　　B. 应付销货单位款项
   C. 投入资本　　　　　　　　　　D. 在途物资
4. 会计对象的基本分类是(　　)。
   A. 会计科目　　B. 会计原则　　C. 会计要素　　D. 会计账户
5. 账户是根据(　　)开设的。
   A. 会计准则　　　　　　　　　　B. 会计科目
   C. 会计制度的规定　　　　　　　D. 会计报表
6. 账户的基本结构可分为(　　)两部分。
   A. 上下　　　　　　　　　　　　B. 左右
   C. 前后　　　　　　　　　　　　D. 发生额、余额
7. 账户的余额一般与(　　)在一方。
   A. 增加额　　B. 减少额　　　　C. 金额　　　　D. 发生额
8. 下列账户中,属于费用账户的是(　　)。
   A. 短期借款　　B. 财务费用　　C. 应付利息　　D. 应收利息
9. 经济业务发生仅涉及资产这一会计要素时,只引起该要素中某些项目发生(　　)变动。
   A. 同增　　　B. 同减　　　　　C. 一增一减　　D. 不增不减
10. 下列各项中,引起资产和负债同时增加的业务是(　　)。
    A. 从银行提取现金　　　　　　　B. 从银行借款存入银行
    C. 用银行存款上交税金　　　　　D. 用银行存款支付前欠购货款

二、多项选择题

1. 账户一般应包括(　　)等内容。
   A. 账户名称　　　　　　　　　　B. 日期和摘要
   C. 凭证号数　　　　　　　　　　D. 增加或减少金额

2. 账户中各项金额的关系可用(　　)表示。
   A. 本期期末余额＝期初余额＋本期增加发生额－本期减少发生额
   B. 本期期末余额＋本期减少发生额＝期初余额＋本期增加发生额
   C. 本期期末余额＝本期增加发生额＋本期减少发生额
   D. 本期期末余额＝期初余额
3. 下列各项中,反映长期资产的账户有(　　)。
   A. "应收票据"　　B. "固定资产"　　C. "累计折旧"　　D. "无形资产"
4. 下列各项中,反映流动负债的账户有(　　)。
   A. "应交税费"　　B. "长期债券"　　C. "应付利息"　　D. "预付账款"
5. 下列各项中,反映所有者权益的账户有(　　)。
   A. "长期借款"　　B. "本年利润"　　C. "利润分配"　　D. "盈余公积"
6. 下列各项中,属于损益类会计科目的有(　　)。
   A. "长期待摊费用"　　　　　B. "制造费用"
   C. "所得税费用"　　　　　　D. "营业外收入"
7. 账户的哪一方记增加,哪一方记减少,取决于(　　)。
   A. 记账方法　　　　　　　　B. 账户的类别
   C. 账户结构　　　　　　　　D. 经济管理的需要
8. 下列账户中,属于资产类账户的有(　　)。
   A. "预付账款"　　　　　　　B. "未分配利润"
   C. "无形资产"　　　　　　　D. "盈余公积金"
9. 企业设置会计科目的数量和粗细程度应根据(　　)而确定。
   A. 企业规模的大小　　　　　B. 企业业务的繁简
   C. 管理的需要　　　　　　　D. 对外报告的要求
10. 下列科目中,属于资产类会计科目的有(　　)。
    A. "累计折旧"　　　　　　　B. "预付账款"
    C. "预收账款"　　　　　　　D. "交易性金融资产"

三、判断题

1. 会计科目就是账户的名称。(　　)
2. 会计科目的设置可以随社会经济环境的变化和本单位业务发展的需要经常变动。(　　)
3. 设置会计科目应遵循统一性和灵活性相结合的原则。(　　)
4. 总分类科目主要是为企业内部管理服务。(　　)
5. 总分类科目一定有其对应的明细分类科目。(　　)
6. 总分类科目包括二级科目和三级科目。(　　)
7. 账户按提供资料的详细程度不同可分为总账账户和明细账户两种。(　　)
8. 总分类账户是所属明细分类账户的统驭账户,对所属明细账户起着控制作用;而明细分类账户则是某一总分类账户的从属账户,对其隶属的总分类账户起着辅助作用。(　　)
9. 企业购入材料而货款未付,其资产与负债会同时减少。(　　)

10. 账户上期期末的余额转入本期即为本期的期初余额。　　　　　　　　　　　　　(　　)

四、计算题

1. 资料

天河公司 2023 年 12 月 31 日有关账户的金额见表 4-2。

表 4-2　　　　　　　　　　　有关账户的金额
2023 年 12 月 31 日　　　　　　　　　　　　　　　　　　　　单位：元

账户名称	期初余额	本期借方发生额	本期贷方发生额	期末余额
库存现金	6 450	1 320		770
短期借款	40 000	10 000		100 000
应收账款	12 500		2 800	75 520
实收资本	500 000		200 000	700 000
原材料	42 000	25 000		44 000
银行存款		54 800	34 000	57 400
应付账款	18 000		26 676	12 000
固定资产	85 000	27 000	10 000	

2. 要求

根据各类账户的结构，计算并填写表 4-2 中的空格。

【实训案例】

(一) 业务实训一

1. 资料

天河公司在日常会计处理过程中，经常使用以下会计科目：

银行存款	实收资本	在途物资	原材料	制造费用
应付账款	应收账款	生产成本	库存商品	主营业务收入
主营业务成本	短期借款	固定资产	累计折旧	库存现金
财务费用	利润分配	盈余公积	销售费用	管理费用

2. 要求：

将上述会计科目分别归于某一类别。

(二) 业务实训二

1. 资料

下列会计科目是天河公司经常使用的会计科目：

轿车	固定资产	燃油	机器设备	运输工具
汇兑损益	应交税费	主要材料	一车间	辅助材料
甲材料	A 产品	货车	二车间	制造费用
利息	应交增值税	库存商品	应交消费税	原材料

销项税额　　B产品　　　　财务费用　　水电费　　　　机床
乙材料　　　折旧费

2. 要求
指出上述会计科目中,哪些属于总分类科目,哪些属于明细分类科目。

(三) 业务案例

案例一:武永刚同学在学习"会计学原理"时,有几个问题总是弄不懂,他向江老师提出了几个问题:账户与科目是不是一回事?对于某一个账户,期末余额一般在账户的哪一方?是不是永远固定在一方?听说账户结构与记账方法有关系,在记账方法不变的情况下,能否抛弃古人对账户结构的规定,重新约定账户结构?

要求:请你回答武永刚同学提出的上述问题。

案例二:老师在授课时讲到,会计账户有实账户,比如"库存现金"账户,它的期末余额一定在借方,表示期末结存的现金金额;又如"原材料"账户,它的期末余额也一定在借方,表示期末结存的原材料占用的资金额。会计账户还有虚账户,比如"主营业务收入"账户,它的期末一般没有余额。武永刚同学听后,对此有自己的理解:只要期末没有余额,该账户就是虚账户;实账户都有实际经济意义,虚账户没有实际经济意义。

要求:你认为武永刚同学对实账户与虚账户的理解是否正确?

第五章 复式记账

章前导引

教学目标

本章主要阐述复式记账的原理,说明账户结构、记账规则、会计分录和试算平衡原理。

通过学习,学生应了解单式记账方法,重点掌握借贷记账法的理论基础、记账符号、账户结构、记账规则与试算平衡等内容。

第一节 记账方法概述

一、记账方法的概念与种类

在按照一定的原则设置了会计科目和会计账户之后,就需要采用一定的记账方法将企业经济活动引起的会计要素的增减变动登记在账户之中。这必然涉及一个如何选择记账方法的问题。所谓记账方法,是指根据一定的原理与原则,运用货币作为主要的计量单位,采用文字与数字来记录经济业务的方式,它是将经济信息转换为会计信息的一种专门技术。

构成一种记账方法的基本要素,至少应当包括以下四个方面:其一,记录方式,是采用单式记账还是复式记账;其二,记账符号,是采用"借/贷"还是"增/减",或是其他记账符号;其三,记账规则,即对每笔经济业务在相关账户中予以登记的基本规律与规则;其四,试算平衡方法,即对全部经济业务进行登记后检验其记录结果是否正确的技术方法。

按照记录方式的不同,记账方法有单式记账法与复式记账法两种。

二、单式记账法

单式记账法是指对发生的经济业务,只在一个账户中进行记录的记账方法。单式记账法通常仅用来记录货币资金、债权债务的增减变化,而对引起这种变化的原因所表现的其他要素的变化不做记录。在单式记账法下,通常只设置"库存现金""银行存款""应收账款""应付账款"等账户。

【例5-1】 运用单式记账法对以下业务进行记录:

(1) 用银行存款购买原材料 80 000 元。

(2) 销售产品 160 000 元，取得的款项存入银行。

业务(1)分析：由于购买行为的发生，一方面导致银行存款减少 80 000 元，另一方面导致原材料增加 80 000 元。在单式记账法下只记录"银行存款"账户减少 80 000 元，而不记录"原材料"账户增加 80 000 元。至于说需要核实原材料的结存数量和价值，只有等到对原材料盘存后方可查明。

业务(2)分析：由于销售行为的发生，一方面导致银行存款增加 160 000 元，另一方面导致主营业务收入增加 160 000 元。在单式记账法下只记录"银行存款"账户增加 160 000 元，而不记录"主营业务收入"账户增加 160 000 元。至于说需要核实一段时期以来的主营业务收入情况，只有等到对库存商品的增减结存盘点后方可查明。

从[例 5-1]可以看出，单式记账法虽然记账时仅记录一个会计账户，简化了会计记账工作量，但是它仍然存在以下缺点：①不利于考核和分析有关业务数据。②各个记录的数据之间不存在牵制关系，一旦记录错误，不易查找。③不能反映每一笔经济业务的来龙去脉。④由于其账户体系不完整，因此单式记账法所记录的数据也是不完整的，不符合现代会计核算要求和信息质量要求。

单式记账法被复式记账所替代，是具有历史必然性的，是顺应历史发展需要的。十二三世纪，复式记账法在单式记账法的基础上得以萌芽，至 15 世纪，已经发展得比较完善和成熟。1494 年，意大利著名数学家卢卡·帕乔利(Luca Pacioli)在其所著的《算术、几何、比及比例概要》一书中系统地论述了复式记账的基本理论和应用原理。随着复式记账法被普遍推广应用，单式记账法逐步失去了它原有的会计市场，逐步地退出了会计历史舞台。

三、复式记账法

(一) 复式记账法与单式记账法的比较

复式记账法是指对发生的每一笔经济业务，都以相等的金额在相互关联的两个或者两个以上账户中进行记录的记账方法。它是以会计等式为依据建立的一种记账方法。

【例 5-2】 按照定义所述的要求，对[例 5-1]给出的两笔业务，运用复式记账法进行记账。

业务(1)分析：在复式记账法下，一方面要记录"银行存款"账户减少 80 000 元，同时要记录"原材料"账户增加 80 000 元。这样，既可以根据"银行存款"账户及时查明银行存款的结余数，又可以根据"原材料"账户查明其结存数量和价值。

业务(2)分析：在复式记账法下，一方面要记录"银行存款"账户增加 160 000 元，另一方面要记录"主营业务收入"账户增加 160 000 元。这样，既可以及时查明银行存款的结余数，又可以根据所记的"主营业务收入"账户查明收入的总体实现情况。

与单式记账法相比，复式记账法具有如下优点：

(1) 设置了完整的账户体系，能够完整、全面地反映经济业务的发生情况。

(2) 至少在两个对应会计账户中进行记录，使得经济业务的来龙去脉关系在账面上一目了然。

(3) 对于每一笔经济业务至少在两个账户中进行"等额"记录，因此形成了账户与账户之间的数据"等额"牵制关系,有利于及时发现记录错误和进行试算平衡。

(4) 利于对经济业务的分析、考核和控制,是现代会计监督和经济管理所采用的科学方法。

(二) 复式记账法遵行的原则

(1) 以会计等式作为记账基础。

(2) 对每一笔经济业务,必须在两个或者两个以上相互联系的账户中进行等额记录。

(3) 必须按经济业务对会计等式的影响类型进行记录。

(4) 定期汇总的全部账户记录必须平衡。

复式记账试算平衡有发生额平衡法和余额平衡法两种。

发生额平衡法的计算公式为:

$$\substack{资产类账户\\增加额合计} + \substack{权益类账户\\减少额合计} = \substack{权益类账户\\增加额合计} + \substack{资产类账户\\减少额合计}$$

余额平衡法的计算公式为:

$$资产类账户期末余额合计 = 权益类账户余额合计$$

第二节 借贷记账法原理

一、借贷记账法的记账符号

借贷记账法是以"借"和"贷"为记账符号,以"有借必有贷,借贷必相等"为记账规则,把发生的经济业务所引起会计要素的增减变动,以相等的金额,同时在两个或者两个以上的会计账户中,相互联系、相互制约地进行登记的一种复式记账方法。

根据借贷记账法的定义,其记账符号是"借"和"贷",据以记录会计要素的增减变化。"借"和"贷"最初(十二三世纪)是在意大利借贷资本家在把货币作为商品进行经营时出现的,借贷资本家把贷出的款项记录在"借主"(Debitor,简写为 Dr.)的名下,表示自身债权的增加(应收款);把借入的款项记录在"贷主"(Creditor,简写为 Cr.)的名下,表示自身债务的增加(应付款)。随着时间的推移和商品经济的日益发展,经济业务越来越复杂,借贷资本家应记录的经济业务不仅仅包括以前的货币借贷业务,而且还包括财产物资、经营损益、经营资本等诸多方面。为了使得对每一类业务都能进行记录,又要保证对每一个方面业务的记账方式一致,借贷资本家开始用"借"和"贷"记录货币资金和非货币资金业务。这样,"借"和"贷"两字逐渐失去了原来的经济含义,进而转化为一种纯粹的记账符号,变成专门的会计术语。在 15 世纪,借贷记账法被用来反映资本的存在形态和所有者权益的增减变化情况,使得借贷记账法得以完善。

"借"和"贷"记账符号有着特定的经济含义,主要用来表示记录会计要素的增加金额或者减少金额。至于"借"在什么情况下表示为增加、什么情况下表示为减少,以及"贷"在什么情况下表示为增加、什么情况下表示为减少,完全取决于账户性质的不同。但是,在同一会计账户中"借"和"贷"按照相反的方向表示增加或者减少,即在同一个会计账户中,当"借"表示为增加时,"贷"必然表示为减少;反之亦然。"借"和"贷"在不同性质的账户中的具体含义见表5-1。

表5-1　　　　　　　　　　　"借"和"贷"含义表

账户类别	借的含义	贷的含义	余额方向
资产类	增加	减少	借
负债类	减少	增加	贷
所有者权益类	减少	增加	贷
成本类	增加	减少	借
损益类中的收入、收益类	减少	增加	贷
损益类中的费用类	增加	减少	借

二、借贷记账法下的账户结构

借贷记账法的账户主要是按照会计科目进行设置,即包括资产类、负债类、所有者权益类、成本类、损益类。如果有必要,还可以设置一些具有双重性质的账户,如"其他往来"等账户,这些账户需根据它们的期末余额来确定所属类别。

在借贷记账法下,每个账户的左方为借方,右方为贷方,期初余额和期末余额与账户记录增加数额的方向一致。属于借方所记录的各项经济业务数额的合计数称为本期借方发生额,属于贷方所记录的各项经济业务数额的合计数称为本期贷方发生额。以下按照各种性质的账户分别说明其结构。

(一)资产类账户结构

资产类账户的借方表示记录资产的增加数额,贷方表示记录资产的减少数额,期末余额在该类账户的借方。资产类账户的基本结构可以分别参见表5-2和图5-1。资产类账户期末余额的计算公式如下:

$$资产类账户期末余额 = 期初余额(借方) + 本期借方发生额 - 本期贷方发生额$$

表5-2　　　　　　　　　　　资产类账户结构的一般格式

账户名称:　　　　　　　　　　　　　　　　　　　　　　　　　　　　　　　　　第　页

年		凭证号数	摘要	借方	贷方	余额方向	余额
月	日						

借方	资产类账户名称		贷方
期初余额	×××		
本期增加	××× ××× ×××	本期减少	××× ××× ×××
本期借方发生额	×××	本期贷方发生额	×××
期末余额	×××		

图 5-1　资产类 T 形账户的基本结构

(二) 负债类和所有者权益类账户的结构

负债类和所有者权益类账户结构完全一致,这两类账户的借方表示记录负债(所有者权益)的减少数额,贷方表示记录负债(所有者权益)的增加数额,期末余额在该类账户的贷方。负债类和所有者权益类账户的基本结构可以分别参见表 5-3 和图 5-2。负债类和所有者权益账户期末余额的计算公式如下:

负债类和所有者权益类账户期末余额 = 期初贷方余额 + 贷方本期发生额 - 借方本期发生额

表 5-3　　　　　　　　负债类和所有者权益类账户结构的一般格式

账户名称:　　　　　　　　　　　　　　　　　　　　　　　　　　　　　　　　　　第　　页

年		凭证号数	摘要	借方	贷方	余额方向	余额
月	日						

借方	负债类和所有者权益类账户名称		贷方
		期初余额	×××
本期减少	××× ××× ×××	本期增加	××× ××× ×××
本期借方发生额	×××	本期贷方发生额	×××
		期末余额	×××

图 5-2　负债类和所有者权益类 T 形账户的基本结构

(三) 成本类账户结构

成本类账户的基本结构与资产类账户的结构基本一致,在成本类账户中,"生产成本"账户与资产类账户完全一致,期末余额的方向记账方法可以参照资产类账户结构;"制造费用"账户由于在会计期末要把汇集的各项费用按照一定的标准分配到"生产成本"账户中,所以"制造费用"账户期末一般没有余额。成本类账户的结构和格式可以分别参见表 5-4 和图 5-3。

表 5-4　　　　　　　　　成本类账户结构的一般格式

账户名称：　　　　　　　　　　　　　　　　　　　　　　　　　　　　　　第　　页

年		凭证号数	摘要	借方	贷方	余额方向	余额
月	日						

借方	成本类账户名称		贷方
期初余额	×××		
本期增加	×××	本期减少	×××
	×××		×××
	×××		×××
本期发生额	×××	本期发生额	×××
期末余额	×××		

图 5-3　成本类 T 形账户的基本结构

(四) 损益类账户结构

1. 收入、收益类的账户结构

它们的账户结构与负债类、所有者权益类的账户结构一致，借方记录收入的减少数额或者转出数额，贷方记录收入的增加数额，期末没有余额。这主要是因为到会计期末，需按规定把全部收入转出并与费用比较，计算当期最后财务成果。该类账户的基本结构见表 5-5 和图 5-4。

表 5-5　　　　　　　　　收入、收益类账户结构的一般格式

账户名称：　　　　　　　　　　　　　　　　　　　　　　　　　　　　　　第　　页

年		凭证号数	摘要	借方	贷方	余额方向	余额(期末无余额)
月	日						

借方	收入、收益类账户名称		贷方
		期初余额	×××
本期减少	×××	本期增加	×××
	×××		×××
	×××		×××
本期发生额	×××	本期发生额	×××
		期末余额	×××

图 5-4　收入、收益类 T 形账户的基本结构

2. 费用类账户结构

该类的账户结构与资产类、成本类的账户结构一致,借方记录费用和支出的增加数额或者转入数额,贷方记录费用和支出的减少数额或转出数,期末没有余额。同样是因为到会计期末,需按规定把全部费用转出并与收入比较,计算当期最后财务成果。该类账户的基本结构可参见成本类账户结构见表5-4和图5-3。

三、借贷记账法的记账规则

"有借必有贷,借贷必相等"是借贷记账法的记账规则。这一规则的基本内容是:①把业务发生的金额记入一个会计账户借方的同时,必然要记入另一个(或者几个)会计账户的贷方;反之,把业务发生的金额记入一个会计账户贷方的同时,必然要记入另一个(或者几个)会计账户的借方。②记入会计账户借方的金额与记入贷方的金额必然相等。可以从不同角度理解借贷记账法的记账规则。

(一)从会计恒等式方面理解

会计恒等式理论告诉我们:①经济业务的发生会引起恒等式左、右两边会计要素同时增加或者同时减少。这要求我们必须在记账时用一个会计账户记录等式左边受影响的会计要素,同时也要用另一个(或者几个)会计账户记录等式右边受影响的会计要素,并且两边记账金额是一致的。②当经济业务单独影响会计恒等式左边有关会计要素时,引起恒等式左边会计要素不同具体项目一个在数量上增加,同时另一个减少;经济业务单独影响会计恒等式右边有关会计要素也是如此。这要求我们必须在记账时,用一个会计账户记录等式左边受影响的会计要素,并且用另一个或者几个账户记录另外受影响的会计要素,记账金额要一致。显然,当经济业务单独影响会计恒等式右边的会计要素时,记账法则也是如此。

(二)从复式记账原理方面理解

复式记账法要求把发生的经济业务所引起会计要素的增减变动,以相等的金额,同时在两个或者两个以上的会计账户中,相互联系、相互制约地进行登记。作为复式记账方法的一个种类,借贷记账法对发生的经济业务进行记录时,必须相互联系地在两个或者两个以上的会计账户中记录受影响的会计要素项目,同时记录的金额必须相等。

(三)从借贷记账法的账户结构方面理解

借贷记账法的账户结构告诉我们:任何一个会计账户分为借方、贷方和余额。按照这种账户结构,在记录经济业务时,把受经济业务影响的一个会计要素记录到对应的账户的借方,同时必须把受经济业务影响的另一个(或几个)会计要素记录到另一个(或几个)会计账户的贷方,而且双方金额必须一致;反之亦然。

(四)根据经济业务对会计要素的影响和账户结构方面同时进行理解

经济业务发生后对会计要素的影响主要包括四类经济业务(见图5-5)。

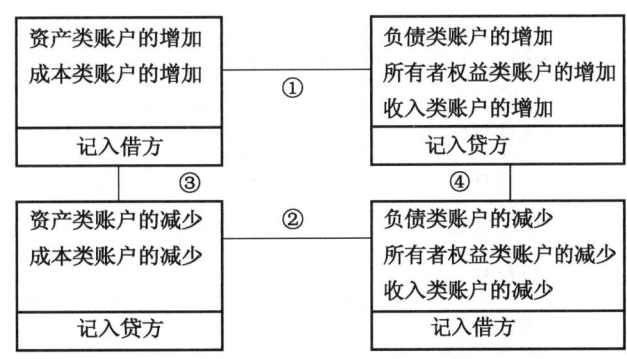

图5-5 借贷记账规则下的经济业务类型

第一类经济业务：引起资产和负债或者所有者权益的同时增加。结合会计账户的结构分析，对这类业务进行记录时，一方面要将发生的金额记录到资产类账户的借方，另一方面同时要以相同金额记录到负债或者所有者权益账户的贷方。

第二类经济业务：引起资产和负债或者所有者权益的同时减少。结合会计账户的结构分析，对这类业务进行记录时，一方面要将发生的金额记录到资产类账户的贷方，另一方面同时以相同金额记录到负债或者所有者权益账户的借方。

第三类经济业务：引起资产一增一减。结合会计账户的结构分析，对这类业务进行记录时，一方面要将发生的金额记录到某一资产类账户的借方，另一方面同时以相同金额记录到另一个资产类账户的贷方。

第四类经济业务：引起负债或者所有者权益一增一减。结合会计账户的结构分析，对这类业务进行记录时，一方面要将发生的金额记录到某一负债类或者所有者权益类账户的贷方，同时以相同金额记录到另一个负债类或者所有者权益类账户的借方。

第三节 借贷记账法的应用

一、运用借贷记账规则的基本程序

第一步，正确分析经济业务对哪些会计要素的增减变化具有影响。

第二步，正确分析经济业务对各会计要素的哪些具体项目（即会计科目）增减变化具有影响。

第三步，正确使用这些会计科目对应的会计账户，并分析在哪些会计账户中记录增加金额、在哪些账户中记录减少金额。

第四步，正确分析这些会计账户的性质（类别）和结构如何，分析增加金额记入在哪个账户的借方（或者贷方），同时将减少的金额记入在哪个账户的贷方（或者借方），然后进行记账。下面举例阐述借贷记账法的运用。

【例5-3】 天河公司2023年3月31日的资产负债表（简表）见表5-6。

表5-6　　　　　　　　　　　资产负债表（简表）

2023年3月31日　　　　　　　　　　　　　　　　　　单位：元

资产	金额	负债和所有者权益	金额
库存现金	500 000	短期借款	600 000
银行存款	1 000 000	长期借款	1 200 000
应收账款	800 000	应付账款	500 000
原材料	700 000	应交税费	200 000
库存商品	1 300 000	负债合计	2 500 000
固定资产	2 200 000	实收资本	3 000 000

(续表)

无形资产	500 000	资本公积	900 000
		盈余公积	600 000
		所有者权益合计	4 500 000
资产总计	7 000 000	负债和所有者权益总计	7 000 000

天河公司2023年4月份发生以下经济业务：

(1) 1日，收到M公司归还的前欠货款800 000元，存入银行。

分析：本业务影响银行存款的增加，同时影响应收账款的减少，因此应将增加的800 000元银行存款记入"银行存款"账户的借方，同时应将减少的800 000元应收账款记入"应收账款"账户的贷方(见图5-6)。

借方	应 收 账 款	贷方		借方	银 行 存 款	贷方
	(1)	800 000		(1)	800 000	

图5-6　经济业务(1)

(2) 2日，购买原材料1 000 000元，其中800 000元用银行存款支付，另外200 000元根据合同在以后支付。

分析：本业务影响原材料增加、同时影响银行存款的减少和负债中的应付账款增加，因此，应将增加的1 000 000元原材料记入"原材料"账户的借方，同时应将减少的800 000元银行存款记入"银行存款"账户贷方和将增加的200 000元应付账款记入"应付账款"账户的贷方(见图5-7)。

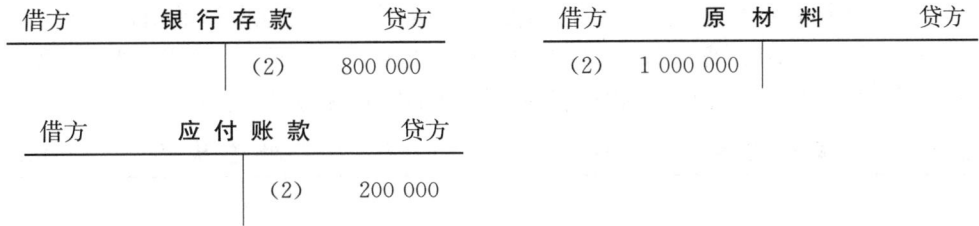

图5-7　经济业务(2)

(3) 5日，用银行存款支付上月应交税费100 000元。

分析：本业务影响银行存款的减少，同时影响应交税费的减少，因此，应将减少的100 000元记入"应交税费"账户的借方，同时应将减少的银行存款记入"银行存款"账户的贷方(见图5-8)。

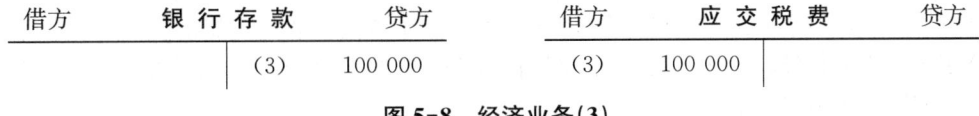

图5-8　经济业务(3)

(4) 8日，生产部门领用原材料1 500 000元用于生产A产品。

分析：本业务影响原材料的减少，同时影响生产成本的增加，因此应将增加的1 500 000元记入"生产成本"账户的借方，同时应将减少1 500 000元记入"原材料"账户的贷方(见图5-9)。

图 5-9　经济业务(4)

(5) 10 日,销售 A 产品 1 500 000 元,收到货款并存入银行。

分析:本业务影响银行存款的增加,同时影响主营业务收入的增加,因此应将增加的 1 500 000 元银行存款记入"银行存款"账户的借方,同时应将增加 1 500 000 元收入记入"主营业务收入"账户的贷方(见图 5-10)。

借方	主营业务收入	贷方	借方	银行存款	贷方
	(5) 1 500 000		(5) 1 500 000		

图 5-10　经济业务(5)

(6) 15 日,用银行存款支付上月前欠货款 500 000 元。

分析:本业务影响银行存款的减少,同时影响应付账款的减少,因此应将减少 500 000 元应付账款记入"应付账款"账户的借方,同时应将减少的 500 000 元银行存款记入"银行存款"账户的贷方(见图 5-11)。

借方	银行存款	贷方	借方	应付账款	贷方
		(6) 500 000	(6) 500 000		

图 5-11　经济业务(6)

(7) 20 日,用银行存款支付水电费用 400 000 元,其中 300 000 元属于生产 A 产品的车间耗用,100 000 元属于公司管理部门耗用。

分析:本业务影响银行存款的减少,同时影响制造费用和管理费用的增加,因此,应将增加的 300 000 元记入"制造费用"账户的借方,增加的 100 000 元记入"管理费用"账户的借方,同时将减少的 400 000 元记入"银行存款"账户的贷方(见图 5-12)。

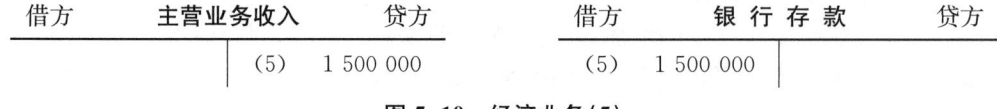

图 5-12　经济业务(7)

(8) 25 日,用资本公积转增资本金 500 000 元。

分析:本业务影响资本公积的减少,同时影响实收资本的增加,因此应将减少的 500 000 元资本公积记入"资本公积"账户的借方,同时应将增加的 500 000 元实收资本记入"实收资本"账户的贷方(见图 5-13)。

借方	实收资本	贷方	借方	资本公积	贷方
		(8) 500 000	(8) 500 000		

图 5-13　经济业务(8)

(9) 30日,结转本月已经销售 A 产品的成本 1 100 000 元。

分析:本业务影响库存商品的减少,同时影响主营业务成本的增加,应将减少的 1 100 000 元库存商品记入"库存商品"账户的贷方,同时应将增加的 1 100 000 元成本记入"主营业务成本"账户的贷方(见图 5-14)。

图 5-14　经济业务(9)

二、会计分录

为了保证账户记录的正确性,对每一项经济业务,在记入有关账户之前,应先根据经济业务发生时取得或者填制的原始凭证编制会计分录。会计分录是指对每一项经济业务,按照借贷记账法的记账规则,分别表明应记账户的名称、记账方向(借或者贷)及其金额的一种会计记录。会计分录实际上是会计记账凭证的简化格式。现根据[例 5-3]的资料,用借贷记账法编制的会计分录。

【例 5-4】　天河公司 2023 年 4 月份发生的经济业务和分析情况,可以将每一笔经济业务的会计分录编制如下:

(1) 1 日,收到 M 公司归还的前欠货款 800 000 元,存入银行。

  借:银行存款   800 000
    贷:应收账款   800 000

(2) 2 日,购买原材料 1 000 000 元。其中 800 000 元用银行存款支付,另外 200 000 元根据合同在以后支付。

  借:原材料   1 000 000
    贷:银行存款   800 000
      应付账款   200 000

(3) 5 日,用银行存款支付上月应交税费 100 000 元。

  借:应交税费   100 000
    贷:银行存款   100 000

(4) 8 日,生产部门领用原材料 1 500 000 元用于生产 A 产品。

  借:生产成本   1 500 000
    贷:原材料   1 500 000

(5) 10 日,销售 A 产品 1 500 000 元,收到货款并存入银行。

  借:银行存款   200 000
    贷:主营业务收入   200 000

(6) 15 日,用银行存款支付上月前欠货款 500 000 元。

  借:应付账款   500 000
    贷:银行存款   500 000

(7) 20日,用银行存款支付水电费用400 000元。其中300 000元属于生产A产品的车间耗用,100 000元属于公司管理部门耗用。

  借:制造费用   300 000
    管理费用   100 000
    贷:银行存款   400 000

(8) 25日,用资本公积转增资本金500 000元。

  借:资本公积   500 000
    贷:实收资本   500 000

(9) 30日,结转本月已经销售A产品的成本1 100 000元。

  借:主营业务成本   1 100 000
    贷:库存商品   1 100 000

  会计分录有简单分录和复合分录之分。简单会计分录是指由一个账户的借方与另一个账户的贷方相对应组成的会计分录,或者说是只涉及两个账户的会计分录。复合会计分录是指由一个账户的借方(或者贷方)与另几个账户的贷方(或者借方)相对应组成的会计分录。一般来说,大部分的复合会计分录都是由几个简单的会计分录合并而成的。因此,上述第(2)笔业务复合会计分录可以分解为两个简单的会计分录。

  借:原材料   800 000
    贷:银行存款   800 000
  借:原材料   200 000
    贷:应付账款   200 000

  运用复式记账法处理经济业务,一笔业务所涉及的几个账户之间必然存在着某种相互依存的对应关系,这种关系称为账户的对应关系。存在着对应关系的账户称为对应账户。在借贷记账法下,这种账户对应关系表现为经济业务发生后影响的两个或者两个以上会计账户之间的应借、应贷关系。账户对应关系可以如实反映经济业务的真实情况,并可以为检查会计处理和会计记录的正确性、合法性提供依据。例如,用银行存款购买原材料,此业务将影响"银行存款"账户的减少和"原材料"账户的增加,并需要在这两个账户中进行记录,此时,应借的"原材料"账户和应贷的"银行存款"账户两者之间具有相互对应关系。借贷记账法下会计分录账户对应关系主要表现为以下几个方面:

  (1) 一个借方账户与一个贷方账户相互对应,称为"一借一贷"对应关系,这也是会计分录中最为常见的账户对应关系。

  (2) 一个借方账户与多个贷方账户相互对应,称为"一借多贷"对应关系。

  (3) 多个借方账户与一个贷方账户相互对应,称为"多借一贷"对应关系。

  (4) 多个借方账户与多个贷方账户相互对应,称为"多借多贷"对应关系。这种对应关系总体上借方和贷方的金额相同,但是对其中的一个贷方或者借方账户而言,难以明确它所对应的会计科目到底是对方科目群中的哪一个,即一个会计账户与另一个会计账户之间对应关系模糊,因此,在实际工作中一般不编制这种对应关系的会计分录。

三、试算平衡

  试算平衡是以会计恒等式和借贷记账规则为理论基础,以借贷平衡关系来检验全部会计账户记录的正确性和完整性的会计检查方法。在日常工作中,可以对全部会计账户的期末余额和本期发生额进行试算平衡。

(一) 余额试算平衡

根据会计账户性质,成本类和损益类账户一般不存在期末余额,而资产类、负债类和所有者权益类账户期末多数都存在余额。其中,资产类账户的期末余额一般在借方,负债类和所有者权益类账户的余额一般在贷方。因此,按照会计恒等式的平衡关系推导,全部账户的期末余额平衡关系可以按以下公式加以检验:

$$\sum 全部会计账户期初(期末)借方余额 = \sum 全部会计账户期初(期末)贷方余额$$

根据前述账户性质,期初期末有余额的账户主要是:资产类账户和成本类账户,其余额在借方;负债类和所有者权益类账户,其余额均在贷方。所以上述公式可以演变为:

$$\sum 资产类账户期初(期末)借方余额 = \sum 负债和所有者权益类账户期初(期末)贷方余额$$

(二) 发生额试算平衡

由于采用借贷记账法必须遵守"有借必有贷,借贷必相等"的规则,无论是哪一笔经济业务发生,都必须在一个(或者几个)账户的借方登记一笔金额,同时必须在一个(或者几个)账户的贷方登记相等的金额,这样登记的全部账户的借方发生额合计数必然会和全部账户贷方的发生额合计数相等。对于全部账户借方和贷方平衡关系可以按以下公式加以检验:

$$全部会计账户的本期借方发生额合计 = 全部会计账户的本期贷方发生额合计$$

在进行试算平衡之前,要把全部账户应该记录的所有经济业务登记入账,并且按照各账户的性质计算出本期借方发生额、本期贷方发生额、期末余额,然后可以按照以上两个公式对有关项目进行试算。如果全部账户的借、贷方期初期末余额平衡、本期借贷方发生额平衡,可以说明企业记账基本遵循借贷记账法的要求。如果不平衡则需要采用一定的方法(这些方法将在第八章进行介绍)分析并检查出存在的错误,为期末结账和编制财务会计报告奠定基础。

但是,试算平衡并不能检查出记账当中的全部错误,特别是存在以下记账错误时,经过试算后全部账户的借方余额、贷方余额、借方发生额与贷方发生额保持平衡关系:

(1) 如果会计人员错误地在有关账户的借方和贷方同时记录了一个错误的数据时,可以通过试算平衡。这种错误常见为:在一个账户借方和对应账户的贷方同时多记一个数字,或者同时漏记一个数字,或者同时少记一个数字。

(2) 如果会计人员在记账时,错误地把应该记入一个账户的借方数据记入该账户的贷方,同时把应该记入另一个账户贷方的数据记入该账户的借方,会计上把这种现象称为记账方向错误或者记反方向,此时可以通过试算平衡。

(3) 对于没有按照规定在期末进行转账和结账的账户,只要平时记账正确,仍然可以通过试算平衡,如"制造费用""管理费用""主营业务收入""主营业务成本"账户按规定期末应该进行结账,且结账后没有期末余额,但是如果不对它们结账而直接进行试算,仍然会保持以上关系的平衡。转账和结账技术将在后面章节进行介绍。

【知识链接】

增减记账法

增减记账法是指以"增""减"为记账符号,以"资金占用＝资金来源"为理论基础来反映经济业务所引起的会计要素增减变动的一种复式记账方法。这种记账方法有如下特点:

(1) 记账符号。增减记账法以"增""减"为记账符号,所有账户都分为增减两方,将会计科目固定分为资金来源和资金占用两大类。无论是资金占用,或是资金来源,只要是数额增加,就记入有关账户的增方,减少就记入有关账户的减方。

(2) 理论依据。资金占用＝资金来源。

(3) 记账规则。在增减记账法下,将全部账户固定地分为资金占用账户与资金来源账户两大类,不设双重性质的账户。其记账规则是:两类账户,同增同减,金额相等;同类账户,有增有减,金额相等。

(4) 试算平衡方法。发生额和余额的试算平衡公式如下:

发生额试算平衡公式:

资金来源类账户本期增方发生额 — 资金来源类账户本期减少发生额
＝ 资金占用类账户本期增方发生额 — 资金占用账户本期减方发生额

余额试算平衡公式:

资金占用类账户期末(期初)余额合计 ＝ 资金来源类账户期末(期初)余额合计

20世纪60年代至80年代,增减记账法在我国会计实务中(特别是商业系统会计实务中)被广泛应用。与此同时,我国制造业大多数企业则主要采用借贷记账法。20世纪90年代初开始,我国对会计制度进行了全面改革。1993年7月1日正式实施的《企业会计准则——基本准则》规定:企业记账应当采用借贷记账法,至此,增减记账法被借贷记账法全面取代。

【关键术语】

记账方法　单式记账法　复式记账法　借贷记账法　会计分录　对应账户　记账规则　试算平衡

【问题思考】

1. 记账方法由哪些基本要素构成?
2. 从单式记账法演变为复式记账法,是否具有历史必然性?
3. 借贷记账法下各类账户有怎样的结构?
4. 借贷记账法的基本内容有哪些?
5. 会计分录的含义是什么?会计分录书写格式有哪些规范要求?
6. 为什么要进行试算平衡?

【思政语录】

1. 节省每一个铜板为着战争和革命事业,为着我们的经济建设,是我们的会计制度的原则。

——《毛泽东选集》

练 习 题

姓名_____
学号_____
分数_____

一、单项选择题

1. 复式记账法对每项经济业务都以相等的金额在(　　)账户中进行登记。
   A. 一个 B. 两个
   C. 全部 D. 两个或者两个以上

2. 借贷记账法下,账户哪一方记增加,哪一方记减少,是根据(　　)决定的。
   A. 采用什么核算方法
   B. 采用什么记账形式
   C. 增加数记借方,减少数记贷方的规则
   D. 账户所反映的经济内容

3. 资产类账户的期末余额一般在(　　)。
   A. 借方 B. 借方或者贷方 C. 贷方 D. 借方和贷方

4. 收入或者利润的余额在借方表示(　　)。
   A. 资产的增加 B. 所有者权益的增加
   C. 资产的减少 D. 所有者权益的减少

5. 在借贷记账法下,所有者权益账户的期末余额等于(　　)。
   A. 期初贷方余额＋本期贷方发生额－本期借方发生额
   B. 期初借方余额＋本期贷方发生额－本期借方发生额
   C. 期初借方余额＋本期借方发生额－本期贷方发生额
   D. 期初贷方余额＋本期借方发生额－本期贷方发生额

6. 借贷记账法的余额试算平衡公式是(　　)。
   A. 每个账户借方发生额＝每个账户贷方发生额
   B. 全部账户本期借方发生额合计＝全部账户本期贷方发生额合计
   C. 全部账户期末借方余额合计＝全部账户期末贷方余额合计
   D. 每个账户期末借方余额＝每个账户期末贷方余额

7. 复合会计分录是指(　　)的分录。
   A. 一借一贷 B. 一贷一借
   C. 一借多贷 D. 按复式记账要求编制

8. 对于双重性质账户的期末余额,下列说法中,正确的是(　　)。
   A. 一定有借方余额 B. 一定有贷方余额
   C. 一定没有余额 D. 可能为借方余额,也可能为贷方余额

9. 收到投资者投资,存入银行,根据借贷记账法编制会计分录时,贷方所涉及的账户

是( )账户。
   A. "银行存款"　　　　　　　　　　B. "实收资本"
   C. "固定资产"　　　　　　　　　　D. "长期借款"
10. 在借贷记账法下,为保持账户之间清晰的对应关系,不宜编制( )的会计分录。
   A. 一借一贷　　B. 多借一贷　　C. 一借多贷　　D. 多借多贷
11. 存在对应关系的账户称为( )。
   A. 对应账户　　B. 平衡账户　　C. 总分账户　　D. 联系账户
12. 资产账户的借方表示( )。
   A. 资产的增加　　　　　　　　　　B. 所有者权益的增加
   C. 资产的减少　　　　　　　　　　D. 所有者权益的减少
13. 某一账户期初余额在贷方,期末余额在借方,表明( )。
   A. 该账户的性质未变
   B. 该账户已从期初的资产变为期末的负债
   C. 该账户从期初的负债变为期末的资产
   D. 该账户既不属于资产类,也不属于负债类
14. 收益类账户的结构与所有者权益类账户的结构( )。
   A. 一致　　　　B. 无关　　　　C. 相反　　　　D. 基本相同
15. 在编制"总分类账户发生额及余额试算平衡表"中,若出现三对平衡数字,则( )。
   A. 全部总账账户记录一定正确
   B. 不能认为全部总账账户记录肯定无错
   C. 全部明细分类账户记录一定正确
   D. 全部总账账户记账与全部明细分类账户记录肯定无错

二、多项选择题

1. 单式记账法在记账时,应重点考虑的有( )方面发生的经济业务。
   A. 现金　　　　　　　　　　　　　B. 银行存款
   C. 所有者权益　　　　　　　　　　D. 债权债务
2. 复式记账法的优点有( )。
   A. 账户对应关系清楚,能全面、清晰地反映经济业务的来龙去脉
   B. 便于试算平衡,以检查账户记录是否正确
   C. 能全面、系统地反映经济活动的过程和结果
   D. 所记账户之间形成相互对应的关系
3. 在借贷记账法下,属于资产类账户的有( )账户。
   A. "银行存款"　B. "实收资本"　C. "原材料"　　D. "制造费用"
4. 在借贷记账法下,期末结账后,没有余额的账户有( )类账户。
   A. 资产　　　　B. 收入　　　　C. 负债　　　　D. 费用
5. 在借贷记账法下,账户借方登记( )。
   A. 资产增加　　　　　　　　　　　B. 费用减少
   C. 负债减少　　　　　　　　　　　D. 收入、利润增加

6. 会计分录必须具备的要素包括(　　)。
   A. 记账方向　　　B. 记账手段　　　C. 记账科目　　　D. 记账金额
7. 下列记账差错中,运用试算平衡法无法查出其错误的有(　　)。
   A. 在过账时误将借方数额过入贷方
   B. 一笔业务的记录全部被漏记
   C. 一笔业务的记录借、贷双方金额发生同样的错误
   D. 某一账户借方或者贷方本期发生额的计算有误
8. 复合会计分录(　　)。
   A. 是由多个简单会计分录组成的　　　B. 是涉及两个以上账户的会计分录
   C. 是由两个对应账户组成的　　　　　D. 是按复式记账原理编制的会计分录
9. 借贷记账法下账户贷方登记(　　)。
   A. 收入、利润的增加　　　　B. 负债的减少
   C. 费用的减少　　　　　　　D. 所有者权益的增加
10. 编制会计分录时,必须考虑的问题有(　　)。
    A. 经济业务发生涉及的会计要素是增加还是减少
    B. 在账簿中登记借方还是贷方
    C. 登记在哪些账户的借方或者贷方
    D. 账户的余额是在借方还是在贷方
11. 在借贷记账法下,属于资产类账户的有(　　)。
    A. "银行存款"　　　　　　B. "实收资本"
    C. "交易性金融资产"　　　D. "制造费用"
12. 在实际工作中,尽量不编多借多贷会计分录的理由有(　　)。
    A. 账户对应关系不清楚　　　　B. 可能出现过账错误
    C. 不便于了解经济业务内容　　D. 登记总账工作量大
13. 某企业生产产品领用材料6 000元,车间一般消耗领用3 000元,应记入(　　)账户的借方。
    A. "原材料"　　B. "管理费用"　　C. "生产成本"　　D. "制造费用"
14. 复式记账法下资产账户的结构为(　　)。
    A. 借方表示净资产增加　　　B. 贷方表示净资产减少
    C. 借方表示资产增加　　　　D. 贷方表示资产减少
15. 在借贷记账法下,期末结账后,一般有余额的账户有(　　)类账户。
    A. 资产　　　　B. 收入　　　　C. 负债　　　　D. 费用

三、判断题

1. "借""贷"不仅作为记账符号,其本身的含义也应考虑,"借"只能表示债权的增加,"贷"只能表示债务的增加。　　　　　　　　　　　　　　　　　　　　　　　　(　　)
2. 对于不同性质的账户,借贷的含义有所不同。　　　　　　　　　　　　　(　　)
3. 借贷记账法下账户的基本结构是:每一个账户的左边均为借方,右边均为贷方。(　　)
4. 负债类和所有者权益类账户的结构应与资产类账户的结构一致。　　　　(　　)

5. 借贷记账法要求:如果在一个账户中记借方,在另一个或者几个账户中则一定记贷方。
(   )
6. 账户发生额试算平衡是根据借贷记账法的记账规则来确定的。   (   )
7. 借贷方向相反可以通过试算平衡查找出来。   (   )
8. 账户余额试算平衡是根据"资产＝负债＋所有者权益"确定的。   (   )
9. 如果试算平衡结果,发现借贷是平衡的,可以肯定记账没有错误。   (   )
10. 由于总分类账户既能提供总括核算指标,又能提供详细核算指标,因此是十分重要的账户。
(   )

四、计算题

1. 资料

图 5-15 是天河公司四个 T 形账户所记录的金额。

借方	银行存款	贷方
期初余额	140 000	
①	60 000	① 30 000
		② _____
本期发生额	60 000	本期发生额 _____
期末余额	136 000	

借方	应交税费	贷方
		期初余额 6 000
① _____		① 400
②	500	② 600
本期发生额 _____		本期发生额 1 000
		期末余额 5 000

借方	库存现金	贷方
期初余额 _____		
①	2 000	① 7 000
②	4 000	
本期发生额 _____		本期发生额 7 000
期末余额	2 000	

借方	应付票据	贷方
		期初余额 7 000
①	1 500	① 1 000
② _____		
本期发生额	2 000	本期发生额 1 000
		期末余额 _____

图 5-15 天河公司 T 形账户记录

2. 要求

在以上 T 形账户的"_____"上填上有关数字。

【实训案例】

(一) 业务实训一

1. 资料

天河公司 2023 年 9 月有关 T 形账户记录如图 5-16 所示。

库存现金			
期初余额	150		
(1)	500	(5)	350
(9)	100		
期末余额	400		

原材料			
期初余额	98 000		
(2)	82 000	(4)	150 000
(7)	58 600		
期末余额	88 600		

银行存款			
期初余额	89 600		
(6)	15 800	(1)	500
(8)	30 000	(5)	70 000
(9)	20 000	(7)	58 600
		(10)	20 000
期末余额	16 300		

应收账款			
期初余额	45 800		
		(6)	15 800
		(9)	20 100
期末余额	9 900		

固定资产			
期初余额	370 000		
(2)	124 000		
期末余额	494 000		

实收资本			
		期初余额	483 000
		(3)	124 000
		期末余额	607 000

生产成本			
期初余额	42 280		
(4)	150 000		
期末余额	192 280		

应付账款			
		期初余额	35 800
(5)	70 350	(2)	82 000
		期末余额	47 450

短期借款			
(10)	20 000	期初余额	84 320
		(8)	30 000
		期末余额	94 320

图 5-16　天河公司 2023 年 9 月有关 T 形账户记录

2. 要求

根据上述账户记录,补编会计分录,并说明每笔经济业务的内容。

(二) 业务实训二

1. 资料

天河公司 2023 年 10 月初有关账户余额如表 5-7 所示。

表 5-7　　　　天河公司 2023 年 10 月初有关账户余额　　　　单位:元

资产	金额	负债和所有者权益	金额
库存现金	1 500	短期借款	195 000
银行存款	45 000	应付账款	142 500
原材料	90 000	应交税费	9 000
应收账款	47 700	长期借款	186 000
库存商品	60 000	实收资本	304 200
生产成本	22 500	资本公积	140 000
长期股权投资	180 000	盈余公积	70 000
固定资产	600 000		
合计	1 046 700	合计	1 046 700

天河公司本月发生下列经济业务:
(1) 购进机器设备一台,价值10 000元,以银行存款支付。
(2) 从银行提取现金1 000元。
(3) 投资者投入原材料一批,作价20 000元。
(4) 生产车间向仓库领用的一批价值40 000元的材料投入生产。
(5) 以银行存款22 500元,偿还应付供货单位货款。
(6) 向银行取得长期借款150 000元,存入银行。
(7) 以银行存款上交所得税9 000元。
(8) 收到捐赠人赞助的现金5 000元。
(9) 收到购货单位前欠货款18 000元,其中16 000元存入银行,其余部分收到现金。
(10) 以银行存款48 000元归还银行短期借款20 000元和应付购货单位账款28 000元。

2. 要求
(1) 根据以上资料编制会计分录,并记入有关账户。
(2) 编制发生额及余额试算平衡表。

(三) 业务实训三
1. 资料
(1) 天河公司2023年8月31日有关总分类账户和明细分类账户余额如下。
① 总分类账户:
"原材料"账户借方余额400 000元。
"应付账款"账户贷方余额100 000元。
② 明细分类账户:
"原材料——甲材料"账户1 600千克、单价150元,借方余额240 000元。
"原材料——乙材料"账户400千克、单价100元,借方余额40 000元。
"原材料——丙材料"账户1 000千克、单价120元,借方余额120 000元。
"应付账款——A公司"账户贷方余额60 000元。
"应付账款——B公司"账户贷方余额40 000元。
(2) 天河公司2023年9月份发生的部分经济业务如下(不考虑增值税):
① 以银行存款偿还A公司前欠货款30 000元。
② 购进甲材料200千克,单价150元,价款30 000元,以银行存款支付,材料入库。
③ 生产车间向仓库领用材料一批,其中,甲材料400千克、单价150元;乙材料200千克、单价100元;丙材料500千克、单价120元,共计领用材料金额140 000元。
④ 以银行存款偿还B公司前欠货款20 000元。
⑤ 向A公司购入乙材料200千克,单价100元,材料入库,货款20 000元暂欠。
⑥ 向B公司购入丙材料300千克,单价120元,材料入库,货款36 000元暂欠。

2. 要求
(1) 根据上述资料(2)的内容,编制会计分录。
(2) 开设"原材料""应付账款"总分类账和明细分类账,登记期初余额,并平行登记总分类账和明细分类账,结出各账户本期发生额和期末余额
(3) 编制"原材料""应付账款"总分类账和明细分类账本期发生额及余额明细表。

(四) 案例一

天河公司精简机构,对于职员王敏来说,有三条路可供选择:

(1) 继续在原单位供职,年收入 120 000 元;

(2) 下岗,收入打对折,但某快餐厅愿以每月 6 000 元的工资待遇聘请他;

(3) 辞职,搞个体经营。

经过思考,他决定自己投资 200 000 元,开办一家酒吧。

下面是该酒吧开业一个月的经营情况:

(1) 预付半年房租 30 000 元;

(2) 购入各种饮料 60 000 元,本月份耗用其中的 2/3;

(3) 支付雇员工资 15 000 元;

(4) 支付水电费 5 000 元;

(5) 获得营业收入 80 000 元。

要求:根据上述资料,评价王敏的选择是否正确,为什么?

(五) 案例二

张达和李享拥有一个咖啡屋,他们做的姜汁咖啡非常有名。他们都没有接受过会计教育。但他们认为只要采用复式记账的方法就不会出现错误,于是自己设计了一个用来记录交易的系统,自认为很有效。下面列示的是该咖啡屋本月发生的一些交易:

(1) 收到商品订单,当货物发出后将收到 1 000 元。

(2) 收到一份商品订单,定购价值 600 元的商品,货物已发出。

(3) 将货物运给顾客并收到 1 000 元。

(4) 收到所订的货物并支付 600 元现金。

(5) 用现金支付银行 400 元的利息。

(6) 赊购 6 000 元的设备。

张达和李享对以上业务进行了记录,如表 5-8 所示。

表 5-8　　　　　　　　　　　咖啡屋的业务记录

资产＝		负债＋所有者权益		＋(收入－费用)	
收到商品订单	1 000			销售	1 000
发出订单采购的货物	600			存货支出	－600
库存现金 将货物发运给顾客	1 000 －1 000				
收到所订的商品	600	应付账款	－600		
支付现金	400			利息支出	－400
赊购设备		应付账款	6 000	设备支出	－6 000

要求:向他们解释他们对交易记录的错误理解,改正他们在记录上的错误。

第六章 企业主要经济业务的核算

章前导引

教学目标

本章主要阐述制造业企业的主要经济业务活动的会计核算。

通过学习,学生应掌握供应过程、生产过程、销售过程、财务成果形成与分配过程具体经济业务的会计处理,进一步理解借贷记账法的应用。

第一节 资金筹集业务核算

一、筹资业务核算的内容

资金筹集业务是指企业为了满足用资的需要,筹措集中资金而发生的业务活动。它是企业生产经营的必要条件。任何企业都可以从两个方面筹资并形成两种性质的资金来源:一是权益资金,它是企业通过向投资者吸收直接投资、发行股票、企业内部留存收益等方式取得的,其投资者包括国家、法人和个人等;二是债务资金,它是企业通过向银行借款、发行债券、商业信用等方式取得的。

在资金筹集过程中,企业要接受投资者投入企业的固定资产、原材料或者无形资产。企业也可能从银行取得借款,按借款合同约定支付借款利息,到期归还本金。如果企业满足债券发行条件,也可以发行企业债权,从资本市场筹集所需的资金。

(一) 权益资金筹集

我国法律规定,设立企业必须要有法定的资本。资本是由投资者认缴并经工商行政管理部门核准注册的资本总额。投资者一旦对企业投资后,即对企业的资产、资产经营的结果、资产经营的权利等享有一种权益,形成所有者权益。投资者对企业的投资,可以是货币、实物、无形资产等形式。投资者向企业投入的资本,在一般情况下无需偿还、只要依法转让;企业对实际收到的资本金,依法享有经营权。因各种原因使企业投资者的出资额超过注册资本的差额,形成企业的资本公积。因此,对所有者投资的核算应包括两方面内容:一是揭示投入资本的形式和来源,即反映所有者对企业的实际投资的形式和金额;二是反映投资后所有者享有的权益,包括实收资本和资本公积。

(二)债务资金筹集

债务资金筹集是指企业通过发行债券、向银行借款等方式筹集资金,即企业吸收债权人投资。债权人投资的形式主要是货币资金;债权人投资后拥有要求企业按照规定的期限、规定的利率偿还本金和利息的权利。对企业主体而言,这部分资金则形成了企业的负债。按照债务资金的内容和偿还期限的长短,它又包括短期借款、长期借款、交易性金融负债、长期债券等。

短期借款是企业向银行或其他金融机构借入的期限在1年以下(含1年)的各种借款,企业取得的短期借款主要用于生产周转资金的需要。长期借款是企业向银行或其他金融机构借入的期限在1年以上的各项借款。长期债券是企业依照法定程序对外发行、约定在一定期限内(1年以上)还本付息的具有一定价值的证券。如果企业发行拟短期内回购的融资券,则是发行企业的交易性金融负债。

二、筹资业务核算的账户设置

筹资业务核算的内容决定了应设置两类账户:一类账户反映权益资金筹集业务;另一类账户借入资金筹集业务。

(一)反映权益资金筹集业务的账户

为了总括地核算和监督所有者投入资金及其变动情况,根据所有者投资业务的内容,企业在会计核算中应当设置以下几个账户:

(1)"库存现金"账户。它属于资产类账户,用来核算企业的库存现金。该账户借方登记库存现金的收入数;贷方登记库存现金的支出数;期末借方余额反映企业实际持有的库存现金数。

(2)"银行存款"账户。它属于资产类账户,用来核算企业存入银行或者其他金融机构的各种款项。该账户借方登记存款的存入(增加)数;贷方登记存款的支取(减少)数;期末借方余额反映企业存放在银行的存款实有数。

(3)"固定资产"账户。它属于资产类账户,用来核算企业固定资产的原价。该账户借方登记企业固定资产增加的账面原价;贷方登记因出售、报废、毁损而减少的固定资产的账面原价;期末借方余额反映企业期末固定资产的账面原价。该账户应按固定资产类别设置明细账,进行明细账核算。

(4)"无形资产"账户。它属于资产类账户,用来核算企业为生产商品、提供劳务、出租给他人或者为管理目的而持有的、没有实物形态的非货币性长期资产,包括专利权、非专利技术、商标权、著作权、土地使用权等。该账户借方登记企业购入或者自行创造并按法律程序申请取得和其他单位投资转入的无形资产原值;贷方登记对外投资或摊销的无形资产;期末借方余额,反映企业已入账但尚未摊销的无形资产的摊余价值。该账户应按无形资产类别设置明细账,进行明细核算。

(5)"实收资本"账户。它属于所有者权益类账户,用来核算企业实际收到投资者投入的资本。该账户贷方登记企业收到投资者投入企业资本的实际数额;借方登记按规定程序减少注册资本的数额,在实际返还资本时入账;期末贷方余额反映企业实有的资本或者股本数额。该账户应按投资者设置明细账,进行明细核算。

(6)"资本公积"账户。它属于所有者权益类账户,用来核算企业取得的资本公积。该账户贷方登记企业因资本溢价等原因而增加的资本公积数额;借方登记用于按法定程序转增注册资本等原因而减少的资本公积数额;期末贷方余额反映企业实有的资本公积数额。该账户应按资本公积形成的类别设置明细账,进行明细核算。

(二) 反映借入资金筹集业务的账户

为了总括地核算和监督债权人投入的债务资金及其变动情况,根据债权人投资业务的内容,企业在会计核算中应当设置以下几个账户:

(1) "短期借款"账户。它属于负债类账户,用来核算企业向银行或者其他金融机构等借入的期限在1年以下(含1年)的各种借款。该账户贷方登记借入资金的实际金额;借方登记偿还的实际金额;期末贷方余额反映企业尚未偿还的短期借款的本金。该账户应按债权人设置明细账,并按借款种类进行明细核算。

(2) "应付利息"账户。它属于负债类账户,用来核算企业按照合同约定应支付的利息,包括银行借款、企业债券应支付的利息。资产负债表日,根据计算确定的利息费用,借记"财务费用"等账户,贷记"应付利息"账户。实际支付利息时,借记"应付利息"账户,贷记"银行存款"等账户。

(3) "长期借款"账户。它属于负债类账户,用来核算和反映企业长期借款的借入、应计利息和还本付息情况。该账户应按贷款单位和贷款种类,分别"本金""利息调整"二级账户进行明细核算。长期借款的核算主要包括:①借入长期借款时,应按实际收到的金额,借记"银行存款"账户,贷记"长期借款——本金"账户。如存在差额,还应借记或者贷记"长期借款——利息调整"账户。②资产负债表日计息时,应按摊余成本和实际利率计算确定的长期借款的利息费用,借记"财务费用"等账户,按合同利率计算确定的应付未付利息,贷记"应付利息"账户,按其差额,贷记"长期借款——利息调整"账户。实际利率与合同利率差异较小的,也可以采用合同利率计算确定利息费用。③归还长期借款本金时,借记"长期借款——本金"账户,贷记"银行存款"账户。同时,存在利息调整余额的,借记或者贷记"财务费用"等账户,贷记或者借记"长期借款——利息调整"账户。

(4) "交易性金融负债"账户。它属于负债类账户,主要核算企业发行的短期交易性债券业务。该账户应该分别设置"本金""公允价值变动"二级账户进行明细核算。交易性金融负债主要包括:①企业承担交易性金融负债时,应该按照实际收到的金额,借记"银行存款"等账户,按照发生的交易费用,贷记"投资收益"账户,计入当期损益,按照交易性金融负债的公允价值,贷记"交易性金融负债——本金"账户。②资产负债表日,交易性金融负债的公允价值高于其账面余额的差额,借记"公允价值变动损益"账户,贷记"交易性金融负债——公允价值变动"账户;如果公允价值低于账面余额,则做相反的会计分录。③出售交易性金融负债时,应该按照账面余额,借记"交易性金融负债——本金、公允价值变动"账户,贷记"银行存款"账户,将其差额,贷记或者借记"投资收益"账户;同时,将金融负债的公允价值变动,借记或者贷记"公允价值变动损益"账户,贷记或借记"投资收益"账户。

(5) "长期债券"账户。它属于负债类账户,用来核算企业为筹集长期资金而实际发行的债券及应付的利息。该账户贷方登记企业发行债券收到的款项;借方登记实际支付的偿债本息;期末贷方余额反映企业尚未偿还的债券本息。该账户应设置"面值""利息调整""应计利息"等明细账户,进行明细核算。

(6) "财务费用"账户。它属于损益类账户,用来核算企业为筹集生产经营所需资金等而发生的费用。该账户借方登记发生的财务费用额;贷方登记期末转入"本年利润"账户的财务费用额;结转后该账户无余额。该账户应按费用项目设置明细账,进行明细账核算。

三、筹资业务的账务处理

【例 6-1】 2023 年 12 月 1 日,天河公司收到远方公司投入货币资本 2 000 000 元,款项存入银行。这项经济业务涉及"实收资本""银行存款"两个账户。一方面投资者投入资本,使所有者权益增加,应记入"实收资本"账户的贷方;另一方面款项存入银行,使资产增加,应记入"银行存款"账户的借方。这项经济业务编制的会计分录如下:

```
借:银行存款                                    2 000 000
    贷:实收资本                                        2 000 000
```

【例 6-2】 2023 年 12 月 10 日,天河公司收到宏远公司投入设备一台,双方协议确认的价值为 600 000 元;材料一批,确认价值为 500 000 元;专有技术一项,确认价值为 800 000 元。

这项经济业务涉及"实收资本""固定资产""原材料""无形资产"四个账户。一方面投资者投入资本,使所有者权益增加,就记入"实收资本"账户的贷方;另一方面企业收到设备、材料、专有技术,使资产增加,应按资产的确认价值分别记入"固定资产""原材料""无形资产"账户的借方。这项经济业务编制的会计分录如下:

```
借:固定资产——设备                              600 000
    原材料                                      500 000
    无形资产——专有技术                           800 000
    贷:实收资本                                        1 900 000
```

【例 6-3】 2023 年 12 月 1 日,天河公司接受新华集团公司追加投资 5 500 000 元,款项存入银行。双方协议确认,新华集团公司按投资比例应享有的注册资本为 5 000 000 元,其余作资本溢价处理。

这项经济业务涉及"实收资本""资本公积""银行存款"三个账户。一方面投资者追加投资,使所有者权益增加,应按新华集团公司享有的投资份额记入"实收资本"账户的贷方,而资本溢价部分应记入"资本公积"账户的贷方;另一方面款项存入银行,使资产增加,应记入"银行存款"账户的借方。这项经济业务编制的会计分录如下:

```
借:银行存款                                    5 500 000
    贷:实收资本                                        5 000 000
        资本公积——资本溢价                               500 000
```

【例 6-4】 2023 年 12 月 1 日,天河公司向银行取得 1 200 000 元、年利率为 6%、6 个月后归还本金的生产周转借款。银行通知款项已划入存款账户。

这项经济业务涉及"短期借款""银行存款"两个账户。一方面银行提供短期贷款,使负债增加,应记入"短期借款"账户的贷方;另一方面款项转存银行,使资产增加,应记入"银行存款"账户的借方。这项经济业务编制的会计分录如下:

```
借:银行存款                                    1 200 000
    贷:短期借款                                        1 200 000
```

【例 6-5】 承[例 6-4],2023 年 12 月 31 日,天河公司对上述生产周转借款采用按月计提利息费用,计算本月应负担的利息支出数 6 000 元。

这项经济业务涉及"应付利息""财务费用"两个账户。一方面应计入本月费用但尚未支付的利息,使负债增加,应记入"应付利息"账户的贷方;另一方面计提的利息应计入本月的财务费用,使费用增加,应记入"财务费用"账户的借方。这项经济业务编制的会计分录如下:

借:财务费用　　　　　　　　　　　　　　　　　　　　　　　　　　6 000
　　贷:应付利息　　　　　　　　　　　　　　　　　　　　　　　　　　6 000

【例 6-6】 2023 年 1 月 1 日天河公司向银行借入一笔期限为 5 年、利率为 4.72% 的长期借款 1 250 000 元,借款方式为按年付息 59 000 元(1 250 000×4.72%)、到期一次还本 1 250 000 元。银行要求天河公司按照借款额 1 250 000 元的 20% 在银行有一个最低存款额 250 000 元。该项长期借款为一般性借款,利息费用不必资本化。经测算,天河公司该项长期借款实际利率为 10%。这项经济业务编制的相关会计分录如下:

(1) 2023 年 1 月 1 日,借款时:

借:银行存款　　　　　　　　　　　　　　　　　　　　　　　　　1 000 000
　　长期借款——利息调整　　　　　　　　　　　　　　　　　　　　 250 000
　　贷:长期借款——本金　　　　　　　　　　　　　　　　　　　　 1 250 000

(2) 2023 年 1 月 1 日至 2015 年 12 月 31 日(假定按年处理),计提利息时:

借:财务费用(1 000 000×10%)　　　　　　　　　　　　　　　　　　100 000
　　贷:应付利息(1 250 000×4.72%)　　　　　　　　　　　　　　　　 59 000
　　　　长期借款——利息调整　　　　　　　　　　　　　　　　　　　 41 000

(3) 2023 年 12 月 31 日,实际支付利息时:

借:应付利息　　　　　　　　　　　　　　　　　　　　　　　　　　59 000
　　贷:银行存款　　　　　　　　　　　　　　　　　　　　　　　　　59 000

(4) 2024 年 1 月 1 日至 2024 年 12 月 31 日(假定按年处理),计提利息时:

借:财务费用(1 041 000×10%)　　　　　　　　　　　　　　　　　　104 100
　　贷:应付利息　　　　　　　　　　　　　　　　　　　　　　　　　59 000
　　　　长期借款——利息调整　　　　　　　　　　　　　　　　　　　45 100

(5) 2024 年 12 月 31 日,偿还利息时:

借:应付利息　　　　　　　　　　　　　　　　　　　　　　　　　　59 000
　　贷:银行存款　　　　　　　　　　　　　　　　　　　　　　　　　59 000

(6) 2025 年 1 月 1 日至 2025 年 12 月 31 日,计提利息时:

借:财务费用[(1 000 000 + 41 000 + 451 000)×10%]　　　　　　　　108 610
　　贷:应付利息　　　　　　　　　　　　　　　　　　　　　　　　　59 000
　　　　长期借款——利息调整　　　　　　　　　　　　　　　　　　　49 610

(7) 2026 年财务费用为 113 571 元,2027 年财务费用为 118 719 元(会计分录从略)。

(8) 2028年1月1日,归还本金时:

借:长期借款——本金　　　　　　　　　　　　　　　　　　　1 250 000
　　贷:银行存款　　　　　　　　　　　　　　　　　　　　　　　　1 250 000

【例6-7】 2023年1月1日,天河公司以1 200万元的价格发行6个月期交易性债券,同时支付给中介机构手续费和佣金合计6万元。交易性债券在5月31日的市场价格为1 260万元。2023年6月30日,公司购回这项交易性债券,购回价格是1 350万元,购回时公允价值是1 320万元。这项经济业务编制的相关会计分录如下:

(1) 2023年1月1日:

借:银行存款　　　　　　　　　　　　　　　　　　　　　　　11 940 000
　　投资收益　　　　　　　　　　　　　　　　　　　　　　　　　　60 000
　　贷:交易性金融负债——本金　　　　　　　　　　　　　　　　12 000 000

(2) 2023年5月31日:

借:公允价值变动损益　　　　　　　　　　　　　　　　　　　　　600 000
　　贷:交易性金融负债——公允价值变动　　　　　　　　　　　　　600 000

(3) 2023年6月30日:

借:公允价值变动损益　　　　　　　　　　　　　　　　　　　　　600 000
　　贷:交易性金融负债——公允价值变动　　　　　　　　　　　　　600 000
借:交易性金融负债——本金　　　　　　　　　　　　　　　　12 000 000
　　　　　　　　　　——公允价值变动　　　　　　　　　　　　1 200 000
　　投资收益　　　　　　　　　　　　　　　　　　　　　　　　　300 000
　　贷:银行存款　　　　　　　　　　　　　　　　　　　　　　13 500 000
借:投资收益　　　　　　　　　　　　　　　　　　　　　　　1 200 000
　　贷:公允价值变动损益　　　　　　　　　　　　　　　　　　　1 200 000

【例6-8】 2023年12月31日,天河公司按面值发行3年期、票面利率为8%的债券1 000 000元,债券到期一次性还本付息,款项已转入"银行存款"账户。

这项经济业务涉及"长期债券""银行存款"两个账户。一方面通过债券发行筹集起长期使用的资金,使负债增加,应记入"长期债券"账户的贷方;另一方面债券的发行款项已转存银行,使资产增加,应记入"银行存款"账户的借方。这项经济业务编制的会计分录如下:

借:银行存款　　　　　　　　　　　　　　　　　　　　　　　1 000 000
　　贷:长期债券——面值　　　　　　　　　　　　　　　　　　　1 000 000

第二节　供应过程业务核算

一、供应业务核算的内容

供应过程又称采购过程,是指从采购材料物资开始,直到材料物资验收入库为止的整个过程。它的主要任务是组织采购材料物资,正确储备,以保证生产经营的需要。

在供应过程中,企业用货币资金购买材料,支付材料的买价和采购费用,同时还会与材料的供应商发生货款结算关系。因此,在途物资业务和因采购而引起的货款结算业务构成了供应过程的主要业务。供应过程业务核算包括以下两方面的内容。

(一)取得材料物资,计算在途物资成本,并进行材料物资的验收入库,以备生产领用

企业一旦支付或承付了所购材料物资的款项,就取得了该项材料物资的所有权,可以将其作为一项资产加以确认。材料物资作为资产确认的同时,涉及材料物资的计量问题。在一般情况下,材料作为资产按实际成本计价,即按购进时的实际支出计价,包括从支付货款开始到材料验收入库为止的全部支出,通常称为材料物资的采购成本。

材料物资的采购成本由购货价格和采购费用所构成,具体包括:①购货价格(即指购货发票所注明的价款)。②运输费、装卸费、保险费、包装费、仓储费等费用。③运输途中的合理损耗。④入库前的挑选整理费用。⑤按规定应计入成本的税金。⑥其他费用等。按现行税收制度规定,一般纳税人购货时所支付的价外增值税,不计入采购成本,而作为进项税额处理,在本期纳税时从销项税额中予以抵扣。

(二)与供应单位款项结算

采购过程一方面是取得材料物资;另一方面是支付款项。由于结算方式的制约,在与供应单位结算时会出现以下三种情况:①直接支付货款及采购费用。企业采用支票等结算方式或者直接支付库存现金时,可以在购进材料物资的同时支付货款、税金及采购费用。②购进材料物资未付款。购进材料物资时,可按合同协议等规定暂不付款,待到规定的结算期满时再付款,形成企业的应付款项。企业应在购进材料物资时,按材料的货款、税金等应付款项确认负债的增加;支付应付款时,按实际支付的金额作为负债的减少。③预付材料款。由于材料物资供应上的原因,企业可能先预付一部分材料款,待以后再取得材料。企业在预付款时,并未取得材料的所有权,只是将款项变换了存放地点,或者说转移了一笔款项,形成企业一项特定的债权资产;待取得材料时,该款项才是实际的减少,需结转该项债权资产。

二、供应业务核算的账户设置

为了总括地核算和监督材料物资购进业务的情况,根据供应过程业务核算的内容,应设置两类账户:一类是反映材料物资增加的账户;另一类是反映款项结算的账户。

(一)反映材料物资增加的账户

反映材料物资增加的账户主要有"在途物资"和"原材料"账户,同时,为了反映不计入采购成本的价外增值税,还需单独设置"应交税费"账户及其所属"应交增值税(进项税额)"明细账。这些账户的性质和基本结构如下:

(1)"在途物资"账户。它属于资产类账户,用来核算企业购入材料、商品等采购成本。该账户借方登记购入物资的买价和采购费用;贷方登记已验收入库、转入"原材料"账户的在途物资成本;期末借方余额反映尚未到达或者已到达尚未验收入库的在途物资。该账户按供应单位和物资品种设置明细账,进行明细核算。

(2)"原材料"账户。它属于资产类账户,用来核算企业库存的各种材料的实际成本。

该账户借方登记验收入库的原材料的实际成本；贷方登记出库的原材料的实际成本；期末余额在借方，反映库存材料的实际成本。该账户应按材料的品种、规格设置明细账，进行明细核算。

(3)"应交税费"账户。它属于负债类账户，用来核算企业应交纳的各种税金。该账户贷方登记应交纳的各种税金；借方登记已交纳的各种税金；期末贷方余额反映尚未交纳的税金；期末如为借方余额，反映企业多交或者尚未抵扣的税金。该账户应按税种设"应交增值税""应交消费税""应交所得税费用"等明细账户，进行明细核算。

其中，"应交税费——应交增值税"账户的借方反映企业购进货物或者接受应税劳务支付的进项税额等；贷方反映销售货物或者提供应税劳务应交纳的销项税额等。多交的增值税在期末应转入"应交税费——未交增值税"明细账户的借方，少交的增值税应转入"应交税费——未交增值税"明细账户的贷方。"应交税费——应交增值税"明细账户的借方余额表示尚未抵扣完的进项税额。企业应在"应交增值税"明细账户内，设置"进项税额""已交税金""销项税额"等专栏，并按照规定进行核算。

(二)反映款项结算的账户

由于采购的结算方式不同，反映款项结算的账户也不一样。通常以库存现金和银行存款直接支付款项时，应设置"库存现金""银行存款"账户，反映货币资金的增减变化及结存情况；购进材料物资未付款时，构成与供应单位的债务关系，应设置"应付账款""应付票据"账户，反映债务的形成及偿还情况；预付材料物资款项时，实际上是转移了一笔款项，会计上应设置"预付账款"账户，专门反映这一款项的转移及其结算情况。上述各主要账户的性质和基本结构如下：

(1)"应付账款"账户。它属于负债类账户，用来核算企业因购买材料、商品或者接受劳务供应等而应付给供应单位的款项。该账户贷方登记应支付但尚未支付的款项；借方登记偿还的账款；期末贷方余额反映企业尚未支付的应付账款。该账户应按供应单位设置明细账，进行明细核算。

(2)"应付票据"账户。它属于负债类账户，用来核算企业因购买材料、商品或者接受劳务供应等而开出、承兑的商业汇票，包括银行承兑汇票和商业承兑汇票。该账户贷方登记企业开出、承兑的商业汇票面值；借方登记到期支付的款项或者转作应付账款或者短期借款的款项；期末贷方余额反映企业持有尚未到期的商业汇票的票面金额。为了加强应付票据的管理，企业应当设置"应付票据备查簿"，详细登记每一应付票据的种类、号数、签发日期、到期日、票面金额、票面利率、合同交易号、收款人姓名或者单位名称、付款日期和金额等资料。应付票据到期结清时，应当在备查簿内逐笔注销。

(3)"预付账款"账户。它属于资产类账户，用来核算企业按照购货合同规定预付给供应单位的款项。该账户借方登记企业按购货合同规定预付给供货单位的款项以及结算货款时补付给供货单位的款项；贷方登记企业预付货款中收到的物资的款项以及收到供货单位退回的预付货款；期末借方余额反映企业实际预付的款项；期末如为贷方余额，反映企业尚未补付的款项。该账户应按供应单位设置明细账，进行明细核算。预付款项情况不多的企业，也可以将预付的款项直接记入"应付账款"账户的借方，而不设置"预付账款"账户。

三、供应业务的账务处理

【例 6-9】 天河公司是一般纳税人,2023 年 12 月 4 日,向南方公司购入 A 材料 100 000 千克,增值税专用发票注明的货款为 400 000 元,进项税额为 52 000 元;向飞腾公司购入的 A 材料 50 000 千克,增值税专用发票注明的货款为 200 000 元,进项税额为 26 000 元。材料未到达,货款尚未支付。

这项经济业务涉及"在途物资""应交税费""应付账款"三个账户。一方面已购进材料,取得其所有权,应按材料的采购成本登记资产的增加,记入"在途物资"账户的借方,按购进材料价外支付的增值税登记负债的减少,记入"应交税费——应交增值税"账户的借方;另一方面款项尚未支付,使企业负债增加,记入"应付账款"账户的贷方。这项经济业务编制的会计分录如下:

借:在途物资——A 材料　　　　　　　　　　　　　　　　　　600 000
　　应交税费——应交增值税(进项税额)　　　　　　　　　　　 78 000
　　贷:应付账款——南方公司　　　　　　　　　　　　　　　　452 000
　　　　　　　　——飞腾公司　　　　　　　　　　　　　　　　226 000

【例 6-10】 承[例 6-9],2023 年 12 月 5 日,天河公司以银行存款支付上述购入 A 材料的运杂费(假定运费与杂费没有分别计量,因而不考虑运费中准予抵扣的进项税额)18 000 元。

这项经济业务涉及"在途物资""银行存款"两个账户。一方面发生的运杂费,应计入在途物资成本,确认为资产的增加,记入"在途物资"账户的借方;另一方面用存款直接支付,使资产减少,应记入"银行存款"账户的贷方。这项经济业务编制的会计分录如下:

借:在途物资——A 材料　　　　　　　　　　　　　　　　　　 18 000
　　贷:银行存款　　　　　　　　　　　　　　　　　　　　　　 18 000

【例 6-11】 2023 年 12 月 6 日,天河公司向三星购入 B 材料 8 000 千克,增值税专用发票上注明的价款为 100 000 元,增值税额为 13 000 元,另外,对方垫付的运杂费 3 000 元。按合同规定已向对方开出承兑的、面值 116 000 元、期限 6 个月的银行承兑汇票一张。材料尚未验收入库。

这项经济业务涉及"在途物资""应交税费""应付票据"三个账户。一方面购入材料,按其采购成本,确认资产价值,记入"在途物资"账户的借方,按所承付的税款,记入"应交税费——应交增值税"账户的借方;另一方面通过商业汇票延期付款,使企业负债增加,应记入"应付票据"账户的贷方。这项经济业务编制的会计分录如下:

借:在途物资——B 材料　　　　　　　　　　　　　　　　　　103 000
　　应交税费——应交增值税(进项税额)　　　　　　　　　　　 13 000
　　贷:应付票据——东方山公司　　　　　　　　　　　　　　　116 000

【例 6-12】 2023 年 12 月 7 日,天河公司按合同规定,以银行存款 1 000 000 元预付给江南公司购进 C 材料款。

这项经济业务涉及"银行存款""预付账款"两个账户。一方面企业虽然支付了款项,但并未获得材料,只是预付货款增加,应记入"预付账款"账户的借方;另一方面存款资产的减

少,应记入"银行存款"账户的贷方。这项经济业务编制的会计分录如下:

　　借:预付账款——江南公司　　　　　　　　　　　　　　　　1 000 000
　　　　贷:银行存款　　　　　　　　　　　　　　　　　　　　　　　1 000 000

【例 6-13】 承[例 6-9],2023 年 12 月 30 日,天河公司通过银行支付南方公司材料款项 452 000 元。

这项经济业务涉及"银行存款""应付账款"两个账户。一方面企业支付所欠的材料款项,使负债减少,应记入"应付账款"账户的借方;另一方面存款资产的减少,应记入"银行存款"账户的贷方。这项经济业务编制的会计分录如下:

　　借:应付账款——南方公司　　　　　　　　　　　　　　　　　452 000
　　　　贷:银行存款　　　　　　　　　　　　　　　　　　　　　　　　452 000

【例 6-14】 2023 年 12 月 30 日,天河公司接仓库通知上述所购入的 A、B 材料均已如数验收入库。

这项经济业务涉及"在途物资""原材料"两个账户。一方面仓库验收入库材料,使存货资产增加,应记入"原材料"账户的借方;另一方面在途物资结束,需结转在途物资成本,又使资产减少,应记入"在途物资"账户的贷方。这项经济业务编制的会计分录如下:

　　借:原材料——A 材料　　　　　　　　　　　　　　　　　　　618 000
　　　　　　——B 材料　　　　　　　　　　　　　　　　　　　　103 000
　　　　贷:在途物资——A 材料　　　　　　　　　　　　　　　　　　618 000
　　　　　　　　　　——B 材料　　　　　　　　　　　　　　　　　　103 000

【例 6-15】 2023 年 12 月 31 日,天河公司向江南公司发来 C 材料,增值税专用发票上注明的价款为 2 000 000 元,进项税额为 260 000 元。材料已验收入库,余款尚未支付。

这项经济业务涉及"在途物资""应交税费""预付账款""原材料"四个账户。该项经济业务实际上包括两笔相互联系的经济业务,首先,企业购进材料并结算货款。一方面购入材料,需计算在途物资成本,并确认资产的增加,应记入"在途物资"账户的借方,同时,支付的价外增值税进项税额,作为负债的减少,记入"应交税费"账户的借方;另一方面需冲抵预付的款项和结转应付的款项。为了集中核算与该单位的在途物资业务,应将两者均记入"预付账款"账户的贷方。此时,"预付账款"账户可理解为债权债务双重性质的账户。其次,购进材料验收入库。一方面表明库存材料增加,应记入"原材料"账户的借方;另一方面表明采购过程结束,结转在途物资成本,应记入"在途物资"账户的贷方。这项经济业务需编制以下两笔会计分录:

(1)购进材料时:

　　借:在途物资——C 材料　　　　　　　　　　　　　　　　　2 000 000
　　　　应交税费——应交增值税(进项税额)　　　　　　　　　　　260 000
　　　　贷:预付账款——江南公司　　　　　　　　　　　　　　　　2 260 000

(2)材料入库时:

　　借:原材料——C 材料　　　　　　　　　　　　　　　　　　　2 000 000
　　　　贷:在途物资——C 材料　　　　　　　　　　　　　　　　　2 000 000

第三节 生产过程业务核算

一、生产业务核算的内容

制造企业从材料投入生产起,到产品完工入库止的全部过程称为生产过程,它是企业再生产过程的中心环节。在这一过程中劳动者利用劳动资料对劳动对象进行加工使之成为社会产品,所以生产过程既是物化劳动(劳动资料和劳动对象)和活劳动的消耗过程,又是产品的形成过程,或者说是生产耗费过程和产品形成过程的统一。

在生产过程中,生产工人借助于劳动资料(设备等),把劳动对象(原材料等)加工成社会需要的产品。生产过程一方面是产品的制造过程,另一方面是物化劳动与活劳动的消耗过程。要发生各项生产费用,如材料的消耗、工资的支付和固定资产折旧等。生产费用具有不同的经济内容和用途,最终都归集和分配到各种产品中去,以便正确计算各种产品的生产成本。因此,生产费用的归集与分配构成了生产过程的主要经济业务。因此,生产过程业务的核算也就包括以下两方面的内容。

(一)生产的耗费

生产过程中发生的各种耗费可以归纳为劳动对象的耗费、活劳动的耗费(仅指必要劳动消耗)、劳动资料的耗费和其他耗费。企业在一定时期内发生的,用货币表现的生产耗费称为生产费用。与此相应,生产费用亦可归纳为材料费用、工资费用、折旧费用和其他费用。①材料费用。作为构成产品实体或者有助于产品形成的劳动对象,包括各种原料及主要材料、辅助材料、外购半成品等,经过一个生产过程,将一次性消耗,并改变其实物形态,其价值随之全部转移到新新产品中去。企业应在生产领用材料时,按其实际成本,将其确认为材料费用。②工资费用。活劳动是生产的一个重要要素,通过活劳动的耗费使劳动对象得以改变其使用价值,并创造出新的价值。其中劳动者为自己创造的那部分价值以工资的形式支付给劳动者,用于个人消费,并构成产品的成本。企业应按实际支付给劳动者的金额,在计入产品成本时,将其确认为工资费用。③折旧费用。作为劳动资料的固定资产在生产过程中可以长期使用,并保持其原有的实物形态不变,其价值则随着生产使用而损耗,并将逐渐地、部分地转移(即折旧)到新产品的价值中去。企业应按一定的方法计量其损耗的价值,并按期确认折旧费用。④其他费用。在生产过程中,除了上述耗费外,还有许多其他的耗费,如办公费、业务费、保险费、财产税、修理费、水电费、劳保费等。企业必须按其实际发生额归集确认为当期费用。

企业上述发生的生产费用按其经济用途或与产品成本的关系,又可分为生产成本和期间费用两大类。

1. 生产成本

它是指企业为生产产品或者提供劳务而发生的、计入产品成本的费用。生产成本按照其计入产品成本的方式又可分为直接费用和间接费用。

(1)直接费用。它是指企业在生产产品和提供劳务过程中所发生的直接材料费用、直接人工费用和其他直接费用。

直接材料费用是指企业在生产产品和提供劳务过程中所消耗的,直接用于产品生产,构成产品实体的原料及主要材料、外购半成品及有助于产品形成的辅助材料和其他材料费用。

直接人工费用是指企业在生产产品和提供劳务过程中,直接参加生产的工人工资以及按生产工人工资总额和规定比例计提的职工福利费等。

其他直接费用是指企业发生的除直接材料费用和直接人工费用以外的,与生产产品或提供劳务有直接关系的费用。

(2) 间接费用

它是指应由产品生产成本负担的,不能直接计入各产品成本的有关费用。即企业各生产单位(分厂、生产车间)为组织和管理生产而发生的各项间接费用,包括生产单位发生的管理人员工资及福利费、折旧费、修理费、水电费、机物料消耗、劳动保护费以及其他费用。

间接费用应当按照一定程序和方法进行归集和分配,计入相关产品的生产成本。

2. 期间费用

它是指企业在生产经营过程中发生的,不计入产品成本而直接计入当期损益的各种费用。它与产品的生产没有联系,不能计入产品成本。但它的发生与一定时期实现的收入相关,必须计入当期损益。期间费用主要包括管理费用、财务费用和销售费用。

(1) 管理费用。它是指企业为组织和管理企业生产经营所发生的费用,包括企业的董事会费、公司经费、工会经费、咨询费、诉讼费、各种财产税、保险费、业务招待费、技术转让费、无形资产摊销、坏账损失等。

(2) 财务费用。它是指企业为筹集生产经营所需资金等而发生的费用,包括企业生产经营期间发生的利息支出(减利息收入)、汇兑损失(减汇兑收益)和相关的手续费等。

(3) 销售费用。它是指企业在销售商品过程中发生的各项费用,包括销售过程发生的销售费用(如运输费、装卸费、包装费、保险费、展览费和广告费等)和专设销售机构的各项经费(如职工工资及福利费、差旅费、办公费、折旧费、修理费、其他经费)等。

生产耗费的核算实际上是生产过程中生产费用的发生、归集和分配的核算。

(二) 产品的形成

企业的生产过程不仅是生产的耗费过程,又是产品的形成过程。在这个过程中,劳动者利用劳动资料对劳动对象进行加工,改变了原劳动对象的形态,转化为满足社会需要的产品。同时,为生产产品而发生的各种耗费,也就转化为产品的制造成本,并构成产品的价值。在会计上,产品形成的核算实际上就是产品成本的计算和结转。

二、生产业务核算的账户设置

为了总括地核算和监督企业在生产过程中生产费用的发生、归集和分配情况,根据生产耗费业务核算的内容,应设置以下三类账户:一是反映生产耗费发生的费用,如设置"原材料""应付职工薪酬""累计折旧"等账户;二是反映支付期与受益期不一致的费用,如设置"长期待摊费用""其他应收款"等账户;三是反映生产费用的归集和分配及成本的结转,如设置"生产成本""制造费用""管理费用""财务费用""销售费用""库存商品"等账户。下面说明各主要账户的性质和基本结构。

（一）"应付职工薪酬"账户

它属于负债类账户，用来核算企业应付给职工的各种薪酬，主要包括以下几项内容：①短期薪酬。②离职后福利。③辞退福利。④其他长期职工福利。该账户可按"工资""职工福利""社会保险费""住房公积金""工会经费""职工教育经费""非货币性福利""辞退福利""股份支付"等进行明细核算。该账户贷方登记实际发生计入成本、费用的应付职工的工资、福利费、工会经费等；借方登记实际已支付的职工的工资、福利费、工会经费等；期末贷方余额反映应付未付的职工薪酬。

（二）"累计折旧"账户

它属于资产类备抵账户，用来核算企业固定资产累计损耗的价值。该账户贷方登记企业按月计提的固定资产折旧额；借方登记出售、报废和毁损的固定资产已提折旧额；期末贷方余额反映现有固定资产已提取的累计折旧额。该账户只进行总分类核算，不进行明细分类核算。若需要查明某项固定资产已提折旧，可以根据固定资产卡片上记载的该项固定资产原价、折旧率和实际使用年数等资料进行计算。企业在期末将"累计折旧"账户的贷方余额备抵"固定资产"账户的借方余额，可求得期末固定资产的净值。

（三）"累计摊销"账户

它属于资产备抵类账户，用来核算企业对使用寿命有限的无形资产计提的累计摊销。该账户可按无形资产项目进行明细核算。企业按期计提无形资产的摊销，借记"管理费用""其他业务成本"等账户，贷记该账户。处置无形资产还应同时结转累计摊销。该账户期末贷方余额反映企业无形资产的累计摊销额。

（四）"长期待摊费用"账户

它属于资产类账户，用来核算企业已经支出，但摊销期限在1年以上（不含1年）的各项费用，包括固定资产修理支出、租入固定资产的改良支出和摊销期限在1年以上的其他待摊费用。该账户借方登记企业发生的长期待摊费用；贷方登记分期摊销的长期待摊费用；期末借方余额反映企业尚未摊销的各项长期待摊费用的摊余价值。该账户应按费用种类设置明细账，进行明细核算。

（五）"其他应收款"账户

它属于资产类账户，用来核算企业除应收票据、应收账款、预付账款等以外的其他各种应收、暂付款项，包括应收的各种赔款、罚款，应向职工收取的各种垫付款项等。该账户借方登记企业应收、暂付的各种款项；贷方登记其他应收、暂付款的收回数或者转销数；期末借方余额反映企业尚未收回的其他应收款。该账户应按其他应收款的项目分类，并按不同的债务人设置明细账，进行明细核算。

（六）"生产成本"账户

它属于成本类账户，用来核算企业为生产产品而发生的各项生产费用。该账户借方登记为进行产品生产而发生和各种生产费用，包括直接材料、直接人工和制造费用；贷方登记企业已完工并已验收入库的产成品成本；期末借方余额反映企业尚未加工完成的各项在产品的成本。该账户应按基本生产车间和辅助生产车间设置"基本生产成本"和"辅助生产成本"两个二级账户进行明细分类核算,在"基本生产成本"二级账户下还应按成本核算对象(如产品的品种等)设置明细账,并按规定的成本项目(如直接材料、直接人工、制造费用)设置专栏。

(七)"制造费用"账户

它属于成本类账户,用来核算企业为生产产品和提供劳务而发生的各项间接费用。该账户借方登记发生的各项间接费用;贷方登记期末按一定的分配方法和分配标准将制造费用在各成本计算对象间的分配结转额;期末结转后一般无余额。该账户应按不同的车间、部门设置明细账,并按费用的经济用途和经济性质设置专栏。

(八)"管理费用"账户

它属于损益类账户,用来核算企业为组织和管理企业生产经营所发生的管理费用。该账户借方登记企业发生的各项管理费用;贷方登记应冲销的管理费用和期末转入"本年利润"账户的管理费用;期末结转后无余额。该账户应按费用项目设置明细账,进行明细核算。

(九)"库存商品"账户

它属于资产类账户,用来核算企业库存的各种商品的实际成本。该账户的借方登记入库产成品的实际成本,贷方登记发出产成品的实际成本;期末借方余额反映库存产成品和实际成本。该账户应按产品的种类、品种或规格设置明细账,进行明细核算。

三、生产过程业务的账务处理

【例6-16】 2023年12月31日,天河公司的仓库根据当月领料凭证,汇总编制本月材料耗用汇总表(见表6-1)。

表6-1　　　　　　　　　　　　材料耗汇总表　　　　　数量单位:千克
2023年12月31日　　　　　　　　金额单位:元

用　途	A材料		B材料		C材料		金额合计
	数量	金额	数量	金额	数量	金额	
制造产品耗用							
其中:甲产品	80 000	329 600	2 000	30 800			360 400
乙产品	50 000	206 000	6 000	92 400			298 400
车间一般耗用					4 000	21 600	21 600
行政管理部门耗用					1 000	5 400	5 400
合　计	130 000	535 600	8 000	123 200	5 000	27 000	685 800

这项经济业务涉及"原材料""生产成本""制造费用""管理费用"四个账户。一方面仓库发出材料,使库存材料减少,应记入"原材料"账户的贷方;另一方面材料耗用于产品制造和行政管理,使直接材料费用、间接材料费用和管理费用增加,应分别记入"生产成本""制造费

用""管理费用"账户的借方。这项经济业务编制的会计分录如下：

  借：生产成本——甲产品   360 400
      ——乙产品   298 400
    制造费用   21 600
    管理费用   5 400
    贷：原材料——A材料   535 600
        ——B材料   123 200
        ——C材料   27 000

【例6-17】 2023年12月9日，天河公司开出现金支票从银行提取现金88 000元，以备发放工资。

  这项经济业务涉及"库存现金""银行存款"两个账户。一方面使企业的库存现金增加，应记入"库存现金"账户的借方；另一方面使银行存款减少，应记入"银行存款"账户的贷方。这笔经济业务编制的会计分录如下：

  借：库存现金   88 000
    贷：银行存款   88 000

【例6-18】 2023年12月10日，天河公司以现金88 000元支付企业职工的工资。

  这项经济业务涉及"库存现金""应付职工薪酬"两个账户。一方面使库存现金减少，应记入"库存现金"账户的贷方；另一方面支付职工工资，使应付给职工的工资薪酬减少，应记入"应付职工薪酬"账户的借方。这项经济业务编制的会计分录如下：

  借：应付职工薪酬   88 000
    贷：库存现金   88 000

【例6-19】 2023年12月31日，天河公司根据工资标准和考勤记录，结算出本月应付职工工资总额88 000元，其用途和数额如下：

  (1) 生产工人工资   76 000元
  其中：制造甲产品生产工人工资   45 600元
      制造乙产品生产工人工资   30 400元
  (2) 车间技术、管理人员工资   5 000元
  (3) 企业行政管理人员工资   7 000元
     合   计   88 000元

  这项经济业务涉及"应付职工薪酬""生产成本""制造费用""管理费用"四个账户。一方面使企业应付给职工的工资债务增加，应记入"应付职工薪酬"账户的贷方；另一方面工资作为活劳动的耗费，使企业的直接工资费用、间接工资费用和管理费用增加，应分别记入"生产成本""制造费用""管理费用"账户的借方。这项经济业务编制的会计分录如下：

  借：生产成本——甲产品   45 600
      ——乙产品   30 400
    制造费用   5 000
    管理费用   7 000
    贷：应付职工薪酬——工资   88 000

【例 6-20】 2023 年 12 月 31 日,天河公司按本月工资总额 14% 提取职工福利费。其具体提取的办法和数额如下:

(1) 生产工人福利费	10 640 元
其中:制造甲产品生产工人福利费	6 384 元
(45 600×14%)	
制造乙产品生产工人福利费	4 256 元
(30 400×14%)	
(2) 车间技术、管理人员福利费	700 元
(5 000×14%)	
(3) 企业行政管理人员福利费	980 元
(7 000×14%)	
合　　计	12 320 元

这项经济业务涉及"应付职工薪酬""生产成本""制造费用""管理费用"四个账户。一方面企业计提了应付给职工的福利费,使负债增加,应记入"应付职工薪酬"账户的贷方;另一方面按现行制度规定,职工福利费应从成本费用中开支,是企业费用组成部分,该费用同工资费用一样,应按其提取的部门或者发生地点分配记入"生产成本""制造费用""管理费用"账户的借方。这项经济业务编制的会计分录如下:

借:生产成本——甲产品	6 384
——乙产品	4 256
制造费用	700
管理费用	980
贷:应付职工薪酬——职工福利	12 320

【例 6-21】 2023 年 12 月 31 日,天河公司按本月工资总额 2% 提取工会经费,金额为 1 760 元;按本月工资总额 1.5% 提取职工教育经费,金额为 1 320 元,合计 3 080 元。

借:管理费用	3 080
贷:应付职工薪酬——工会经费	1 760
——职工教育经费	1 320

【例 6-22】 2023 年 12 月 31 日,天河公司按规定计提本月份固定资产折旧额 9 800 元。其中:

生产车间使用固定资产应提折旧额	8 600 元
行政管理部门使用固定资产应提折旧额	1 200 元
合　　计	9 800 元

这项经济业务涉及"累计折旧""制造费用""管理费用"三个账户。一方面计提折旧,意味着固定资产的价值减少,应记入"累计折旧"账户的贷方;另一方面折旧费用的发生,使企业的间接费用和期间费用增加,应记入"制造费用""管理费用"账户的借方。这项经济业务编制的会计分录如下:

借:制造费用	8 600
管理费用	1 200
贷:累计折旧	9 800

【例6-23】 2023年12月13日,天河公司对租入期限为2年的固定资产进行技术改造项目完工,共结算应支付的费用48 000元,款项已通过银行转账付讫。

这项经济业务涉及"银行存款""长期待摊费用"两个账户。一方面支付技术改造费用,使银行存款减少,应记入"银行存款"账户的贷方;另一方面租入固定资产的技术改造支出,按权责发生制原则,需在2年的租入期内分期摊销,应记入"长期待摊费用"账户的借方。这项经济业务编制的会计分录如下:

　　借:长期待摊费用　　　　　　　　　　　　　　　　　　　　　48 000
　　　　贷:银行存款　　　　　　　　　　　　　　　　　　　　　　　　48 000

【例6-24】 2023年12月24日,天河公司行政管理部门报销办公经费5 000元。

这项经济业务涉及"管理费用""库存现金"两个账户。行政部门产生的费用开支,在会计上属于管理性费用,记入"管理费用"账户借方。实务中,此类费用的报销常以现金支付,即"库存现金"减少,记入"库存现金"账户贷方。这项经济业务编制的会计分录如下:

　　借:管理费用　　　　　　　　　　　　　　　　　　　　　　　　5 000
　　　　贷:库存现金　　　　　　　　　　　　　　　　　　　　　　　　5 000

【例6-25】 2023年12月31日,天河公司摊销:应由本月负担的无形资产2 000元,待摊的租入固定资产技术改造费用2 000元。

这项经济业务涉及"无形资产""长期待摊费用""管理费用"三个账户。结转本月应摊销的费用,一方面使无形资产和长期待摊费用减少,应记入"无形资产""长期待摊费用"账户的贷方;另一方面使本期的管理费用增加,应记入"管理费用"账户的借方。这项经济业务编制的会计分录如下:

　　借:管理费用　　　　　　　　　　　　　　　　　　　　　　　　4 000
　　　　贷:累计摊销　　　　　　　　　　　　　　　　　　　　　　　　2 000
　　　　　　长期待摊费用　　　　　　　　　　　　　　　　　　　　　　2 000

【例6-26】 2023年12月17日,天河公司管理人员王娟预借差旅费5 000元,以库存现金付讫。

这项经济业务涉及"银行存款""其他应收款"两个账户。一方面以库存现金方式支付借支款,应记入"库存现金"账户的贷方;另一方面借支差旅费,按权责发生制,非本期费用,而是企业的一项应收暂付债权,应记入"其他应收款"账户的借方。这项经济业务编制的会计分录如下:

　　借:其他应收款——王娟　　　　　　　　　　　　　　　　　　　5 000
　　　　贷:库存现金　　　　　　　　　　　　　　　　　　　　　　　　5 000

【例6-27】 承[例6-26],2023年12月20日,天河公司王娟出差回到公司报销差旅费4 800元,交回剩余现金200元。

这项经济业务涉及"其他应收款""管理费用""库存现金"三个账户。一方面报销差旅费和收到库存现金,使费用和资产增加,应记入"管理费用""库存现金"账户的借方;另一方面需结转企业的应收暂付款项,应记入"其他应收款"账户的贷方。这项经济业务编制的会计分录如下:

借：管理费用　　　　　　　　　　　　　　　　　　　　　　　　　4 800
　　　　库存现金　　　　　　　　　　　　　　　　　　　　　　　　　　200
　　　　贷：其他应收款——王娟　　　　　　　　　　　　　　　　　　　　　5 000

【例 6-28】 2023 年 12 月 31 日，天河公司将本月发生的制造费用 35 900 元，分配转入生产成本，其中甲产品应负担的制造费用为 21 540 元，乙产品应负担的制造费用为 14 360 元。

　　这项经济业务涉及"制造费用""生产成本"两个账户。到期末，通过"制造费用"账户归集的间接费用，按一定的方法分配转入不同成本计算对象的生产成本之中（具体计算方法见下一节的说明），在会计处理上，应从"制造费用"账户的贷方转入"生产成本"账户的借方。这项经济业务编制的会计分录如下：

　　借：生产成本——甲产品　　　　　　　　　　　　　　　　　　　21 540
　　　　　　　　——乙产品　　　　　　　　　　　　　　　　　　　14 360
　　　　贷：制造费用　　　　　　　　　　　　　　　　　　　　　　　　35 900

【例 6-29】 2023 年 12 月 31 日，天河公司结转本月完工入库甲、乙产品的制造成本。甲产品完工 2 000 件，每件成本为 216.962 元，共计 433 924 元；乙产品完工 1 000 件，每件成本为 347.416 元，共计 347 416 元。

　　这项经济业务涉及"生产成本""库存商品"两个账户。一方面产品验收入库，使库存商品增加，应按入库产品的实际成本记入"库存商品"账户的借方；另一方面生产过程结束，须计算结转其生产成本（计算成本的方法见下一节的说明），应记入"生产成本"账户的贷方。这项经济业务编制的会计分录如下：

　　借：库存商品——甲产品　　　　　　　　　　　　　　　　　　　433 924
　　　　　　　　——乙产品　　　　　　　　　　　　　　　　　　　347 416
　　　　贷：生产成本——甲产品　　　　　　　　　　　　　　　　　　　433 924
　　　　　　　　　　——乙产品　　　　　　　　　　　　　　　　　　　347 416

第四节　销售过程业务核算

一、销售业务核算的内容

　　销售过程是制造企业生产经营活动的最终环节。制造业企业从生产过程制造完成的产成品验收入库开始，到产品销售给购买方为止的过程称为销售过程。这一过程既是产品价值和使用价值的实现过程，即收入的实现过程，又是与收入相配比的成本费用的补偿过程。

　　在销售过程中，企业通过产品的销售收回货币资金，同时还要发生销售费用、交纳销售税金，同产品的购买单位发生货款结算，这些是销售过程中的主要经济业务。因此，企业销售过程业务的核算包括以下两方面的内容。

（一）收入的实现及货款的结算

在销售过程中，制造业企业通过交换，将实现对外销售产品或者提供生产性劳务等主营业务，企业应按照购销双方约定的价格向购买单位办理价款结算，并确认为主营业务收入。同时，除主营业务外，还可能发生材料销售、代购代销、包装物出售、固定资产出租和提供生产性劳务等其他业务，应按照实际发生的金额向对方单位办理价款结算，并确认为其他业务收入。

在确认收入时，会计上应解决收入确认的条件和确认金额问题。《企业会计准则第14号——收入》规定，销售商品的收入只有同时符合以下五项条件时才能加以确认：①企业已将商品所有权上的主要风险和报酬转移给购货方。②企业既没有保留通常与所有权相联系的继续管理权，也没有对已售出的商品实施控制。③收入的金额能够可靠地计量。④相关的经济利益很可能流入企业。⑤相关的已发生或者将发生的成本能够可靠地计量。

收入的实现，必然会形成经济利益的流入，并带来资产的增加或负债的减少。因此，进行会计核算时，收入账户的对应账户不是资产账户就是负债账户。但在权责发生制下，收入实现了，并不意味着一定马上收回货款。由于结算上的原因，货款的结算可能会出现以下三种情况：①销售时直接收取货款。②销售时未收到货款，待以后再收取。③先收取货款，后提供产品。

（二）与收入相配比的成本费用的发生与结转

在销售过程中，企业为取得一定的销售收入，要付出相应的产品或者劳务，为制造这些产品或提供这些劳务必然会发生各种耗费，而为销售这些产品或者劳务还必然会有各种耗费的发生。不论是生产耗费，还是销售耗费，都应由销售收入弥补。为了确定耗费的补偿尺度，在确认收入实现的同时，必须确认与实现收入配比的成本费用。与收入实现相配比的成本费用包括：①主营业务成本。即已销售产品的制造成本。销售成本采取直接配比方式，在产品销售收入实现的当期期末确认，并结转为取得该收入而发出（销售）产品的制造成本。②产品销售费用。即为销售产品而发生的费用，包括在销售过程中发生的如运输费、包装费、广告费、保险费等销售费用以及为销售本企业产品而专门设置的销售机构的职工工资、福利费、业务费等销售费用。发生的销售费用与实现的销售收入之间通常没有直接配比关系，但一般与期间有关，因此销售费用通常采用期间配比的方式，即将本期发生的销售费用全部由当期实现的收入弥补。③税金及附加。按照税法规定，企业在取得销售收入时应按规定的税率和销售收入额计算交纳销售税金，其中按税法规定根据销售收入额计算交纳的消费税、资源税等，以及按所交的流转税计算交纳的城市维护建设税和教育费附加，作为价内税，是企业的费用，按配比原则，应全部由当期的销售收入弥补；按税法规定根据销售收入额计算，在销售时向购货方收取的增值税的销项税额，是价外税，未包括在销售收入之中，不构成企业的费用，不能从本期收入中扣除。实际上，销项税额具有代收代缴的性质，企业按规定将其抵扣进项税额后的余额作为应交纳的增值税交纳给税务部门，在会计核算时，它是通过"应交税费——应交增值税"账户的贷方来反映的。④其他业务成本。即指企业除主营业务成本以外的其他销售或者其他业务所发生的相关成本。按照配比原则，应全部由本期其他业务收入弥补。

二、销售业务核算的账户设置

销售业务核算的内容决定了应设置两类账户：一类账户反映收入实现及价款结算业务；另一类账户反映与收入配比的成本费用的发生与结转业务。

（一）反映收入实现及价款结算业务的账户

为了总括地核算和监督企业主营业务收入、其他业务收入的实现和价款结算情况，应设置"主营业务收入""其他业务收入""应收账款""应收票据""预收账款"等账户。这些账户的性质和基本结构如下。

1."主营业务收入"账户

它属于损益类账户，用来核算企业在销售商品、提供劳务及让渡资产使用权等日常活动中所产生的收入。该账户的贷方登记主营业务收入的实现数额；借方登记销售退回、销售折让冲减本期销售收入数额和期末结转"本年利润"账户的主营业务收入数额；结转后该账户期末无余额。该账户应按主营业务的种类设置明细账，进行明细核算。

2."其他业务收入"账户

它属于损益类账户，用来核算企业除主营业务收入以外的其他销售或者其他业务的收入。该账户的贷方登记其他业务收入的实现数额；借方登记期末结转"本年利润"账户的其他业务收入额；结转后该账户无余额。该账户应按其他业务的种类设置明细账，进行明细核算。

3."应收账款"账户

它属于资产类账户，用来核算企业因销售商品、产品、提供劳务等，应向购货单位或者接受劳务单位收取的款项。不单独设置"预收账款"账户的企业，预收的账款也在该账户核算。该账户借方登记发生的应收款项；贷方登记收回的应收款项、转作商业汇票结算的应收款项和已结转坏账损失的款项；期末借方余额反映企业尚未收回的应收账款；期末若为贷方余额，反映企业预收的账款。该账户应按不同的购货单位或者接受劳务的单位设置明细账，进行明细核算。

4."应收票据"账户

它属于资产类账户，用来核算企业因销售商品、产品、提供劳务等而收到的商业汇票，包括银行承兑汇票和商业承兑汇票。该账户借方登记应收票据的增加数；贷方登记应收票据的减少数；期末借方余额反映企业持有的商业汇票的票面价值和应计利息。该账户应按不同的票据种类分别设置明细账。企业还应设置"应收票据备查簿"，逐项登记应收票据，应收票据到期结清票款后应在备查簿内逐项注销。

5."预收账款"账户

它属于负债类账户，用来核算企业按合同规定向购货单位预收的款项。该账户贷方登记向购货单位预收的货款和收到购货单位补付的货款；借方登记销售实现时，所实现的收入和应交增值税销项税额以及退回多付的款项；期末贷方余额反映企业向购货单位预收的款项；期末若为借方余额反映企业应由购货单位补付的款项。该账户应按购货单位设置明细账，进行明细核算。

（二）反映与收入配比的成本费用的发生与结转业务的账户

为了总括地核算和监督企业与收入相配比的销售成本、销售费用、销售税金等的发生与结转情况,应设置"主营业务成本""税金及附加""其他业务成本""销售费用"等账户。这些账户的性质和基本结构如下。

1."主营业务成本"账户

它属于损益类账户,用来核算企业因销售商品、提供劳务或者让渡资产使用权等日常活动而发生的实际成本。该账户借方登记已经销售商品、提供劳务等主营业务的实际成本;贷方登记期末转入"本年利润"账户的主营业务成本;结转后期末应无余额。该账户应按主营业务的种类设置明细账,进行明细核算。

2."税金及附加"账户

它属于损益类账户,用来核算企业日常活动应负担的税金及附加,包括消费税、城市维护建设税、资源税和教育费附加等。该账户借方登记按照规定计算出应由主营业务负担的税金及附加;贷方登记收到的先征后返的消费税等税金及月末转入"本年利润"账户的税金及附加;结转后该账户期末应无余额。

3."其他业务成本"账户

它属于损益类账户,用来核算企业除主营业务成本以外的其他销售或者其他业务所发生的其他业务成本。该账户借方登记发生的其他业务成本;贷方登记期末转入"本年利润"账户的其他业务成本;结转后期末应无余额。该账户应按其他业务的种类设置明细账,进行明细核算。

4."销售费用"账户

它属于损益类账户,用来核算企业销售商品过程中发生的费用,包括运输费、装卸费、包装费、保险费、展览费和广告费,以及为销售本企业商品而专设的销售机构的职工工资及福利费、类似工资性质的费用、业务费等经营费用。该账户借方登记发生的销售费用;贷方登记期末转入"本年利润"账户的销售费用;结转后期末应无余额。该账户应按费用项目设置明细账,进行明细核算。

三、销售业务的账务处理

【例6-30】 2023年12月21日,天河公司按合同规定向远方公司预收购买甲产品货款200 000元,款项已存入银行。

这项经济业务涉及"银行存款""预收账款"两个账户。一方面预收的货款存入银行,使资产增加,应记入"银行存款"账户的借方;另一方面因产品尚未销售,预收的货款,不能确认为收入,只能视作企业一项将来要用销售产品来偿还的债务,应记入"预收账款"账户的贷方。这项经济业务编制的会计分录如下:

借:银行存款　　　　　　　　　　　　　　　　　　　　　　　　200 000
　　贷:预收账款——远方公司　　　　　　　　　　　　　　　　　　200 000

【例6-31】 2023年12月22日,天河公司销售给长江公司甲产品800件,增值税专用发票注明的单价为320元,价款为256 000元,增值税额为33 280元,款项尚未收到。

这项经济业务涉及"应收账款""主营业务收入""应交税费"三个账户。一方面销售产品,使收入增加,应按售价记入"主营业务收入"账户的贷方,而向购买单位收取的增值税,应上交给税务部门,使企业负债增加,应记入"应交税费——应交增值税(销项税额)"账户的贷方;另一方面款项应收未收,使企业债权资产增加,应记入"应收账款"账户的借方。这项经济业务编制的会计分录如下:

借:应收账款——长江公司　　　　　　　　　　　　　　　289 280
　　贷:主营业务收入　　　　　　　　　　　　　　　　　　256 000
　　　　应交税费——应交增值税(销项税额)　　　　　　　 33 280

【例 6-32】 2023 年 12 月 22 日,天河公司销售给西塞山公司乙产品 900 件,增值税专用发票注明的单价为 580 元,价款为 522 000 元,增值税额为 67 860 元,已收到对方开出的承兑期为 4 个月的商业汇票。

这项经济业务涉及"应收票据""主营业务收入""应交税费"三个账户。一方面产品已销售,使企业收入和应交税费增加,应分别记入"主营业务收入""应交税费——应交增值税(销项税额)"账户的贷方;另一方面款项采取商业汇票方式结算,使企业债权增加,应记入"应收票据"账户的借方。这项经济业务编制的会计分录如下:

借:应收票据——西塞山公司　　　　　　　　　　　　　　589 860
　　贷:主营业务收入　　　　　　　　　　　　　　　　　　522 000
　　　　应交税费——应交增值税(销项税额)　　　　　　　 67 860

【例 6-33】 2023 年 12 月 23 日,天河公司已售产品的维修费 2 000 元,以银行存款支付产品广告费 5 000 元。

这项经济业务涉及"银行存款""销售费用"两个账户。一方面发生的产品销售费用,应记入"销售费用"账户的借方;另一方面用存款支付销售费用,使资产减少,应记入"银行存款"账户的贷方。这项经济业务编制的会计分录如下:

借:销售费用　　　　　　　　　　　　　　　　　　　　　　7 000
　　贷:银行存款　　　　　　　　　　　　　　　　　　　　　7 000

【例 6-34】 2023 年 12 月 25 日,天河公司对外销售不需用的材料一批,取得变卖收入 226 000 元,已存入银行。

这项经济业务涉及"银行存款""其他业务收入""应交税费"三个账户。一方面材料售出,使其他业务收入增加,按现行制度规定,出售的材料需交纳增值税,变卖收入 226 000 元中包含着材料售价和增值税额两部分。一般纳税人是按照销售收入(计税价格)和 13% 的税率计算增值税的,因此,应确认的材料销售收入额为 200 000 元[226 000÷(1+13%)],应计算的增值税销项税额为 26 000 元(200 000×13%)。这样,企业应按材料销售收入额和应交纳的增值税额分别记入"其他业务收入""应交税费——应交增值税(销项税额)"账户的贷方。另一方面变卖收入存入银行,使资产增加,应记入"银行存款"账户的借方。这项经济业务应编制的会计分录如下:

借:银行存款　　　　　　　　　　　　　　　　　　　　　226 000
　　贷:其他业务收入　　　　　　　　　　　　　　　　　　200 000
　　　　应交税费——应交增值税(销项税额)　　　　　　　 26 000

【例 6-35】 承[例 6-30]，2023 年 12 月 26 日，天河公司按合同规定销售给远方公司甲产品 1 000 件，增值税专用发票注明的单价为 320 元，价款为 320 000 元，增值税额为 41 600 元，余款尚未收到。

这项经济业务涉及"预收账款""主营业务收入""应交税费"三个账户。一方面销售产品，使收入和负债增加，应按价款和税额分别记入"主营业务收入""应交税费——应交增值税（销项税额）"账户的贷方；另一方面货款采取预收款方式结算，需冲抵预收的货款和结转应收的余款。为了集中核算与该企业的销售业务，应将两者均记入"预收账款"账户的借方。此时，"预收账款"账户可理解为债权债务双重性质的账户。这项经济业务编制的会计分录如下：

  借：预收账款——远方公司　　　　　　　　　　　　　　　　361 600
    贷：主营业务收入　　　　　　　　　　　　　　　　　　　320 000
      应交税费——应交增值税（销项税额）　　　　　　　　 41 600

【例 6-36】 2023 年 12 月 31 日，天河公司结转本月已售甲产品 1 800 件的制造成本 390 531.60 元，乙产品 900 件的制造成本 312 694.40 元。

这项经济业务涉及"库存商品"和"主营业务成本"两个账户。一方面本月因销售而发出的商品，使库存商品减少，应记入"库存商品"账户的贷方；另一方面按配比原则，结转为取得本期主营业务收入而发生的已售商品的制造成本，应记入"主营业务成本"账户的借方。这项经济业务编制的会计分录如下：

  借：主营业务成本　　　　　　　　　　　　　　　　　　　　　703 226.00
    贷：库存商品——甲产品　　　　　　　　　　　　　　　　390 531.60
        ——乙产品　　　　　　　　　　　　　　　　312 694.40

【例 6-37】 2023 年 12 月 31 日，天河公司结转已变卖材料的成本 1 800 000 元。

这项经济业务涉及"原材料""其他业务成本"两个账户。一方面因变卖材料，使库存材料减少，应记入"原材料"账户的贷方；另一方面材料是为取得其他业务收入发生，其成本按配比原则应记入"其他业务成本"账户的借方。这项经济业务编制的会计分录如下：

  借：其他业务成本　　　　　　　　　　　　　　　　　　　　　180 000
    贷：原材料　　　　　　　　　　　　　　　　　　　　　　　180 000

【例 6-38】 2023 年 12 月 31 日，天河公司按流转税额计算应交纳的城市维护建设税 4 000 元。

这项经济业务涉及"税金及附加""应交税费"两个账户。一方面计税使企业应从销售收入抵扣的销售税金增加，应记入"税金及附加"账户的借方；另一方面计算出的税金未交纳，使企业的负债增加，应记入"应交税费"账户的贷方。这项经济业务编制的会计分录如下：

  借：税金及附加　　　　　　　　　　　　　　　　　　　　　　4 000
    贷：应交税费——应交城市维护建设税　　　　　　　　　　4 000

【例 6-39】 2023 年 12 月 31 日，天河公司以银行存款交纳城市维护建设税 4 000 元。
这项经济业务编制的会计分录如下：

  借：应交税费——应交城市维护建设税　　　　　　　　　　　　4 000
    贷：银行存款　　　　　　　　　　　　　　　　　　　　　　4 000

第五节 财务成果形成和分配业务核算

一、财务成果的构成

财务成果是指企业在一定会计期间从事经济活动所取得的经营成果,它是企业一定会计期间的收入与费用相抵后的余额。财务成果的表现形式有利润和亏损两种。当收入大于费用时,其差额表现为利润;反之,当收入小于费用时,其差额表现为亏损。财务成果是企业经营活动效率与经济效益的综合体现,是衡量企业经营成果和经济效益的综合尺度,因而,财务成果指标是一个非常重要的指标。

在财务成果形成与分配业务过程中,企业取得的营业收入,要弥补生产经营耗费,剩余部分为企业的营业利润。营业利润、营业外收支净额构成企业的利润总额。利润总额先要按国家规定交纳所得税、形成净利润,净利润要提取盈余公积,其余利润作为投资者的收益分配给投资者或留存企业。利润的计算及其分配是在财务成果形成与分配业务过程中的主要经济业务。

财务成果是企业在生产经营过程中所形成的,会计上依据"收入－费用＝利润"的会计等式来计算本期的利润。同时,利润形成后,还需要对一定会计期间的净利润在企业与投资者之间进行分配。利润分配直接关系到企业与投资者之间的物质利益关系,关系到各方投资者的权益能否得到保障,具有很强的政策性。因此,财务成果的核算应包括以下两方面的内容。

(一)利润的形成

企业的利润,就其形成来看,既有通过生产经营活动而获得的,也有通过投资活动而获得的,还包括那些与生产经营活动无直接关系的事项所引起的盈亏。根据《企业会计制度》的规定,利润是指企业在一定会计期间的经营成果,包括营业利润、利润总额和净利润。营业利润加上营业外收入,减去营业外支出后的数额称为利润总额;利润总额减去所得税费用后的数额称为净利润。相关计算公式如下:

$$利润总额(或亏损总额)＝营业利润＋营业外收入－营业外支出$$
$$净利润(或净亏损)＝利润总额(或亏损总额)－所得税费用$$

1. 营业利润

营业利润的计算公式如下:

$$营业利润＝营业收入－营业成本－税金及附加－销售费用－管理费用－研发费用－财务费用＋其他收益＋投资收益＋净敞口套期收益＋公允价值变动收益－信用减值损失－资产减值损失＋资产处置收益$$

2. 营业外收入和营业外支出

营业外收入和营业外支出是指企业发生的与其生产经营活动无直接关系的各项收入和

各项支出。其中,营业外收入包括固定资产盘盈、处置固定资产净收益、出售无形资产的净收益、罚款净收入等;营业外支出包括固定资产盘亏、处置固定资产净损失、处置无形资产净损失、罚款支出、捐赠支出、非常损失等。营业外收入和营业外支出不存在必然联系,因而不存在配比关系,应当分别核算,并在利润表中分列项目反映。

3. 所得税费用

所得税费用是指企业应计入当期损益的所得税费用。它是企业按照税法规定,依据应纳税所得额计算并向国家交纳的税款,是企业利润总额的减项。由于会计利润的计算方法和税法上应纳税所得额的计算方法不一致,应纳税所得额要在会计利润的基础上按税法规定的口径调整计算。在会计核算上,应采用应付税款法或者纳税影响会计法核算所得税费用。

(二) 利润的分配

企业净利润实现后,应当按规定进行分配。根据我国有关法规的规定,一般企业和股份制公司当期实现的净利润,首先是弥补以前年度的亏损,其次再按下列顺序进行分配。

1. 提取法定盈余公积

法定盈余公积按照本年实现净利润的10%的比例提取。企业提取的法定盈余公积累计额达到其注册资本的50%以上时,可不再提取。企业提取的法定盈余公积主要用于弥补亏损和转增资本。

2. 提取任意盈余公积

任意盈余公积的提取,是由企业自愿决定的,企业在经过股东大会决议之后可以提取任意盈余公积。

3. 向投资者分配利润(或者股利,下同)

企业提取盈余公积后,还应按照合同或者协议的规定,向投资者分配利润。

企业本年实现的净利润加上以前年度未分配利润(或者减去期初未弥补亏损)和其他转入后的余额,为企业可供分配的利润。可供分配的利润在经过上述分配后的余额,即为未分配利润(或未弥补亏损)。未分配利润可留待以后年度进行分配;而未弥补亏损可按规定由以后年度实现的利润进行弥补。

二、财务成果核算的账户设置

根据财务成果形成及其分配业务核算的内容,应设置两类账户:一类为反映利润形成的账户;另一类为反映利润分配的账户。

(一) 反映利润形成的账户

为了总括地核算和监督企业利润的形成情况,除了前述的收入和费用类账户外,还应设置"投资收益""营业外收入""营业外支出""所得税费用""本年利润"等账户。这些账户的性质和基本结构如下。

1. "投资收益"账户

它属于损益类账户,用来核算企业对外投资取得的收益或者发生的损失。该账户的贷方登记对外投资所得到的收益;借方登记对外投资所发生的损失;期末将本期的投资净收益或者投资净损失结转到"本年利润"账户,结转后账户无余额。该账户应按投资收益的种类分设明细账,进行明细核算。

2. "营业外收入"账户

它属于损益类账户,用来核算企业发生的与其生产经营无直接关系的各项收入。该账户的贷方登记发生的营业外收入数;借方登记期末结转到"本年利润"账户的营业外收入数;结转后期末无余额。该账户应按营业外收入项目设置明细账,进行明细核算。

3. "营业外支出"账户

它属于损益类账户,用来核算企业发生的与其生产经营无直接关系的各项支出。该账户的借方登记发生的营业外支出数;贷方登记结转到"本年利润"账户的营业外支出数;结转后期末无余额。该账户应按营业外支出项目设置明细账,进行明细核算。

4. "所得税费用"账户

它属于损益类账户,用来核算企业按规定从本期损益中减去的所得税费用。该账户的借方登记发生的所得税费用数额;贷方登记期末结转到"本年利润"账户的所得税费用数额;结转后期末无余额。

5. "本年利润"账户

它属于所有者权益类账户,用来核算企业在本年度实现的净利润(或者发生的净亏损)。该账户的贷方登记转入的"主营业务收入""其他业务收入""补贴收入""投资收益(贷方)""营业外收入"账户的期末余额;借方登记转入的"主营业务成本""税金及附加""其他业务成本""销售费用""管理费用""财务费用""投资收益(借方)""营业外支出""所得税费用"账户的期末余额;年度终了,应将本年实现的净利润(或者净亏损)从该账户全部转入"利润分配"账户,结转后该账户无余额。

(二) 反映利润分配的账户

为了总括地核算和监督企业净利润的分配情况,应设置"利润分配""盈余公积""应付股利"账户。这些账户的性质和基本结构如下。

1. "利润分配"账户

它属于所有者权益类账户,用来核算企业利润分配(或者亏损弥补)的历年分配(或者弥补)后的积存余额。该账户的借方登记利润分配数或者年末从"本年利润"账户转入的净利润或者待弥补亏损数;贷方登记年末从"本年利润"账户转入的净利润或者已弥补的亏损数;年末若为贷方余额,表示历年积存的未分配利润,若为借方余额,表示历年积存未弥补的亏损。该账户还应按利润分配的内容设置以下明细账,进行明细核算:①提取法定盈余公积。②提取任意盈余公积。③应付股利(股利)。④未分配利润。⑤盈余公积补亏等。

2. "盈余公积"账户

它属于所有者权益类账户,用来核算企业从净利润中提取的法定盈余公积和任意盈余公积。该账户的贷方登记提取的盈余公积;借方登记盈余公积的补亏数额或者转增资本数额;期末贷方余额反映企业提取的盈余公积结余额。该账户应按盈余公积的种类设置明细账,进行明细核算。

3. "应付股利"账户

它属于负债类账户,用来核算企业经董事会或者股东大会,或者类似权力机构决议确定分配的现金股利或者利润。该账户的贷方登记按规定应分配给投资者的现金股利或者利润;借方登记已支付给投资者的现金股利或者利润;期末贷方余额反映企业尚未支付的现金股利或者利润。

三、财务成果的账务处理

【例 6-40】 2023 年 12 月 31 日,天河公司以银行存款 4 914 元支付税款的滞纳金和罚款。

这项经济业务涉及"银行存款""营业外支出"两个账户。一方面支付的滞纳金和罚款不属于正常的经营业务,应作营业外支出处理,记入"营业外支出"账户的借方;另一方面款项的支付,使存款减少,应记入"银行存款"账户的贷方。这项经济业务编制的会计分录如下:

借:营业外支出　　　　　　　　　　　　　　　　　　　　　　　　4 914
　　贷:银行存款　　　　　　　　　　　　　　　　　　　　　　　　　4 914

【例 6-41】 2023 年 12 月 31 日,天河公司出售无形资产,取得收入 200 000 元并存入银行。该项无形资产的账面余值为 118 000 元,按收入的 6% 计算应纳增值税额 12 000 元。

这项经济业务涉及"银行存款""无形资产""应交税费""营业外收入"四个账户。一方面将收入价款存入银行,应记入"银行存款"账户的借方;另一方面因出售而转出的无形资产的价值,使资产减少,计征应纳的营业税,使负债增加,出售收入减去无形资产的账面余额和应纳的税金后的余额,作为无形资产出售的净收益,使营业外收入增加,以上事项应分别记入"无形资产""应交税费""营业外收入"账户的贷方。这项经济业务编制的会计分录如下:

借:银行存款　　　　　　　　　　　　　　　　　　　　　　　　200 000
　　贷:无形资产　　　　　　　　　　　　　　　　　　　　　　　　118 000
　　　　应交税费——应交增值税　　　　　　　　　　　　　　　　　12 000
　　　　营业外收入　　　　　　　　　　　　　　　　　　　　　　　70 000

【例 6-42】 2023 年 12 月 31 日,天河公司从联营单位分得投资利润 500 000 元,已存入银行。

这项经济业务涉及"投资收益""银行存款"两个账户。一方面分回投资利润,使收益增加,应记入"投资收益"账户的贷方;另一方面将利润存入银行,使银行存款增加,应记入"银行存款"账户的借方。这项经济业务编制的会计分录如下:

借:银行存款　　　　　　　　　　　　　　　　　　　　　　　　500 000
　　贷:投资收益　　　　　　　　　　　　　　　　　　　　　　　　500 000

【例 6-43】 2023 年 12 月 31 日,天河公司期末结转本期收益。经核算本月公司各收入类账户的贷方余额为:主营业务收入 1 098 000 元,其他业务收入 200 000 元,投资收益 500 000 元,营业外收入 72 000 元。

这项经济业务是期末对企业本月收入的结转,以计算本期财务成果。收入使本年利润增加,应将收入类账户的贷方余额从这些账户的借方结转到"本年利润"账户的贷方,这项经济业务编制的会计分录如下:

借:主营业务收入　　　　　　　　　　　　　　　　　　　　　　1 098 000
　　其他业务收入　　　　　　　　　　　　　　　　　　　　　　　200 000
　　投资收益　　　　　　　　　　　　　　　　　　　　　　　　　500 000
　　营业外收入　　　　　　　　　　　　　　　　　　　　　　　　72 000
　　贷:本年利润　　　　　　　　　　　　　　　　　　　　　　　1 870 000

【例 6-44】 2023 年 12 月 31 日,天河公司期末结转本期成本、费用和支出。经核算本月企业各费用类账户的借方余额为:主营业务成本 703 226 元,税金及附加 4 000 元,其他业务成本 108 000 元,销售费用 7 000 元,管理费用 31 940 元,财务费用 6 000 元,营业外支出 4 914 元。

这项经济业务是期末对企业本月成本、费用和支出的结转,以计算企业本期的财务成果。费用的增加使利润减少,结转时,应将费用类账户的借方余额从这些账户的贷方结转到"本年利润"账户的借方。这项经济业务编制的会计分录如下:

借:本年利润　　　　　　　　　　　　　　　　　　　　　　865 080
　　贷:主营业务成本　　　　　　　　　　　　　　　　　　　703 226
　　　　税金及附加　　　　　　　　　　　　　　　　　　　　　4 000
　　　　其他业务成本　　　　　　　　　　　　　　　　　　　108 000
　　　　销售费用　　　　　　　　　　　　　　　　　　　　　　7 000
　　　　管理费用　　　　　　　　　　　　　　　　　　　　　 31 940
　　　　财务费用　　　　　　　　　　　　　　　　　　　　　　6 000
　　　　营业外支出　　　　　　　　　　　　　　　　　　　　　4 914

以上两笔会计分录,将本月所有收入与费用都结转到"本年利润"账户。"本年利润"账户的贷方发生额(即本期收入合计)减去其借方发生额(即本期费用合计)后的差额为 1 004 920 元(1 870 000－865 080),即为本月企业所实现的利润总额。

【例 6-45】 2023 年 12 月 31 日,天河公司根据本月实现利润总额(假设无纳税调整事项)的 25% 计算本月应交所得税费用为 251 230 元。

这项经济业务涉及"所得税费用""应交税费"两个账户。一方面按利润总额计算所得税费用,是对企业的利润的扣除,作为一项费用处理,记入"所得税费用"账户的借方;另一方面已计提尚未交纳的所得税费用,使企业负债增加,应记入"应交税费"账户的贷方。这项经济业务编制的会计分录如下:

借:所得税费用　　　　　　　　　　　　　　　　　　　　　251 230
　　贷:应交税费——应交所得税　　　　　　　　　　　　　　251 230

【例 6-46】 2023 年 12 月 31 日,天河公司结转本月所得税费用 251 230 元。

这项经济业务是期末对企业所得税费用的结转,以便计算本期企业净利润。结转时,应从"所得税费用"账户的贷方结转到"本年利润"账户的借方。这项经济业务编制的会计分录如下:

借:本年利润　　　　　　　　　　　　　　　　　　　　　　251 230
　　贷:所得税费用　　　　　　　　　　　　　　　　　　　　251 230

【例 6-47】 2023 年 12 月 31 日,天河公司按本年净利润的 10%、5% 分别提取法定盈余公积和任意盈余公积。假设 1~11 月公司累计实现净利润 7 246 310 元。

本年净利润为 8 000 000 元(7 246 310＋1 004 920－251 230),应提取法定盈余公积 800 000 元,应提取任意盈余公积 400 000 元。

这项经济业务涉及"利润分配""盈余公积"两个账户。一方面对企业的净利润进行分配,应记入"利润分配"账户的借方;另一方面提取的盈余公积,留存企业,使所有者权益增加,应记入"盈余公积"账户的贷方。这项经济业务编制的会计分录如下:

借:利润分配——提取法定盈余公积 800 000
　　　　——提取任意盈余公积 400 000
　贷:盈余公积——法定盈余公积 800 000
　　　　——任意盈余公积 400 000

【例6-48】 2023年12月31日,天河公司根据协议规定,按净利润的40%向投资者分配利润3 200 000元。

这项经济业务涉及"利润分配""应付股利"两个账户。一方面对企业的净利润进行分配,应记入"利润分配"账户的借方;另一方面利润应分配但尚未支付给投资者,使负债增加,应记入"应付股利"账户的贷方。这项经济业务编制的会计分录如下:

借:利润分配——应付股利 3 200 000
　贷:应付股利 3 200 000

【例6-49】 2023年12月31日,天河公司结转本年净利润8 000 000元。

这项经济业务是对企业本年度实现的净利润的结转,应将企业本年净利润额从"本年利润"账户的借方,结转到"利润分配——未分配利润"账户的贷方,以便与后述结转的已分配利润进行比较,最终计算企业本年度未分配利润。这项经济业务编制的会计分录如下:

借:本年利润 8 000 000
　贷:利润分配——未分配利润 8 000 000

【例6-50】 2023年12月31日,天河公司结转全年已分配利润4 400 000元。

这项经济业务是对企业本年度已分配利润的结转,应将"利润分配"账户下设的除"未分配利润"明细账户外的其他明细账户的期末余额,全部结转到"未分配利润"明细账户上。经过结转后,"利润分配"账户下设的明细账户中只有"未分配利润"明细账户有期末余额,其余明细账户均无余额。而"未分配利润"明细账户的余额反映企业本年度未分配的利润。在资产负债表中,"未分配利润"作为所有者权益项目单独列示。这项经济业务编制的会计分录如下:

借:利润分配——未分配利润 4 400 000
　贷:利润分配——提取法定盈余公积 800 000
　　　　——提取任意盈余公积 400 000
　　　　——应付股利 3 200 000

[例6-49]和[例6-50]所列示的两个会计分录,将本年已实现未分配的净利润和已分配的净利润都结转到"利润分配——未分配利润"账户。将"利润分配——未分配利润"账户的贷方发生额与借方发生额相抵后的差额3 600 000元,即为企业本年度未分配利润。

【知识链接】

中国企业会计准则体系

中国企业会计准则体系,由《企业会计准则——基本准则》和42条具体准则构成,其中第1号至第42号具体准则分别为:存货,长期股权投资,投资性房地产,固定资产,生物资产,无形资产,非货币性资产交换,资产减值,职工薪酬,企业年金基金,股份支付,债务重组,或有事项,收入,建造合同,政府补助,借款费用,所得税,外币折算,企业合并,租赁,金融工具确认和计量,金融资产转移,套期保值,原保险合同,再保险合同,石油天然气开采,会计政策、会计估计变更和差错更正,资产负债表日后事项,财务报表列报,现金流量表,中期财务报告,合并财务报表,每股收益,分部报告,关联方披露,金融工具列报,首次执行企业会计准则,公允价值计量,合营安排,在其他主体中权益的披露,持有待售的非流动资产、处置组和终止经营。

【关键术语】

"实收资本"账户　"资本公积"账户　"短期借款"账户　"应付利息"账户　"长期借款"账户　"交易性金融负债"账户　"长期债券"账户　"在途物资"账户　"原材料"账户　"生产成本"账户　"制造费用"账户　"主营业务收入"账户　"应交税费"账户　"应收账款"账户　"主营业务成本"账户　"税金及附加"账户　"销售费用"账户　"管理费用"账户　"本年利润"账户　"利润分配"账户　"盈余公积"账户

【问题思考】

1. 资金筹集业务应设置哪些账户？如何运用这些账户？
2. 供应过程业务应设置哪些账户？如何运用这些账户？
3. 生产过程业务应设置哪些账户？如何运用这些账户？
4. 销售过程业务应设置哪些账户？如何运用这些账户？
5. 财务成果形成与分配业务应设置哪些账户？如何运用这些账户？

【思政语录】

1. 理解会计报表的基本组成是一种自卫的方式：当经理们想要向你解释清企业的实际情况时,可以通过会计报表的规定来进行。但不幸的是,当他们想要耍花招时(起码在部分行业)同样也能通过会计报表的规定来进行。如果你不能识别出其中的区别,你就不必在资产选择行业做下去了。

——巴菲特

练 习 题

姓名_____
学号_____
分数_____

扫二维码获得更多
本章习题及案例

一、单项选择题

1. 计提短期借款利息支出时,应贷记的账户是(　　)。
   A. "短期借款"　　B. "财务费用"　　C. "应付利息"　　D. "银行借款"

2. 购买的原材料,当其验收入库后,其实际成本在(　　)账户核算。
   A. "在途物资"　　B. "原材料"　　C. "库存商品"　　D. "在途物资"

3. 企业设置"固定资产"账户是用来反映固定资产的(　　)。
   A. 磨损价值　　B. 累计折旧　　C. 原始价值　　D. 净值

4. 某制造企业为增值税一般纳税人,本期外购原材料一批,增值税专用发票注明的买价为20 000元,增值税额为2 600元,入库前的挑选整理费用为1 000元,该批原材料的入账价值为(　　)元。
   A. 20 000　　B. 22 600　　C. 24 400　　D. 21 000

5. 通常与"主营业务成本"账户的借方相对应的账户是(　　)账户。
   A. "在途物资"　　　　　　　　B. "库存商品"
   C. "原材料"　　　　　　　　　D. "主营业务收入"

6. 下列项目中,不属于管理费用的是(　　)。
   A. 车间管理人员工资　　　　　B. 厂部管理人员工资
   C. 厂部消耗材料　　　　　　　D. 厂部办公用房的租金

7. 某企业通过银行收到销货款,其中属于上月应收15 000元,本月应收30 000元,预收下月20 000元。在权责发生制下,本月的收入应为(　　)元。
   A. 50 000　　B. 65 000　　C. 30 000　　D. 45 000

8. 本期已经支付,但应由本期和以后各期负担的费用是(　　)。
   A. 预计费用　　　　　　　　　B. 长期待摊费用
   C. 销售费用　　　　　　　　　D. 已付费用

9. 下列费用中,不构成产品成本,而应直接计入当期损益的是(　　)。
   A. 直接材料费　　　　　　　　B. 直接人工费
   C. 期间费用　　　　　　　　　D. 制造费用

10. 下列内容中,属于制造企业"其他业务收入"的是(　　)。
    A. 存款利息收入　　　　　　　B. 清理固定资产净收益
    C. 销售产品收入　　　　　　　D. 销售材料收入

11. 下列各项中,属于营业外收入的是(　　)。
    A. 利息收入　　　　　　　　　B. 罚没收入
    C. 投资收益　　　　　　　　　D. 清理固定资产收入

12. 某企业2019年8月末负债总额为100万元,9月份收回欠款15万元,用银行存款归还借款10万元,用银行存款预付购货款5万元,则9月末负债总额为(　　)万元。
    A. 110　　　　B. 105　　　　C. 90　　　　D. 80
13. 下列业务中,属于资产内部一增一减的是(　　)。
    A. 收回外单位欠款　　　　　　　B. 支付欠外单位款
    C. 借入短期借款　　　　　　　　D. 销售货款存入银行
14. 期间费用账户期末(　　)。
    A. 有借方余额　　　　　　　　　B. 有贷方余额
    C. 没有余额　　　　　　　　　　D. 同时有借、贷方余额
15. 下列项目中,不属于营业外支出的是(　　)。
    A. 固定资产盘亏损失　　　　　　B. 非常损失
    C. 捐赠支出　　　　　　　　　　D. 坏账损失
16. 下列费用中,不属于期间费用的是(　　)。
    A. 管理费用　　B. 财务费用　　C. 制造费用　　D. 销售费用
17. 下列各项中,不计入产品成本的是(　　)。
    A. 期间费用　　　　　　　　　　B. 生产费用
    C. 制造费用　　　　　　　　　　D. 直接材料费
18. "本年利润"账户年内的贷方余额表示(　　)。
    A. 利润分配额　　　　　　　　　B. 未分配利润额
    C. 净利润额　　　　　　　　　　D. 亏损额
19. 年末结转后,"利润分配"账户的贷方余额表示(　　)。
    A. 实现的利润总额　　　　　　　B. 净利润额
    C. 利润分配总额　　　　　　　　D. 未分配利润额
20. "固定资产"账户的借方余额减去"累计折旧"账户的贷方余额的差额表示固定资产的(　　)。
    A. 损耗价值　　　　　　　　　　B. 原始价值
    C. 折余价值即净值　　　　　　　D. 重置完全价值

二、多项选择题

1. 制造业企业的生产经营活动包括(　　)。
   A. 供应过程业务　　　　　　　　B. 产品生产业务
   C. 产品销售业务　　　　　　　　D. 财务成果业务
2. 下列业务中,能引起资产和所有者权益同时增加的有(　　)。
   A. 收到国家投资存入银行　　　　B. 提取盈余公积
   C. 收到外商投入专有设备一台　　D. 将资本公积转增资本
3. 企业购入材料的采购成本包括(　　)。
   A. 材料买价　　　　　　　　　　B. 增值税进项税额
   C. 采购费用　　　　　　　　　　D. 销售机构经费
4. 下列项目中,应在"管理费用"账户中核算的有(　　)。

A. 工会经费　　　　B. 诉讼费　　　　　C. 业务招待费　　　　D. 广告费
5. "生产成本"账户的借方登记（　　）。
   A. 管理费用　　　　　　　　　　　　B. 直接人工费用
   C. 分配计入的制造费用　　　　　　　D. 直接材料费用
6. "生产成本"账户的对应账户可能有（　　）。
   A. "原材料"账户　　　　　　　　　　B. "银行存款"账户
   C. "应付职工薪酬"账户　　　　　　　D. "制造费用"账户
7. 下列费用中,属于生产过程中发生的费用有（　　）。
   A. 车间机器设备折旧费　　　　　　　B. 在途物资费用
   C. 生产工人工资　　　　　　　　　　D. 生产过程耗用的材料
8. 企业销售过程中所使用的账户有（　　）。
   A. "主营业务收入"　　　　　　　　　B. "税金及附加"
   C. "主营业务成本"　　　　　　　　　D. "销售费用"
9. （　　）属于"利润分配"账户核算的内容。
   A. 提取法定盈余公积　　　　　　　　B. 提取任意盈余公积
   C. 分配给投资者利润　　　　　　　　D. 转增资本
10. 期间费用包括（　　）。
    A. 财务费用　　B. 管理费用　　　　C. 销售费用　　　　D. 制造费用
11. 为了具体核算企业利润分配及未分配利润情况,"利润分配"账户应设置的明细账户有（　　）。
    A. "未分配利润"　　　　　　　　　　B. "提取资本公积"
    C. "应付利润"　　　　　　　　　　　D. "提取盈余公积"
12. 下列关于"本年利润"账户的说法中,正确的有（　　）。
    A. 借方登记期末转入的各项支出额　　B. 贷方登记期末转入的各项收入
    C. 贷方余额为实现的净利润额　　　　D. 借方余额为发生的亏损额
13. 职工薪酬的内容主要包括（　　）。
    A. 短期薪酬　　　　　　　　　　　　B. 离职后福利
    C. 辞退福利　　　　　　　　　　　　D. 其他长期职工福利
14. 按权责发生制原则要求,下列各项中,应作为本期费用的有（　　）。
    A. 预付明年保险费　　　　　　　　　B. 摊销以前付款的报刊费
    C. 尚未付款的本月借款利息　　　　　D. 采购员报销差旅费
15. 下列账户中,月末一般应该没有余额的有（　　）账户。
    A. "生产成本"　　B. "制造费用"　　C. "管理费用"　　　D. "财务费用"
16. 下列关于实收资本的说法中,正确的有（　　）。
    A. 是企业实际收到投资人投入的资本
    B. 是企业进行正常经营的条件
    C. 是企业向外投出的资产
    D. 应按照实际投资数额入账
17. 与营业收入相配比的成本包括（　　）。

A. 主营业务成本　　B. 销售费用　　C. 其他业务成本　　D. 管理费用

18. 下列采购费用中,不计入在途物资成本,而是列作管理费用的有(　　)。

　　A. 采购人员差旅费　　　　　　B. 入库前的挑选费用

　　C. 市内采购材料的零星运杂费　　D. 运输途中的合理损耗

19. 在核算在途物资业务时,与"在途物资"账户的借方相对应的贷方账户一般有(　　)等账户。

　　A."应付账款"　　　　　　　　B."应付票据"

　　C."银行存款"　　　　　　　　D."预付账款"

20. 下列关于"制造费用"账户的说法中,正确的有(　　)。

　　A. 借方登记实际发生的各项制造费用

　　B. 贷方登记分配转入产品成本的制造费用

　　C. 期末余额在借方,表示在产品的制造费用

　　D. 期末一般没有余额

三、判断题

1. "在途物资"账户的期末借方余额表示在途材料物资的实际成本。(　　)
2. "管理费用"账户的借方发生额应于期末时采用一定的方法分配计入产品成本。(　　)
3. 供应过程中支付的各项采购费用,不构成材料的采购成本,故将其记入"管理费用"账户。(　　)
4. 固定资产的价值随其损耗逐渐地、部分地转移到制造成本和期间费用中去,故"固定资产"账户应反映固定资产的实际价值。(　　)
5. "生产成本"账户属于成本费用类账户,故其期末必定没有余额。(　　)
6. 企业全部固定资产的磨损价值都应作为制造成本的一部分。(　　)
7. 生产车间计提折旧时,应借记"生产成本"账户,贷记"固定资产"账户。(　　)
8. 预收销货款时,可以作为收入实现进行账务处理。(　　)
9. "主营业务成本"账户的借方发生额表示结转已销产品的生产成本。(　　)
10. "生产成本"账户可以反映企业生产经营过程中各个阶段发生的成本费用。(　　)

四、计算题

1. 资料

天河公司 2023 年度有关账户发生额资料如下(单位:元):

主营业务收入	400 000	财务费用	5 000
主营业务成本	200 000	税金及附加	20 000
销售费用	10 000	营业外收入	10 000
管理费用	50 000	营业外支出	15 000
其他业务收入	2 000	其他业务成本	4 000
投资收益	3 000		

2. 要求

(1) 计算公司的营业利润。

(2) 计算公司的利润总额。

(3) 若公司适用的企业所得税税率为 25%,并且除投资收益外公司的利润总额等同于应纳税所得额,请计算公司应纳的所得税。

(4) 假定公司分别按净利润的 10% 和 5% 提取法定盈余公积和任意盈余公积,然后将剩余的 30% 分配给投资者,请计算公司提取法定盈余公积和任意盈余公积以及向投资者分配的数额。

【实训案例】

(一) 业务实训一

1. 资料

天河公司 2023 年 5 月份发生下列经济业务。

(1) 收到国家投入的资金 600 000 元,存入银行。

(2) 收到江南集团公司投入的生产流水线一条,价值 2 550 000 元,是其对公司的投资,生产流水线已验收并投入使用。

(3) 向黄埔开发区购进厂房一幢,价值 2 000 000 元,已经验收并收入使用,价款尚未支付。

(4) 向银行借入期限为 2 年、利率为 8% 的借款 8 000 000 元,已转存银行。

(5) 收到长江实业公司投入的资金 82 000 000 元,双方经协商,确认其注册资本金为 80 000 000 元,其余作资本溢价处理,款项已存入银行。

(6) 公司发行 2 年期、利率为 10%、面值为 500 000 元的债券,筹集资金 500 000 元,已存入银行。

(7) 向银行借入期限为 8 个月、利率为 6% 的生产周转借款 200 000 元,已转存银行。

2. 要求

根据上述资料编制会计分录。

(二) 业务实训二

1. 资料

天河公司 2023 年 6 月份发生下列经济业务。

(1) 向飞达公司购进甲材料 8 000 千克,增值税专用发票上注明价款 400 000 元、增值税额 52 000 元,甲材料已验收入库,款项尚未支付。

(2) 以银行贷款支付甲材料运输费 3 600 元、增值税额为 324 元,装卸费 1 000 元、增值税额为 60 元。该甲在途物资验收完毕,结转其实际采购成本。

(3) 向华南集团公司预付购进乙材料价款 200 000 元,款项已通过银行付讫。

(4) 采购员预借差旅费 2 000 元,以库存现金支付。

(5) 向东风公司购进丙材料 2 000 千克,增值税专用发票上注明价款 50 000 元、增值税额为 6 500 元;购进丁材料 5 000 千克,增值税专用发票上注明价款 550 000 元、增值税额 71 500 元。企业于当日签发一张期限为 4 个月、面值为 678 000 元的商业汇票,用以承付材料款项。材料尚未验收入库。

(6) 以银行存款支付丙、丁两种材料的运输费 8 800 元、增值税额为 528 元,装卸费 1 200 元、增值税额为 36 元,采购费用按材料的重量比例进行分配。

(7) 丙、丁两种材料已经验收入库，结转其实际采购成本。

(8) 采购员出差回来，报销差旅费 2 200 元，又补付其现金 200 元，已结清预支款。

(9) 收到向华南集团公司订购的乙材料 10 000 元，增值税专用发票上注明价款 1 000 000 元、增值税额 130 000 元。材料已验收入库，以银行存款支付。

(10) 通过银行支付乙材料的余款，乙在途物资验收完毕，结转其实际成本。

2．要求

根据上述资料编制会计分录。

(三) 业务实训三

1．资料

天河公司 2023 年 7 月份发生下列经济业务。

(1) 根据各部门领用材料的凭证编制材料耗用汇总表如表 5-9 所示。

(2) 车间主任出差预借差旅费 2 000 元。

(3) 从银行提取现金 500 000 元，备发工资。

(4) 以现金 50 000 元发放工资。

(5) 车间主任出差回来，报销差旅费 1 800 元，并退回现金 200 元，已结清其预借款。

(6) 分配本月份职工工资 500 000 元，其中，生产 A 产品的工人工资 200 000 元，生产 B 产品的工人工资 180 000 元，生产 C 产品的工人工资 80 000 元，车间管理人员工资 16 000 元，行政管理人员工资 24 000 元。

(7) 分别按本月份职工工资总额的 14%、2%、1.5% 计提职工福利费、工会经费、职工教育经费。

(8) 计提本月份固定资产折旧费 20 000 元，其中：生产车间 18 000 元，行政部门 2 000 元。

(9) 计提本月份银行借款利息 1 000 元。

(10) 按生产工人工时分配本月份发生的制造费用，生产 A 产品耗用工时 8 500 工时，B 产品耗用 8 000 工时，C 产品耗用 3 500 工时。

(11) 本月份生产的产品 A 产品 1 000 件，B 产品 2 000 件，已全部完工，验收入库，分别结转其实际生产成本。

表 5-9　　　　　　　　　　材料耗用汇总表　　　　　　　　　　单位：元

耗用材料 用途	甲材料		乙材料		丙材料		丁材料		金额合计
	数量（千克）	金额	数量（千克）	金额	数量（千克）	金额	数量（千克）	金额	
生产 A 产品耗用	5 000	253 000	6 000	602 400	1 000	26 400			881 800
生产 B 产品耗用	3 000	151 000	3 000	301 200			2 000	360 000	813 000
生产 C 产品耗用					600	15 840	2 000	360 000	375 840
生产车间一般耗用			500	50 200	100	2 640			52 840
行政管理部门耗用					100	2 640			2 640
合计	8 000	404 800	9 500	953 800	1 800	47 520	4 000	720 000	2 126 120

2. 要求

根据上述业务编制相应的会计分录。

(四) 业务实训四

1. 资料

天河公司2023年8月份发生下列经济业务。

(1) 售给长安公司A产品400件,每件售价1 500元,计货款600 000元,增值税额为78 000元,尚未收到。

(2) 以银行存款支付推销商品的电视广告费20 000元。

(3) 售给长江公司A产品300件,每件售价1 500元,计货款450 000元,增值税额为58 500元,款项均已受到,存入银行。

(4) 以银行存款支付销售A产品运输费5 800元。

(5) 根据合同规定,预收马鞍山公司订购B产品货款200 000元,存入银行。

(6) 售给马鞍山公司B产品1 800件,每件售价800元,计货款1 440 000元,增值税额187 200元。除预收账款外,其余部分尚未受到。

(7) 收到马鞍山公司签发并承兑的商业汇票一张,期限为3个月,面值为1 627 200元,用以抵付货款。

(8) 期末,结转已售A、B产品的生产成本。

(9) 期末,结转本月应缴纳的增值税额,款项通过银行付讫。

(10) 期末,按商品销售收入计算应缴消费税15 000元,城市维护建设税8 000元。

2. 要求

根据上述资料编制会计分录。

(五) 业务实训五

1. 资料

天河公司2023年9月份又发生下列经济业务。

(1) 收到客户因违约支付的赔偿金2 000元,存入银行。

(2) 向灾区捐赠救灾款8 000元,以银行存款支付。

(3) 期末,结转本月收入与收益。

(4) 期末,结转本月成本、费用和支出。

(5) 根据本月份实现的利润总额,按25%的税率计提所得税费用。

(6) 将所得税费用结转到"本年利润"账户。

(7) 按公司净利润计提10%的盈余公积金和5%的任意盈余公积金。

(8) 按公司净利润的25%提取应分配给投资者的利润。

(9) 期末,通过银行上缴所得税费用。

(10) 期末,通过银行支付应付投资者利润。

(11) 期末,结转本月已分配的利润。

2. 要求

根据上述资料编制会计分录。

(六) 业务实训六

1. 资料

天河公司 2023 年 10 月份发生的部分经济业务如下。

(1) 从银行取得临时借款 500 000 元,存入银行。

(2) 接受投资人投入的房产一处,评估作价 600 000 元,已投入使用。

(3) 用银行存款 6 500 元上交上个月税金。

(4) 收回某单位所欠本企业货款 50 000 元,存入银行。

(5) 用银行存款 10 000 元预付购货款。

(6) 企业销售 A 产品总价款 56 500 元(含税),税率 13%,已收款。

(7) 供应单位发来甲材料 10 000 元,增值税税率为 13%,价款已预付。

(8) 生产 A 产品领用甲材料 3 600 元、乙材料 3 400 元。

(9) 车间一般性消耗材料 1 500 元。

(10) 车间设备发生修理费 900 元,用现金支付。

(11) 从银行提取现金 30 000 元,准备发放工资。

(12) 银行转来通知,支付企业职工药费 2 300 元。

(13) 车间领用甲材料 5 000 元用于 B 产品的生产。

(14) 用银行存款 1 000 元支付销售 A 产品的广告费。

(15) 企业销售 B 产品,价款 20 000 元,暂未收到,增值税税率为 13%。

(16) 企业购买一台车床,买价 20 000 元,增值税额为 2 600 元,款项暂未支付,设备已交付使用。

(17) 开出现金支票购买车间办公用品 780 元。

(18) 提取本月折旧,其中车间 3 200 元、厂部 1 800 元。

(19) 计提应由本月负担的银行借款利息 980 元。

(20) 用银行存款 34 000 元支付上年分配给投资人的利润。

(21) 分配工资费用,其中 A 产品工人工资 12 000 元,B 产品工人工资 10 000 元,车间管理人员工资 8 000 元。

(22) 按各自工资额 14% 提取福利费。

(23) 经批准将资本公积金 60 000 元转增资本。

(24) 本月发生制造费用 15 500 元,按生产工时(A 产品 6 000 个、B 产品 4 000 个)分配计入 A、B 产品成本。

(25) 本月生产的 A 产品 15 台现已完工,总成本 38 500 元,验收入库,结转成本。

(26) 用银行存款 5 400 元支付公益救济性捐赠。

(27) 用现金 4 800 元支付退休金。

(28) 结转已销 A 产品成本 18 500 元。

2. 要求

编制本月业务的会计分录;

(七) 业务实训七

1. 资料

天河公司 2023 年 12 月份发生的部分经济业务如下。

(1) 从银行取得期限为 6 个月的借款 30 000 元,存入银行。
(2) 收回其他单位购货欠款 3 800 元,存入银行。
(3) 公出人员报销差旅费 1 180 元,余款退回现金(原借款 1 600 元)。
(4) 购入甲材料 2 000 千克,单价 9 元;乙材料 1 200 千克,单价 4 元。发票注明增值税额为 3 876 元,价税款未付。
(5) 以银行存款 3 200 元支付甲、乙材料外地运费,按重量分配,材料验收入库,结转成本。
(6) 接受某公司投资的一台设备,价值 7 000 元,投入使用。
(7) 仓库发出材料,A 产品生产耗用 70 000 元,B 产品生产耗用 30 000 元。
(8) 摊销应由本月负担的保险费 600 元。
(9) 用存款支付本月水电费,其中车间 1 600 元、厂部 800 元。
(10) 用存款购买一台设备,买价 8 000 元,增值税额为 1 040 元,设备投入安装。
(11) 上述设备安装过程中发生安装费 2 000 元,用存款支付。设备完工,交付使用,结转成本。
(12) 计提应由本月负担的短期借款利息 1 200 元。
(13) 月末分配工资费用,其中:

   生产 A 产品工人工资   26 000 元
   生产 B 产品工人工资   14 000 元
   车间管理人员工资   10 000 元
   厂部管理人员工资   8 000 元

(14) 按各自工资额的 14% 提取福利费。
(15) 摊销应由本月负担的车间设备修理费 800 元。
(16) 计提本月固定资产折旧,其中:

   车间设备折旧额   1 700
   厂部设备折旧额   1 300

(17) 用银行存款 15 000 元支付公益救济性捐赠。
(18) 用现金 6 000 元发放退休职工退休金。
(19) 将无法偿还的应付款 20 000 元予以转账。
(20) 将本月发生的制造费用按生产工时比例分配 6 000∶4 000 计入 A、B 产品成本。
(21) 本月生产的 A 产品 18 台全部完工,验收入库,结转成本(假设没有期初期末在产品)。
(22) 企业销售 A 产品 10 台,单价 8 600 元,增值税额 11 180 元,款项未收到。
(23) 经计算,本月销售税金为 2 800 元。
(24) 用银行存款支付销售产品的运杂费 500 元。
(25) 结转本月已销产品成本 30 000 元。
(26) 销售 A 材料 20 000 元,增值税税率为 13%,价税款存入银行。该项材料的采购成本为 18 000 元。
(27) 将本月发生的各项收入和支出转入"本年利润"账户。
(28) 按 25% 的税率计算所得税并予以结转。

2. 要求

编制本月业务的会计分录。

(八) 业务案例一

国嘉实业因软件开发收入确认问题受到证监会处罚。

上海国嘉实业股份有限公司(证券代码 600646)控股的北京国软科技有限公司(以下简称国软科技)依据其与其他公司于 1997 年 12 月 5 日签订的出口协议,将在 1997 年 12 月 31 日收到的 9 600 万元计入当年收入,并开具软件销售发票。但此时国软科技所销售的软件才开始开发,国软科技在尚未完全履行合同约定的义务的情况下,将在 1998 年才能确认的收入提前到 1997 年确认。同时,国软科技在 1997 年 12 月 24 日向美国 IMSNetCorp. 购买了供开发使用的软件、硬件,计 3 189 万元;与北京康茂国际网络系统有限公司签订人工费用包干协议书,向其支付包干人工费 311 万元;以上两笔费用共计 3 500 万元,计入 1997 年销售成本。上述行为使国软科技 1997 年营业利润增加 6 100 万元,导致母公司国嘉实业 1997 年合并报表中利润虚增,从根本上改变了公司的经营成果。鉴于上述情况,中国证监会监查字[1998]82 号文件决定对公司进行查处。

要求:国软科技为什么不能将 9 600 万元确认为 1997 年的收入?

(九) 业务案例二

王先生开设了一家公司,投资 10 万元,公司业务较少,为了减少办公费用,他决定不请会计做账,而是自己记账。2022 年年末设立时没有发生业务,除了银行存款 10 万元,没有其他账簿记录。公司 2023 年支付各种办公费 28 000 元,取得收入 88 000 元,购置了计算机等设备 20 000 元,支付房屋租金 15 000 元,支付工资 25 000 元。王先生只记了银行存款日记账,企业现在的银行存款账面余额也是 10 万元。他认为公司没有赚钱,所以没有纳税。2023 年 1 月 15 日,税务局检查人员认为该公司账目混乱,有偷税嫌疑。

要求:你如何看待这件事?王先生错在哪儿?应如何改进?

第七章 会计凭证

章前导引

教学目标

本章主要阐述会计凭证的定义、作用、种类,介绍原始凭证与记账凭证的填制与审核等内容。

通过学习,学生应理解填制原始凭证与记账凭证的意义,掌握原始凭证与记账凭证填制的方法,理解原始凭证与记账凭证审核的要点。

第一节 会计凭证概述

一、会计凭证的意义

会计凭证是记录经济业务,明确经济责任的书面证明,是登记账簿的依据。

为了如实地反映会计主体经济业务的发生情况,明确各项经济业务经办人的经济责任,在经济业务发生时,必须取得和填制有关的会计凭证。例如,从银行提取一笔现金备用。这笔经济业务需开具现金支票,在支票中应填明提取现金的用途、金额,加盖单位财务专用章及其他相关印章等,将现金支票的正联送交银行据以提取现金,存根联单位留下,作为从银行提取现金这笔业务的会计凭证。这样,既能如实地反映该项经济业务的发生,又能明确经济责任,同时还能作为登记现金日记账等账簿的依据。又如,外购材料一批,已付款。为如实反映这笔经济业务的发生情况,必须从销货方取得该批材料的发货票,发货票中应填明销货方名称、购货方名称、材料的数量、单价、金额等,同时须加盖销货方的有关印章以示责任;另外,支付购料款的过程中应填制有关付款凭证并向对方索取收据。以上发货票、付款凭证、收款收据均作为该笔经济业务的会计凭证,以示在途物资、付款业务的发生,同时可明确有关单位、经办人的责任,又可作为登记材料等有关账簿的依据。

如实地填制和有效地审核会计凭证,具有如下的意义。

(一)可以如实地反映经济业务的完成情况

会计凭证是经济业务的载体,每项经济业务的发生都将在会计凭证中加以反映。

所有经济业务执行、完成情况的原始面貌,都会在会计凭证中显示出来。这样,既可以满足会计核算客观性原则的要求,又为进一步进行会计核算提供真实、可靠的原始依据。

(二)可以加强经济责任制

会计凭证的填制,包括经办人员签名或者盖章这一内容。这样,可以促使经办人员明确自己的职责,增强其责任感,严格按照有关政策和制度处理经济业务。一旦出现经济纠纷等有关问题,便于检查和分清责任,从而加强经济责任制。

(三)为登记账簿提供依据

进行会计凭证的填制和审核,其主要目的是为会计账簿的登记提供依据。以审核无误的会计凭证为依据进行账簿登记,可以分类提供连续、系统的会计信息资料。同时,也保证了会计账簿的可验证性。

(四)发挥会计的监督作用,检查经济业务的合法、合理性

通过对会计凭证的审核,可以检查经济业务是否符合国家有关政策、法令、制度,有无违法乱纪行为。例如,通过有关结算凭证的审核,可以检查结算业务是否符合银行结算纪律;通过有关费用成本原始凭证的审核,可以检查费用成本的发生是否遵守了国家规定的成本开支范围等。另外,通过会计凭证审核,可以检查经济业务的合理性,发现不合理现象,应查明原因,及时予以制止或者防止以后再度发生。

二、会计凭证的种类

由于经济业务多种多样,使得不同经济业务的会计凭证从具体格式到填制的内容都不尽相同,但是,可以将其按照一定的标准进行归类。会计凭证按照填制程序和用途,可分为原始凭证和记账凭证两大类。

(一)原始凭证

原始凭证是指在经济业务发生时取得或填制的,用来记录经济业务发生或完成情况,具有法律效力的书面证明。

原始凭证是伴随着经济业务的发生而出现的,是进行会计核算的初始资料和依据。因此,原始凭证必须能够证明经济业务已经发生或者完成。例如,采购材料的"发货票",就能够证明在途物资业务已经发生;银行存款的付款凭证(如"转账支票"),就能证明付款业务已经发生并完成;如"收料单""领料单""收据""借据"等,均可作为会计核算的原始凭证。不能证明经济业务已经发生或完成的"貌似"原始凭证的书面资料(如"经济合同""材料请购单"等),均不能作为会计核算的原始凭证。

原始凭证又可以按不同标准进一步分为不同类别,具体分类标准及分类结果如下。

1. 按来源不同,原始凭证可分为外来原始凭证和自制原始凭证

外来原始凭证是指经济业务发生时,从其他单位或个人处取得的原始凭证,如购买材料从外单位取得的"发货票"、从运输部门取得的"运货单"、银行转来"收款通知单""付款通知单"等。

自制原始凭证是指本单位内部经办业务的部门和人员,在办理经济业务时自行填制的原始凭证,如材料验收入库时的"收料单"、材料领用出库时的"领料单"等。

2. 按填制次数不同,原始凭证可分为一次凭证和累计凭证

一次凭证是指在经济业务发生时一次填制完成,用来记录一项或者若干项同类经济业务的原始凭证。如上述外来原始凭证都是一次凭证。

累计凭证是指在一定时期内连续多次记载若干项不断重复发生的相同经济业务的原始凭证。累计凭证可连续填制到期末,并以期间内的累计数作为记账的依据,如工业企业发出材料时填制的"限额领料单"。

3. 按记录经济业务数量的多少,原始凭证可分为单项原始凭证和汇总原始凭证

单项原始凭证是指只记录一项经济业务的原始凭证,如外来原始凭证和销货时的"发货票""借款单"等自制原始凭证。

汇总原始凭证是指按反映一定期间许多同类经济业务的原始凭证汇总编制的原始凭证,如"收料汇总表""发料汇总表""工资结算汇总表"等。

4. 按适用范围不同,原始凭证可分为通用原始凭证和单位内部使用原始凭证

通用原始凭证是指在全国或者某一地区统一格式、统一印制、统一使用的原始凭证,如"增值税专用发票"、银行的有关结算凭证等。

单位内部使用原始凭证是指根据单位自身经济业务特点自行设计印制且仅限于本单位使用的原始凭证,如"收料单""领料单""差旅费报销单""借款单"等。

上述各种原始凭证,无论是自制的原始凭证、外来的原始凭证还是汇总原始凭证,一般都是以实际发生的经济业务为依据填制的。但也有一些自制原始凭证,是根据账簿记录,把某一项经济业务加以归类、整理而重新编制的。例如,在月末提取折旧时编制的"固定资产折旧计算表",是根据固定资产明细账的记录汇总编制的;在计算产品成本时编制的"制造费用分配表",是根据制造费用明细账的记录数字编制的。这种根据账簿记录编制的原始凭证,称为记账编制凭证,其格式和内容见表 7-1。

表 7-1 制造费用分配表

2023 年 10 月　　　　　　　　　　　　　　　　　　金额单位:元

应借科目		生产工时(小时)	分配率	分配金额
生产成本	甲产品	2 000	0.8	1 600
	乙产品	3 000	0.8	2 400
合　计		5 000		4 000

(二)记账凭证

记账凭证是指根据审核无误后的原始凭证填制的,用来确定会计分录并直接作为记账依据的会计凭证。换言之,在实际会计工作中,编制会计分录是通过记账凭证来实现的。记账凭证可以进一步分类如下。

1. 按适用的经济业务不同,记账凭证可分为通用记账凭证和专用记账凭证

通用记账凭证是适用于任何经济业务的记账凭证。即无论何种业务均采用相同格式的

记账凭证。

专用记账凭证是专门用于记录某一类经济业务的记账凭证。按其记录的经济业务与货币资金收付的关系分为收款凭证、付款凭证和转账凭证。①收款凭证是指反映现金、银行存款收入业务的记账凭证。其具体可分为现金收款凭证和银行存款收款凭证。②付款凭证是指反映现金、银行存款付出业务的记账凭证。其具体可分为现金付款凭证和银行存款付款凭证。③转账凭证是指反映与现金、银行存款收付无关的经济业务（转账业务）的记账凭证。

2. 按填制的方式不同，记账凭证可分为单式记账凭证和复式记账凭证

单式记账凭证是指把一项经济业务所涉及的借贷双方会计科目及金额分别填列在不同的记账凭证中，每张凭证只填列一个会计科目及相应金额的记账凭证。

复式记账凭证是指把一项经济业务所涉及的借贷双方会计科目及金额集中填列在一张凭证中的记账凭证。

3. 按汇总方式不同，记账凭证可分为分类汇总记账凭证和综合汇总记账凭证

分类汇总记账凭证是指分别对收款凭证、付款凭证、转账凭证定期进行汇总的记账凭证。它包括汇总收款凭证、汇总付款凭证、汇总转账凭证。

综合汇总记账凭证是指定期对全部记账凭证按照相同会计科目进行汇总的记账凭证。它又可称为科目汇总表或者记账凭证汇总表。

原始凭证和记账凭证之间存在着密切的联系。原始凭证是记账凭证的基础，在编制记账凭证时，原始凭证就是记账凭证的附件；记账凭证是对原始凭证内容的概括和说明，当某些账户所属明细账户较多时，原始凭证是登记明细账户的依据。两者关系密切，不能分割。

第二节 原始凭证

一、原始凭证的基本内容

会计凭证是记录经济业务，明确经济责任的书面证明，是登记账簿的依据。

原始凭证是用来记录经济业务发生或者完成情况的，而经济业务又是多种多样的，那么就需分别填制或者取得内容各不相同的原始凭证。但是，不论什么原始凭证，都要遵循如实反映经济业务发生的原貌（发生的时间、内容、数量、金额等）、明确经办人员责任等原则。

在原始凭证的格式上，有共同的构成要素：①原始凭证的名称。②填制凭证的日期。③填制凭证单位名称或者填制人姓名。④接受凭证单位名称。⑤经济业务内容。⑥数量、单价和金额。⑦经办人员的签名或者盖章。

原始凭证除了必须具备以上基本要素外，还可根据单位自身经济活动的特点及经营管理的需要，补充一些必要的内容。

二、原始凭证的填制

(一)原始凭证的填制要求

为了保证原始凭证能够及时、准确、清晰地反映经济业务的真实情况,提高会计工作质量,填制原始凭证时必须遵循以下要求:

(1) 填制必须及时。原始凭证应在经济业务发生时及时填制,不得拖延。

(2) 内容必须真实可靠。原始凭证应如实地对经济业务发生情况进行记录,不得弄虚作假。

(3) 记录必须完整清晰。原始凭证中有关项目必须逐项填写齐全,不得遗漏。各项目要填写清晰,特别是文字说明应字迹工整,简单明了。一式几联的原始凭证,必须用双面复写纸套写(本身具备复写功能的除外),连续编号,并注明各联的用途。

(4) 数字必须准确无误。首先,数字书写应规范。阿拉伯数字应单个书写不得连笔,金额大写应用汉字书写规范,即:壹、贰、叁、肆、伍、陆、柒、捌、玖、拾、佰、仟、万、亿、元、角、分、零、整等。其次,阿拉伯数字前应书写人民币符号"¥";凡阿拉伯数字前面写有人民币符号的,数字后面不再写货币单位。以"元"为单位的阿拉伯数字应填写到角、分,无角分的,角位和分位可分别填写"0"或符号"—",有角无分的,分位应书写"0",此时不能用符号"—"。填写大写金额时,事先印好的"人民币"字样与大写数字之间不得留空;大写金额数字到元或者角为止的,应在其后书写"整"字,如到分为止的,后面可不写"整"字;阿拉伯数字中间有"0"时,汉字大写金额要对应书写"零"字;阿拉伯数字金额中间连续有几个"0"时,汉字大写金额中可以只写一个"零"字;阿拉伯数字金额元位是零,或者数字中间连续有几个"0",元位也是"0",但角位不是"0"时,汉字大字金额可以只写一个"零"字,也可以不写"零"字。最后,数字计算应正确,大小写金额应相符。

(5) 责任必须明确。经办业务的单位和个人,一定要认真填写、审查原始凭证,确认无误后,要在原始凭证上指定位置签名或者盖章,以便明确责任。按规定,从外单位取得的原始凭证,必须盖有填制单位的公章;从个人取得的原始凭证,必须有填制人签名或者印章;自制原始凭证必须有经办单位领导人或者其指定的人员签名或者盖章;对外开出的原始凭证,必须加盖本单位的公章。

(6) 原始凭证不得涂改、挖补。发现原始凭证有错误的,应当由开出单位重开或者按规定进行更正,更正处应当加盖开出单位的公章。

(二)原始凭证的填制方法

按照原始凭证的填制要求,现分别举例说明一次凭证、累计凭证和汇总原始凭证的填制方法。

1. 一次凭证的填制方法

一次凭证手续简单,在经济业务发生时,一次即可填制完成。现以"增值税专用发票""收料单"为例进行说明。

企业单位销售商品时,首先,须填制发货票一式数联,如为增值税一般纳税人,发货票即为"增值税专用发票",一般一式三联,那么就需复写;其次,应填明开票日期、购买方名称、地址、出售商品或者劳务名称、商品或劳务的数量、单价、金额、增值税税率、税额、销售方名称等内容。"增值税专用发票"的具体格式及填制见表 7-2。

表 7-2　　　　　　　××省国家税务总局增值税专用发票

No 0136485

抵　扣　联

开票日期:2023 年 5 月 10 日

购买方	名　　称: 东方公司 纳税人识别号: 378541298063251 地　址、电　话:(略) 开户行及账号:(略)			密码区		(略)		
货物或应税劳务、服务名称	规格型号	单位	数量	单价	金额	税率	税额	
甲材料	Φ30 mm 圆钢	千克	5 000	20.00	100 000.00	13%	13 000.00	
合　　计					￥100 000.00		￥13 000.00	
价税合计(大写)	⊗壹拾壹万叁仟零佰零拾零元零角零分					(小写)￥113 000.00		
销售方	名　　称: 天河公司 纳税人识别号: 330456729143329 地　址、电　话:(略) 开户行及账号:(略)			备注		天河公司 330456729143329 发票专用章		

收款人:×××　　　复核:　　　开票:　　　销售方:(章)

国税函〔2019〕662号海南华林实业公司

第二联:抵扣联 购买方扣税凭证

对于购入材料入库业务,仓库保管员或者其他收料人应根据发货票及实际收到的材料等填写"收料单"原始凭证。在"收料单"中应填明收到材料的品种、规格、数量、单价、金额等,并签名盖章。"收料单"的具体格式及填制见表 7-3。

表 7-3　　　　　　　　　　收 料 单

供应单位:天河公司　　　　　　　　　　　　　　　　　　　凭证编号:0854
发票编号:0136485　　　　　　2023 年 5 月 15 日　　　　　　收料仓库:3 号库

材料类别	材料编号	材料名称及规格	计量单位	数量		金　　额			
				应收	实收	单价	买价	运杂费	合计
型钢	120120	Φ30 mm 圆钢	千克	5 000	5 000	20	100 000	1 500	101 500
备注:									

保管员:×××　　　　　　　　　　　　　　　　　　　　　　　　　　收料人:×××

"收料单"一般一式三联,一联仓库留存,一联交财会部门据以记账,一联由供应部门保留。

2. 累计凭证的填制方法

累计凭证是相对于一次凭证而言的,它要求在一张凭证上连续、累计登记一定时期内相同经济业务,这样可以在一张凭证上反映出同类经济业务的累计发生情况,同时可简化核算手续,减少凭证数量。例如,工业企业常用的"限额领料单"即是反映一定时期内(一般为 1 个月)连续领用同一种材料的原始凭证,并且对领用材料的数量规定有最高限额,一定时期内的领用数量不得超过该限额,目的在于控制材料消耗、降低成本。"限额领料单"的具体格式及填制见表 7-4。

表 7-4　　　　　　　　　　　　　　限 额 领 料 单

领料单位:第三分厂　　　　　　　　　　　　　　　　　　　　　　　凭证编号:006
材料用途:生产 A 产品　　　　　　　　　2023 年 6 月　　　　　　　发料仓库:3 号库

材料类别	材料编号	材料名称	材料规格	计量单位	全月领用限额	全月实领			备注
						数量	单价	金额	
型钢	120120	圆钢	Φ30 mm	千克	2 500	2 400	20.30	48 720.00	

领料日期	请领		实发			退库		限额结余
	数量	领料部门负责人签章	数量	领料人签章	发料人签章	数量	退料单编号	
5	500	×××	500	×××	×××			2 000
......								
30						100		100
合计	2 500		2 500			100		100

供应部门负责人:×××　　　　　　生产计划部门负责人:×××　　　　　　仓库负责人:×××

图 7-4 中的"限额领料单"由生产计划部门和供应部门根据生产情况和材料供应情况具体制定,一般根据当期产品计划产量和材料消耗定额计算。"限额领料单"一式数联(一般一式三联),其中一联交仓库据以发料。每次领料时,应在单中填明请领数量,由领料单位负责人签章后,向仓库领料。仓库发料后,应将实发数量和发料后的限额结余填入"限额领料单"中,并由领料和发料双方签章,月末时计算出实际领用数量和金额。

3. 汇总原始凭证的填制方法

汇总原始凭证又称原始凭证汇总表,是将许多同类经济业务的原始凭证进行汇总编制而成的原始凭证。其目的是为了简化核算手续,提高核算工作效率,为企业管理提供综合性指标。工业企业常用的"收料凭证汇总表"即为汇总原始凭证,其格式及填制方法见表 7-5。

表 7-5　　　　　　　　　　　　　　收料凭证汇总表
　　　　　　　　　　　　　　　　　　2023 年 6 月　　　　　　　　　　　　　　单位:元

收料地点	收料单张数	材料类别			合 计
		原料及主要材料	辅助材料	燃 料	
1 号仓库	10	9 600	5 700	4 500	19 800
2 号仓库	15	10 700	10 500	8 100	29 300
3 号仓库	18	12 500	2 100	9 800	24 400
合 计	43	32 800	18 300	22 400	73 500

会计主管:×××　　　　记账:×××　　　　稽核:×××　　　　制单:×××

表 7-5"收料凭证汇总表"是根据原始凭证"收料单"分别按材料存放地点及材料类别定期(如按旬、按月)汇总而成的。

三、原始凭证的审核

原始凭证由于来源不同,经办单位和人员各异,为保证原始凭证的真实性和它所反映经济业务的合法、合理性,必须对其进行严格的审核。审核原始凭证,是贯彻国家的有关方针政策和财经纪律、加强管理、发挥会计监督职能的重要手段,是会计确认的重要步骤,是保证会计核算质量、会计信息正确可靠的重要措施。

(一)审核原始凭证所记录经济业务的真实、合法、合理性

首先,进行真实性审核。即审核原始凭证及所记载的经济业务是否真实,有无伪造现象。经济业务的经办单位和个人、经济业务发生的时间和地点、填制凭证的日期和内容、经济业务引起的实物量和价值量等各方面都必须是真实的。其次,进行合法性审核。即审核原始凭证所记载的经济业务是否符合有关财经纪律、法规、制度等的规定,有无违法乱纪行为;若有,应予以揭露和制止。根据我国《会计法》的规定,对不真实、不合法的原始凭证,有权不予接受,并向单位负责人报告。最后,进行合理性审核,即审核经济业务的发生是否符合事先制订的有关经济业务计划、预算等的要求,有无不讲经济效益、脱离目标的现象,是否符合费用开支标准,有无铺张浪费的行为等。

(二)审核原始凭证是否符合填制要求

对照前述原始凭证的填制要求进行审核。首先,审核原始凭证的各构成要素是否齐全。其次,审核各要素内容填制得是否正确、完整、清晰,特别是对凭证中所记录的数量、金额的正确性要进行认真审核,检查金额计算有无差错,大小写金额是否一致等。最后,审核各经办单位和人员签章是否齐全。根据我国《会计法》规定,对记载不准确、不完整的原始凭证予以退回,并要求按照国家统一的会计制度的规定更正、补充。

审核原始凭证是一项政策性、业务性很强、十分细致的工作,因此,要求会计人员既要熟悉有关财经政策、法规、制度,又要了解本单位生产经营情况;同时,又要求会计人员做到认真、细致、逐项进行审核。所以,会计人员应当不断提高自身的政策水平、业务水平,增强责任心,严把审核关。

第三节 记账凭证

一、记账凭证的基本内容

各单位依据自身经营业务特点,可设计、使用不同格式的记账凭证。但出于确定会计分录,据以登账这一共同目的,所有记账凭证都必须具备以下内容:①记账凭证的填制日期。②记账凭证的编号。③经济业务的内容摘要。④应借应贷账户名称和金额即会计分录。⑤所附原始凭证张数。⑥填制凭证人员、稽核人员、记账人员、会计机构负责人、会计主管人员签名或盖章,收款、付款记账凭证还应当由出纳人员签名或者盖章。

二、记账凭证的填制

(一)记账凭证填制的基本要求

记账凭证的填制是在对原始凭证进行整理、分类的基础上,借助复式记账方法,确定经济业务所涉及的账户名称、记账方向及金额,即确定会计分录的工作,是会计核算的重要环节。记账凭证是登账的直接依据,在填制时应遵循以下要求:

(1) 要以审核无误的原始凭证为依据。

(2) 摘要的填写要求既简明扼要又要说明经济业务的发生情况。这样便于了解经济业务的概况,对于查阅凭证、登记账簿都十分有利。

(3) 会计分录编制要正确。会计分录是记账凭证记载的重要内容,要求做到正确无误。首先,会计科目运用要正确。必须按照会计制度规定的会计科目名称及核算内容进行运用,明细科目名称也要如实、正确地填写。其次,记账方向要正确。在借贷记账法下,应借、应贷对应关系要清晰明确,以便反映经济业务的来龙去脉。因此,一张记账凭证只能记录一项经济业务或者汇总记录同一类经济业务,不得把不同类型的经济业务记录在同一张记账凭证上。最后,金额计算要正确。一是借贷双方金额要相等;二是总账科目金额与所属明细账科目金额之和应相等。

(4) 附件张数要注明。记账凭证的附件即原始凭证,要认真查对,整理并附在记账凭证的后面,同时在记账凭证上注明所附原始凭证的张数。结账和更正错误的记账凭证可以不附原始凭证。如果原始凭证内容十分重要或者数量过多且须单独保存的,要在摘要栏说明;如果同一张原始凭证需填制两张或者两张以上记账凭证时,必须在未附原始凭证的记账凭证的摘要栏注明:"××单据附在××号记账凭证上",以便查对。

(5) 记账凭证的编号,应根据不同情况采用不同的方法。如果单位的各种经济业务采用通用格式的记账凭证,则凭证的编号可采用顺序编号方法,即将所有的记账凭证按日期顺序编号;如果是将经济业务分类填制记账凭证的,如区分收款业务、付款业务、转账业务进行记账凭证填制的,记账凭证的编号则要采用按字顺序编号法。例如,对收款、付款、转账三类业务,分别按"收""付""转"字顺序编号,具体可编号为:"收字第××号""付字第××号""转字第××号";如果收、付款业务需按现金、银行存款的收、付款业务分别反映的,则按字顺序编号法可具体编号为:"现收字第××号""银收字第××号""现付字第××号""银付字第××号""转字第××";如果一笔经济业务需填制一张以上记账凭证时,可采用分数编号法。例如,某项转账业务需填三张记账凭证,而该项业务本身属第 20 号转账业务,则填制的三张记账凭证的编号分别为"转字第 $20\frac{1}{3}$ 号""转字第 $20\frac{2}{3}$ 号""转字第 $20\frac{3}{3}$ 号"。分数中分母为该笔经济业务填制的记账凭证总张数,分子分别表示在总张数中属第几张凭证。采用上述编号方法进行编号,到期末时,应在最后一张记账凭证的编号旁加注"全"字,以便检查。

(6) 记账凭证的填制人员及有关负责人,应于记账凭证填制齐全、确认正确无误后,在凭证相应位置签章,以示责任。

(7) 如果记账凭证填制有误,若尚未据以入账,应当重新填制;若已据以登记入账,如果是当年发现的,要按规定的方法进行纠正;如果是以后年度发现的,应当用蓝字填制一张更正的记账凭证并登账。

（8）记账凭证填制完经济业务事项后，如有空行，应当将金额栏最后一笔金额数字下合计金额数字上的空行处划线注销。

（二）不同类型记账凭证的格式及填制方法

1. 通用记账凭证的格式及填制方法

通用记账凭证是指适用于所有类别经济业务的记账凭证。其格式见表7-6。

【例7-1】 天河公司2023年6月5日向宏兴公司采购甲材料，取得"增值税专用发票"，发票中列明甲材料数量为100吨，每吨单位售价为1 000元，计100 000元，增值税进项税额为13 000元；另外取得对方代垫运费单据一张，列明甲材料运杂费为500元。以上款项均未支付。

根据记录该项经济业务的原始凭证，确定会计分录填入通用记账凭证中。其中，凭证中年、月、日按经济业务发生的日期填写；右上方的凭证编号按经济业务排列；借、贷金额应相等。其通用记账凭证的具体填制格式见表7-6。

表7-6　　　　　　　　　　　　通用记账凭证

2023年6月5日　　　　　　　　　　　　　　　　　　　　　记字第×号

摘要	会计科目		借方金额									贷方金额									过账
	总账科目	明细科目	千	百	十	万	千	百	十	元	角	分	千	百	十	万	千	百	十	元	角	分	
向宏兴公司采购甲材料，货款未付	在途物资	甲材料			1	0	0	5	0	0	0	0											√
	应交税费	应交增值税				1	3	0	0	0	0	0											√
	应付账款	宏兴公司													1	1	3	5	0	0	0	0	√
合　计			¥		1	1	3	5	0	0	0	0	¥		1	1	3	5	0	0	0	0	

附件2张

主管：×××　　　记账：×××　　　稽核：×××　　　会计：×××　　　出纳：×××　　　制单：×××

2. 收款凭证、付款凭证、转账凭证的格式及填制方法

对于货币资金收付款业务比较频繁的单位，可将经济业务按与货币资金收付是否有关分为收款业务、付款业务及转账业务，那么相应地就需填制收款凭证、付款凭证和转账凭证。具体格式分别见表7-7、表7-8和表7-9。

收款凭证是根据现金、银行存款收款业务的原始凭证填制的，因此，凭证左上方"借方科目"处应填写"库存现金""银行存款"科目；年、月、日应填写经济业务发生的日期；右上方凭证字号应按"收字第×号"或者"现收字第×号""银收字第×号"顺序编写；贷方科目即"库存现金"或者"银行存款"科目的对应科目；金额栏中填写贷方科目的金额，贷方金额合计也即借方科目的金额；"过账备注"栏应注明根据该凭证记入账簿中的页码或以"√"表示已经过

账;附件张数即所附原始凭证张数。

【例7-2】 天河公司2023年6月10日收回应收中远公司商品货款200 000元存入银行,银行转来"收款通知"一联通知记账。假设该公司分别按现金、银行存款收款业务编号,该项业务为本期银行存款第六笔收款业务。收款凭证具体填制见表7-7。付款凭证是根据现金、银行存款付款业务的原始凭证填制的,因此,凭证左上方"贷方科目"处应填写"库存现金""银行存款"科目;凭证字号应按"付字第×号"或者"现付字第×号""银付字第×号"顺序编号;金额栏中应填写借方科目金额,借方金额之和即为贷方科目金额。

表7-7　　　　　　　　　　　　收款凭证
借方科目:银行存款　　　　　2023年6月10日　　　　　银收字第6号

摘要	贷方科目		金额									过账备注	附件1张
	总账科目	明细科目	千	百	十	万	千	百	十	元	角	分		
收回中远公司前欠货款	应收账款	中远公司				2	0	0	0	0	0	0	√	
合　计					¥	2	0	0	0	0	0	0		

会计主管:×××　　记账:×××　　出纳:×××　　稽核:×××　　制单:×××

【例7-3】 天河公司2023年6月12日购买厂部行政办公用品,"发货票"列明价款1 000元,用现金支付。假设该业务为本期第八项现金付款业务,付款凭证具体填制见表7-8。

表7-8　　　　　　　　　　　　付款凭证
贷方科目:库存现金　　　　　2023年6月12日　　　　　现付字第8号

摘要	借方科目		金额										过账备注	附件1张
	总账科目	明细科目	千	百	十	万	千	百	十	元	角	分		
购买办公用品	管理费用	办公费					1	0	0	0	0	0	√	
合　计						¥	1	0	0	0	0	0		

会计主管:×××　　记账:×××　　出纳:×××　　稽核:×××　　制单:×××

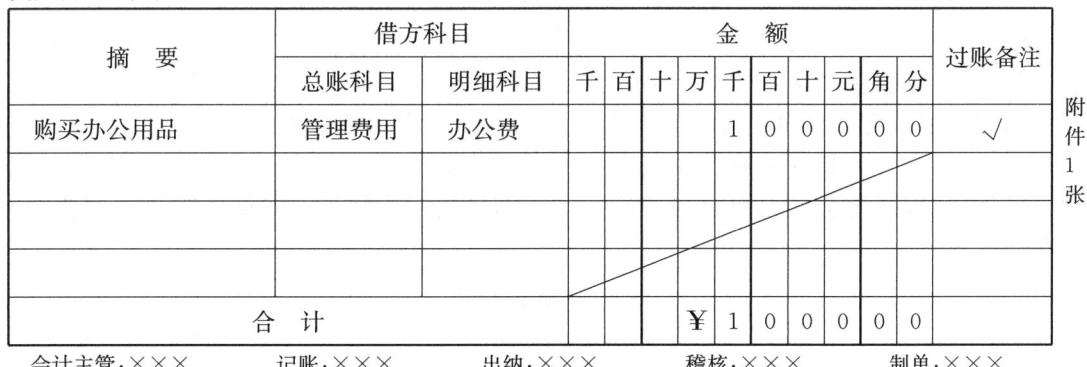

在填制收款凭证和付款凭证时,对于现金和银行存款之间相互划转的业务(即从银行提取现金、将现金存入银行的业务),一般只编制付款凭证,不编制收款凭证。如对于从银行提取现金的业务,则只需编制银行存款付款凭证,不编制现金收款凭证。因为,银行存款凭证既能反映银行存款的付出,又能反映现金的收入,如再编制现金收款凭证,很容易造成重复记账。

另外,出纳人员根据收、付记账凭证收、付款项后,应在收款凭证上加盖"收讫"戳记,在付款凭证上加盖"付讫"戳记,以免重收或者重付。

转账凭证是根据转账业务原始凭证填制的。在会计科目中,一般按照先借后贷的顺序填写会计科目;金额栏中明细科目金额之和即为总账科目金额,借方金额合计应等于贷方金额合计;凭证字号按转账业务顺序填写"转字第×号"。

【例 7-4】 天河公司 2023 年 6 月末结转已入库甲、乙材料的采购成本。甲在途物资成本为 58 000 元,乙在途物资成本为 42 000 元,原始凭证为甲、乙材料"入库单"两张。假设该笔业务为第 30 号转账业务,转账凭证具体填制见表 7-9。

表 7-9　　　　　　　　　　　　　转 账 凭 证
2023 年 6 月 30 日　　　　　　　　　　　　　　　　　转字第 30 号

摘要	会计科目		借方金额									贷方金额									过账
	总账科目	明细科目	千	百	十	万	千	百	十	元	角	分	千	百	十	万	千	百	十	元	角	分	
结转入库甲、乙材料采购成本	原材料	甲材料			5	8	0	0	0	0	0	0											√
		乙材料			4	2	0	0	0	0	0	0											√
	在途物资	甲材料													5	8	0	0	0	0	0	0	√
		乙材料													4	2	0	0	0	0	0	0	√
																							√
合　计			￥	1	0	0	0	0	0	0	0	0	￥	1	0	0	0	0	0	0	0	0	

附件 2 张

会计主管:×××　　　　记账:×××　　　　稽核:×××　　　　制单:×××

3. 单式记账凭证的格式及填制方法

以上无论是通用记账凭证还是分别收款、付款、转账业务的收款凭证、付款凭证、转账凭证,都可称为复式记账凭证。因为在一张凭证中可以从双方反映一项经济业务的来龙去脉,即某项业务引起的两个或者两个以上会计科目的变动情况,均在一张凭证中得到了反映。相对于复式记账凭证的是单式记账凭证,即把一项经济业务所涉及的借方会计科目及金额、贷方会计科目及金额分别填制记账凭证。以借方会计科目填制的记账凭证称借项记账凭证;以贷方会计科目填制的记账凭证称贷项记账凭证。其格式分别见表 7-10 和表 7-11。

表 7-10　　　　　　　　　　　　借项记账凭证
2023 年 6 月 30 日　　　　　　　　　　　　　　　　　转字第 30 $\frac{1}{2}$ 号

摘　要	会计科目		金　额									过账备注
	总账科目	明细科目	千	百	十	万	千	百	十	元	角	分	
结转入库甲、乙材料成本	原材料	甲材料			5	8	0	0	0	0	0	0	√
		乙材料			4	2	0	0	0	0	0	0	√
对应总账科目:在途物资		合　计	￥	1	0	0	0	0	0	0	0	0	

附件 2 张

会计主管:×××　　　　记账:×××　　　　稽核:×××　　　　制单:×××

表 7-11　　　　　　　　　　贷 项 记 账 凭 证

2023 年 6 月 30 日　　　　　　　　　　转字第 30 $\frac{2}{2}$ 号

摘　要	会计科目		金　额									过账备注
	总账科目	明细科目	千	百	十	万	千	百	十	元	角	分	
结转入库甲、乙材料成本附件在第 30 $\frac{1}{2}$ 号凭证上	在途物资	甲材料				5	8	0	0	0	0	0	√
		乙材料				4	2	0	0	0	0	0	√
对应总账科目:原材料	合　计		¥	1	0	0	0	0	0	0	0	0	

附件　张

会计主管:×××　　　记账:×××　　　稽核:×××　　　制单:×××

仍以上述复式转账凭证填制时的经济业务为例,分别填制借项记账凭证(见表 7-10)和贷项记账凭证(见表 7-11)。

复式记账凭证可以在一张凭证中反映出经济业务的来龙去脉,便于了解经济业务的原貌;单式记账凭证便于会计分工,但凭证填制工作量较复式记账凭证要大。因此,单式记账凭证适用于经济业务不多的单位。

4. 联合记账凭证的格式及填制方法

联合记账凭证是指兼有原始凭证和记账凭证双重作用的记账凭证。为了简化记账凭证的填制工作,对于有些转账业务,可以在印有应借、应贷科目专栏的原始凭证或者原始凭证汇总表中进行填制。该原始凭证或者原始凭证汇总表既可以反映经济业务发生情况,即起到了原始凭证的作用,又起到了据以登记账簿即记账凭证的作用,所以可称其为联合记账凭证。工业企业的"发料凭证汇总表"即可按联合记账凭证的要求进行设计,并用来填列发料业务。其格式见表 7-12。

表 7-12"发料凭证汇总表"联合记账凭证,可根据各种材料的"发料单"原始凭证按材料用途,即应借科目,定期(5 天、10 天、15 天、1 个月)汇总编制。这样,既反映了各种材料发出的原始情况,又清晰地反映了发出材料的应借、应贷关系,起到了原始凭证和记账凭证双重的作用。

表 7-12　　　　　　　　　　发料凭证汇总表

2023 年 6 月　　　　　　　　　　转字第　　号

应贷科目 应借科目	原 材 料			金额合计
	甲材料	乙材料	丙材料	
生产成本——A 产品				
制造费用——一分厂				
管理费用				
合　计				

附件　张

会计主管:×××　　　记账:×××　　　稽核:×××　　　制单:××

三、记账凭证的审核

记账凭证是登记账簿的直接依据,为了保证账簿记录的正确性,记账凭证填制完毕以

后,必须进行认真审核。其审核的内容有如下几个方面:

(1) 所附原始凭证是否完整,记账凭证内容与原始凭证记载的内容是否一致。
(2) 记账凭证中会计分录是否正确。
(3) 记账凭证中各项内容是否填写齐全、正确,有关人员是否签名盖章。
(4) 数字大、小写书写是否规范。
(5) 有无涂改、伪造记账凭证的现象。

在审核中,如发现差错或者遗漏,应按规定及时更正或补充;如已登记入账,要按规定方法进行更正;对伪造、涂改记账凭证等现象,应严厉制止并纠正。只有审核无误的记账凭证才能据以入账。

第四节 会计凭证的传递和保管

一、会计凭证的传递

会计凭证的传递是指会计凭证从填制、审核、整理、记账、装订到归档保管为止,在本单位内部有关部门和人员之间,按照规定的路线、时间进行传递、处理的程序。

一项经济业务,往往要由单位内部若干职能部门分工完成。例如,在途物资入库业务,要由采购部门、仓库部门、财会部门共同完成。因此,会计凭证也要随着经济业务的进程在这些部门之间进行传递。一般地,根据采购材料取得的"发货票"等有关原始凭证并经采购人员、采购部门负责人签章后连同材料一并送交仓库据以验收入库,并填制"收料单"原始凭证(一般一式三份,一份仓库留存,一份交采购部门存查,一份连同"发货票"等送交财会部门)。财会部门经过审核后,即可填制采购成本发生、结转入库在途物资成本的记账凭证并登记有关账户。在途物资的上述有关原始凭证、记账凭证登账后,就可装订归档保管。可见,正确、及时组织会计凭证的传递,对于及时传递经济业务信息、有效组织经济活动、提高会计工作质量、实行会计监督具有重要意义。因此,会计部门应在调查研究的基础上,会同有关部门共同制定、贯彻执行会计凭证传递程序。

(一) 确定会计凭证的传递路线

即结合不同经济业务发生情况及单位内部机构组织和人员分工情况,设计每种会计凭证的份数,规定会计凭证必须经过的环节,使得各有关部门和人员能了解经济业务的情况,及时办理凭证手续,同时要避免凭证传递经过不必要的环节,以提高工作效率。合理的会计凭证传递程序,可以协调单位内部有关部门和人员的行为,搞好分工协作,并且还可使经办业务的有关部门和有关人员之间形成一种相互牵制、相互监督的关系,从而督促有关部门和人员及时、正确地完成各自经办的业务。

(二) 规定会计凭证的传递时间

根据会计凭证的传递程序,规定凭证在每个环节上的停留时间。在不影响会计工作质量的前提下,尽量节约凭证传递时间,切忌拖延和积压会计凭证。

(三) 严密凭证交接手续

会计凭证在各有关部门和人员之间进行传递,就需要办理凭证交接手续。应制定严密的凭证交接手续,即凭证的签收、交接制度。这样,一方面有利于加强岗位责任制;另一方面便于保证会计凭证的安全完整。

二、会计凭证的保管

会计凭证是单位重要的经济资料,是会计档案的重要组成部分。因此,在根据记账凭证登记账簿以后,要定期对会计凭证进行归类整理。会计凭证整理的具体方法和要求如下。

(一) 会计凭证的整理

1. 编号

将会计凭证按编号顺序整理,检查有无缺号、重复编号情况,记账凭证所附原始凭证是否齐全。

2. 装订

按期将记账凭证连同所附的原始凭证或者原始凭证汇总表按照编号顺序折叠整齐,装订成册,厚度一般不要超过 3 厘米,并加具封面,注明单位名称、年度、月份和起讫日期、凭证种类、起讫号码,由装订人在装订线封签处签名或者盖章。

对业务性质相同、数量很大的原始凭证或者重要的原始凭证,可以单独装订保管,但必须在与之相关的记账凭证上加以说明,以便查对。

3. 归档

年度结束后,会计凭证应归入档案。

会计凭证档案封面格式见图 7-1。

		(单位名称)				
		凭证名称				
	年	月	共	册	本册为第	册
本册起止号码:自		号至		号		
本册起止日期:自		月	日起至		月	日止

会计主管:(签字)   会计:(签字)   装订:(签字)

图 7-1 会计凭证档案封面

(二) 会计凭证的借阅

会计凭证整理后应指定专人负责保管,年度终了后,应移交档案室登记归档并严格调阅制度。在一般情况下,本单位会计凭证不得外借,其他单位如因特殊情况需要调阅时,需经本单位会计机构负责人、会计主管人员批准,可以复制,并在专设的登记簿上登记,并由提供人员和收取人员共同签名或者盖章。本单位人员调阅会计凭证,也应办理有关手续,如登记调阅档案名称、调阅日期、调阅人、归还时间等。从外单位取得的原始凭证如有遗失,应当取得原开出单位盖有公章的证明,并注明原来凭证的号码、金额和内容等,由经办单位会计机构负责人、会计主管人员和单位领导人批准后,才能代作原始凭证。如果确实无法取得证明的,如火车票、飞机票等,应由当事人写出详细情况,经有关领导批准后,代作原始凭证。

各种会计凭证应按会计档案保管的有关规定,保存一定的年限,以便检查单位的经济活动情况。会计凭证保管期满后,应按规定进行销毁。销毁时,须开列清单,报经批准后由财会部门和档案部门会同销毁,并在销毁清单上签章,以便明确责任。

【知识链接】

XBRL:可扩展商业报告语言

会计数据经历了手工会计数据阶段和信息化会计数据阶段,手工会计系统中的会计数据处理流程是:原始凭证—记账凭证—登记账簿—结账;信息化会计系统下的会计数据处理流程则是:记账凭证—审核—记账—结账。

手工会计采用的源数据是原始凭证,包括结构化会计数据和非结构化会计数据,包含了大量经济业务发生的具体事件。由于手工处理的困难,只选取了会计关注的要素转换成结构化的数据——记账凭证,舍弃了原始凭证中的非结构化数据。实际上,在转换过程中,已经丢弃了很多反映经济业务的信息,根源是受手工处理的困难所限。传统的会计信息系统仅是手工会计的模拟过程,是手工会计的翻版。它选取结构化的会计数据——记账凭证作为数据源,不再关注原始凭证中的其他信息,能够较好地表现经济业务的原始凭证不包含在会计信息系统中,只是作为打印的记账凭证的附件,用于装订存档。而记账凭证又是原始凭证压缩后的结果,直接造成会计信息系统中的数据源——记账凭证无法完整地反映经济活动实现。

综上所述,手工会计与会计信息系统为信息使用者提供信息时都采用了"经济业务—数据压缩—会计数据—数据处理—会计信息—财务会计报告"的过程,都是典型的漏斗式数据处理过程,使经济信息的价值大打折扣。

在互联网时代下,XBRL(可扩展商业报告语言)实现了从结构化数据处理向半结构化数据和非结构化数据的大数据处理和分析的转变,满足了会计信息使用者个性化的信息需求。

XBRL是基于互联网、跨平台操作,专门用于财务会计报告编制、披露和使用的计算机语言,它是国际上将会计准则与计算机语言相结合,用于非结构化数据,尤其是财务信息交换的一门最新公认标准和技术。通过对数据统一进行特定的识别和分类,可直接为使用者或者其他软件所读取及进一步处理,实现一次录入、多次使用。

它的特点在于它根据财务信息披露规则,将财务会计报告内容分解成不同的数据元(data elements),再根据信息技术规则对数据元赋予唯一的数据标记,从而形成标准化规范。以这种语言为基础,通过对网络财务会计报告信息的标准化处理,可以编制出先进的网络财务会计报告,将以往不能自动读取的信息转换为一种可以自动读取的信息,大大地方便信息使用者对信息批量需要和批量利用。

以XBRL为基础的网络财务报告具有以下的一些特点:①降低信息交换成本、提高财务信息的可获得性、间接增加了财务信息可比性。②通过互联网提供具有时效性的信息,提高信息的相关性,增强财务信息的利用效率。③可自动交换并摘录财务信息而不受个别公司软件和信息系统的限制,为投资者或分析者使用财务信息提供方便。④可以减少为了不同格式需求的资料而重复输入的问题。⑤降低了信息供给成本,有利于信息供给者提高财务会计报告编制效率。

【关键术语】

会计凭证　原始凭证　记账凭证　自制原始凭证　外来原始凭证　一次原始凭证　累计原始凭证　汇总原始凭证　复式记账凭证

【问题思考】

1. 什么是会计凭证？填制和审核会计凭证有何意义？
2. 原始凭证应具备哪些内容？
3. 什么是记账凭证？记账凭证应具备哪些内容？
4. 什么是收款凭证？什么是付款凭证？什么是转账凭证？涉及现金和银行存款的划转业务如何编制记账凭证？
5. 如何审核原始凭证？如何审核记账凭证？
6. 什么是会计凭证的传递程序？会计凭证传递的作用是什么？
7. 会计凭证保管的方法和一般要求是什么？

【思政语录】

1. 贪污浪费是极大的犯罪。　　　　　　　　　　　　　　　　——《毛泽东语录》
2. 被名利迷住了心窍的人,理性是无法加以约束的。于是他一头栽进不可抗拒的欲念,召唤他去的地方,他的职业已不再是他自己选择的,而是由偶然机会和假象去决定的了。

——《马克思经典语录》

练 习 题

姓名_____
学号_____
分数_____

扫二维码获得更多
本章习题及案例

一、单项选择题

1. 严格地讲,填制记账凭证的依据应是(　　)。
   A. 真实的原始凭证   B. 自制的原始凭证
   C. 外来原始凭证   D. 审核无误的原始凭证
2. 收料单属于(　　)。
   A. 外来原始凭证   B. 自制原始凭证
   C. 计算凭证   D. 汇总原始凭证
3. 制造企业的"限额领料单"一般是一种(　　)。
   A. 外来原始凭证   B. 自制累计原始凭证
   C. 自制一次原始凭证   D. 自制汇总原始凭证
4. 结转完工入库产品的实际成本应编制(　　)。
   A. 转账凭证   B. 收款凭证   C. 付款凭证   D. 累计凭证
5. 企业所编制的会计分录不体现在(　　)上。
   A. 收款凭证   B. 付款凭证   C. 转账凭证   D. 原始凭证
6. 会计凭证不是(　　)。
   A. 记账查账的重要依据,经济业务完成情况的书面证明
   B. 编制会计报表的直接依据
   C. 记录经济业务的书面证明
   D. 明确经济责任的书面证明
7. 外来原始凭证一般都是(　　)。
   A. 一次凭证   B. 累计凭证
   C. 汇总原始凭证   D. 记账凭证
8. 下列各项中,不能作为会计核算的原始凭证的是(　　)。
   A. 发票   B. 合同书
   C. 住宿费收据   D. 领料单
9. 下列科目中,可能是收款凭证借方科目的是(　　)。
   A. "在途物资"   B. "应收账款"   C. "银行存款"   D. "预付账款"
10. 下列科目中,经常可能是收款凭证贷方科目的是(　　)。
    A. "制造费用"   B. "管理费用"   C. "应收账款"   D. "坏账准备"
11. 将会计凭证分为原始凭证和记账凭证的依据是(　　)。
    A. 填制时间   B. 取得来源

C. 填制的程序和用途 D. 反映的经济内容

12. 记账凭证中一般没有(　　)。
   A. 接受单位的名称 B. 记账凭证的编号
   C. 记账凭证的日期 D. 记账凭证的名称

13. 原始凭证是(　　)的根据。
   A. 登记日记账 B. 编制记账凭证
   C. 编制科目汇总表 D. 编制汇总记账凭证

14. 将记账凭证分为收款凭证、付款凭证、转账凭证的依据是(　　)。
   A. 凭证填制的手续 B. 凭证的来源
   C. 凭证所反映经济业务内容 D. 所包括的会计科目是否单一

15. 根据账簿记录和经济业务的需要而编制的自制原始凭证是(　　)。
   A. 转账凭证 B. 累计凭证
   C. 限额领料单 D. 记账编制凭证

16. 原始凭证的基本内容中,不包括(　　)。
   A. 日期及编号 B. 内容摘要
   C. 实物数量及金额 D. 会计科目

17. 根据一定期间的同类记账凭证全部汇总填制的凭证是(　　)。
   A. 汇总原始凭证 B. 科目汇总表
   C. 复式凭证 D. 累计凭证

18. 企业将现金存入银行应编制(　　)。
   A. 银行存款付款凭证 B. 现金付款凭证
   C. 银行存款收款凭证 D. 现金收款凭证

19. 会计凭证登账后的整理、装订和归档存查称为会计凭证的(　　)。
   A. 传递 B. 保管
   C. 编制 D. 销毁

20. 记账凭证审核时,一般不包括(　　)。
   A. 记账凭证是否附有原始凭证,原始凭证内容是否与记账凭证内容相符
   B. 记账凭证是否附有原始凭证,原始凭证时间是否与记账凭证时间一致
   C. 根据原始凭证所做的会计分录是否正确
   D. 记账凭证中规定的项目是否已填列齐全

二、多项选择题

1. 原始凭证的内容必须具备(　　)等。
   A. 凭证名称 B. 填制凭证日期
   C. 填制凭证单位名称或填制人姓名 D. 经办人员的签名或盖章

2. 各单位不得自行设计和印制的单据有(　　)。
   A. 银行汇票、本票 B. 支票
   C. 增值税专用发票 D. 入库单

3. 企业购买材料一批并已入库,该项业务有可能存在的原始凭证有(　　)。

A. 发票 B. 支票
C. 货运单据 D. 入库单

4. 记账凭证必须具备（　　）的基本内容等。
   A. 记账凭证名称 B. 填制单位名称
   C. 填制凭证日期 D. 会计分录

5. 下列各项中，属于一次性凭证的有（　　）。
   A. 销售商品时开具的增值税专用发票 B. 限额领料单
   C. 领料单 D. 购进材料时开具的入库单

6. 某一张记账凭证的编制依据有（　　）。
   A. 某一张原始凭证 B. 反映同类经济业务的若干张原始凭证
   C. 汇总原始凭证 D. 有关账簿记录

7. 产品完工验收入库，该项业务所编制的记账凭证，一般应依据（　　）。
   A. 出库单 B. 入库单
   C. 制造费用分配表 D. 库存商品成本计算单

8. 如果某一笔经济业务需填制两张记账凭证，该凭证顺序号为70号，则此两张记账凭证的编号应为（　　）。
   A. 70号 B. 71号 C. $70\frac{1}{2}$号 D. $70\frac{2}{2}$号

9. 会计凭证的传递是指从原始凭证的填制或取得时开始，经过（　　）直到归档保管为止。
   A. 填制 B. 审核 C. 记账 D. 保管

10. 组织会计凭证的传递应满足的要求有（　　）。
    A. 适合本单位经济业务特点
    B. 保证会计凭证经过的环节进行了有关处理和审核
    C. 适合本单位机构设置、人员分工
    D. 避免会计凭证在不必要的环节停留

11. 下列各项中，属于外来凭证的有（　　）。
    A. 购入材料的发票 B. 出差住宿费发票
    C. 银行结算凭证 D. 收款凭证

12. 下列科目中，可能成为银行存款付款凭证借方科目的是（　　）。
    A. "库存现金" B. "银行存款"
    C. "应付账款" D. "应交税费"

13. 记账凭证的编号方法有（　　）。
    A. 顺序编号法 B. 分类编号法
    C. 奇偶数编号法 D. 任意编号法

14. 正确地组织会计凭证的传递的意义在于（　　）。
    A. 可以及时地反映和监督经济业务的发生和完成情况
    B. 合理有效地组织经济活动
    C. 有利于原始凭证的编制
    D. 可以加强经济管理责任制

15. 涉及现金与银行存款相互划转业务应编制的记账凭证有（   ）。
    A. 现金收款凭证　　　　　　　　　　B. 现金付款凭证
    C. 银行存款收款凭证　　　　　　　　D. 银行存款付款凭证
16. 下列关于外来原始凭证的说法中,正确的有（   ）。
    A. 从企业外部取得的　　　　　　　　B. 由企业会计人员填制的
    C. 一次凭证　　　　　　　　　　　　D. 盖有填制单位公章的
17. 下列关于记账凭证的说法中,正确的有（   ）。
    A. 由经办业务人员填制的　　　　　　B. 由会计人员填制的
    C. 经济业务发生时填制的　　　　　　D. 登记账簿的直接依据
18. 下列凭证中,属于汇总原始凭证的有（   ）。
    A. 发料汇总表　　　　　　　　　　　B. 制造费用分配表
    C. 发票　　　　　　　　　　　　　　D. 现金收入汇总表
19. 对记账凭证审核的内容有（   ）。
    A. 合规性　　　　　　　　　　　　　B. 及时性
    C. 完整性　　　　　　　　　　　　　D. 技术性
20. 下列各项中,不可以代替记账凭证的有（   ）。
    A. 标明应借应贷科目的购进发票
    B. 标明应借应贷科目的发出材料汇总表
    C. 标明应借应贷科目的支票
    D. 标明应借应贷科目的火车票

三、判断题

1. 一次凭证是指只反映一项经济业务的凭证,如"领料单"。（   ）
2. 累计凭证是指在一定时期内连续记载若干项同类经济业务,其填制手续是随着经济业务发生而分次完成的凭证,如"限额领料单"。（   ）
3. 记账凭证的主要作用在于对原始凭证进行归类、整理,确定应记账户名称、方向和金额,编制会计分录并据以记账。（   ）
4. 记账凭证的填制日期与原始凭证的填制日期应当相同。（   ）
5. 为了简化和便于记账凭证的填制工作,可以先将同类的原始凭证编制原始凭证汇总表,再据以编制记账凭证。（   ）
6. 制造费用分配表属于记账编制凭证。（   ）
7. 原始凭证是登记日记账、明细账的依据。（   ）
8. 采用单式记账凭证,要为经济业务涉及的每一个账户编制一张记账凭证。（   ）
9. 原始凭证不得外借,其他单位如因特殊原因需要使用原始凭证时,经本单位领导批准后,方可外借。（   ）
10. 一项经济业务中,如果既涉及现金和银行存款的收付,又涉及转账业务,应同时填制收款(或者付款)凭证和转账凭证。（   ）

四、计算题

1. 资料

   天河公司2023年1月份生产A、B两种产品,A产品耗用2 200生产工时,B产品耗用1 280生产工时。1月份归集的制造费用为69 600元。

2. 要求

   按照A、B两种产品耗用的生产工时的比例分配制造费用,并填制制造费用分配表(见表7-13)。

表7-13　　　　　　　　　　　　制造费用分配表

年　月　日　　　　　　　　　　　　　　　　　　金额单位:元

应借账户		分配标准 (生产工时)	分配率	应分配金额	备注
生产成本	A产品				应贷账户: 制造费用
	B产品				
合　计					

审核:　　　　　　　　　　　　　　　　　　　　　　　　　　　　制单:

【实训案例】

(一) 业务实训一

1. 资料

天河公司2023年9月7日从东方材料厂购进甲材料与乙材料,收到对方开出的增值税专用发票,发票号码为10000089(图7-1),材料于9月9日验收入库,款暂未付。

广东省增值税专用发票　　　　　№ 10000089

发票联　　　　　　开票日期:2023年9月7日

购货单位	名　　　称: 天河公司 纳税人识别号: 0808080808080808 地址、电话: 广州市天河区龙洞88号 020-37211273 开户行及账号: 工商银行广州天河区支行 987654321123456789				密码区		(略)		
货物或应税劳务名称	规格型号	单位	数量	单价		金额	税率	税额	
甲材料		千克	2 000	20.00		40 000.00	13%	5 200.00	
乙材料		千克	3 000	10.00		30 000.00	13%	3 900.00	
合计						70 000.00		9 100.00	
价税合计(大写)	柒万玖仟壹佰元整					(小写)¥79 100.00			
销货单位	名　　　称: 东方材料厂 纳税人识别号: 010101010101010101 地址、电话: 广州市番禺区西环路10号 020-12228888 开户行及账号: 工商银行番禺区支行 2020202020202020				备注		东方材料 010101010101010101 发票专用章		

图7-1　天河公司购买材料收到的增值税发票

2. 要求

根据图 7-1 的增值税专用发票,填制收料单(见图 7-2)。

收 料 单

供货单位:东方材料厂　　　　　　2023年9月9日　　　　　　材料类别:原材料
发票号码:10000089　　　　　　　　　　　　　　　　　　　　 材料仓库:1

材料编号	材料名称（规格）	单位	数量		实际成本			金　　额							
			应收	实收	单价	发票金额	运费	十万	万	千	百	十	元	角	分

备注:　　　　　　　　　　　　　　　　　　　　　　　　　　　附单据1张

仓库负责人:　　　　记账:　　　　仓库保管员:　　　　验收:

图 7-2　天河公司收料单

(二) 业务实训二

1. 资料

见业务实训一的增值税专用发票以及收料单。

2. 要求

填制转账凭证。

转账凭证

2023年6月30日　　　　　　　　　　　　　　　　　　　　　转字第　　号

摘要	会计科目		借方金额										贷方金额										过账
	总账科目	明细科目	千	百	十	万	千	百	十	元	角	分	千	百	十	万	千	百	十	元	角	分	

会计主管:×××　　　　记账:×××　　　　稽核:×××　　　　制单:×××

图 7-3　转账凭证

(三)业务案例一

1. 资料

江先生是天河公司财务管理方面的主要负责人,有一次,在复核记账凭证时发现,会计小徐不小心丢了3张记账凭证,江先生在审核原始凭证后,批评小徐工作太不细心,同时让她重新编写3张记账凭证。另有一次,江先生在复核时发现小陈编写的银行存款付款凭证所附的20万元支票存根丢失,同时发现还有现金付款凭证所附的原始凭证与凭证所注张数不符。江先生马上让小陈停止工作,并且与他一起回忆,追查这张支票的去向。小陈对此非常不满,认为江先生小题大做,故意整他,偏向小徐。

2. 要求

你认为江先生是否真的是在小题大做,为什么?

(四)业务案例二

1. 资料

天河公司为了加强管理,制定了一系列规章制度,其中一条规定为一些重要的自制原始凭证必须复写4份。例如,库存商品的售出单据必须复写4份,分别在财会部门、销售部门、仓库、门卫各留一份。因为填写、传递这些原始凭证比较麻烦,小张认为这是繁琐哲学,建议取消,只需要复写两份就够了,一份留财务,另一份由对方带回去报销。

2. 要求

复写多份原始凭证是不是繁琐哲学?你如何看待此事?

第八章 会计账簿

章前导引

教学目标

本章主要介绍账簿的定义、种类、基本结构,以及记账规则和方法等。

通过学习,学生应了解账簿的定义和分类;掌握账簿的基本结构;掌握基本记账技术规则;了解各类账簿的登记方法;了解对账的内容;掌握错账的更正方法;掌握结账的程序、内容与方法;理解账务处理程序的意义和主要组织方式。

第一节 会计账簿概述

一、账簿的定义与种类

(一)账簿的定义

账簿是由具有一定格式、相互联系的账页组成的,用来连续、系统、全面地记录和反映各项经济业务的簿籍。簿籍是账簿的外表形式,而账户记录则是账簿的内容。设置账簿是会计工作的一个重要环节,登记账簿是会计核算的一种专门方法。籍由簿籍记录提供的有关经济项目的分类信息,是企业编制财务会计报告的基础。

(二)账簿的种类

会计核算中应用的账簿很多,不同的账簿,其用途、形式、内容和登记方法都各不相同。为了更好地了解和使用各种账簿,就需要对账簿按一定的标准进行分类,在实务中,通常根据账簿的用途、外在格式等进行账簿分类。

1. 按用途分类

账簿按其用途分类,一般可分为序时账簿、分类账簿和备查账簿。

(1)序时账簿是按照经济业务发生时间的先后顺序逐日逐笔登记的账簿,也称日记账。序时账簿有两种:一种用来登记全部经济业务,称为普通日记账;另一种用来登记某一类经济业务,称为特种日记账,如现金日记账、银行存款日记账等。

(2)分类账簿是对各项经济业务按照账户进行分类登记的账簿,简称分类账。按账簿反映内容详略的不同,又分为总分类账(简称总账)和明细分类账(简称明细账)。总分类账是根据一级科目开设的,用来总括反映全部经济业务,提供各种资产、负债、所有者权益、费用、成本、收入、利润等总括核算资料的分类账簿;明细分类账是根据二级及以下明细科目设置的,反映资产、负债、所有者权益、收入、成本、利润等详细情况的账簿。明细分类账是对总分类账的补充和具体化,并受总分类账的控制和统驭。

(3) 备查账簿也称辅助登记簿,是对某些在日记账和分类账等主要账簿中未能记载的事项进行补充登记的账簿。它可以为某些经济业务的内容提供必要的参考资料,如租入固定资产登记簿、受托加工材料登记簿、商业票据登记簿等。备查登记簿由各单位根据需要自行设置。

2. 按外表形式分类

账簿按其外表形式分类,可以分为订本式账簿、活页式账簿和卡片式账簿。

(1) 订本式账簿也称订本账,是在使用前就把若干账页固定地装订成册的账簿。在实际工作中,总分类账、现金日记账和银行存款日记账一般都采用订本式账簿。

(2) 活页式账簿也称活页账,是把分散的账页用特制的账夹固定在一起,并可以随时取放(增减)账页的账簿。明细账较多采用活页式账簿。

(3) 卡片式账簿也称卡片账,是由许多分散的,具有一定格式的卡片,存放在卡片箱中保管的账簿。卡片账可跨年度使用。在实际工作中,企业的固定资产明细账常常采用卡片账的形式。

3. 按账页格式分类

会计账簿按账页格式的差异,分为三栏账、数量金额账和多栏账三种。

(1) 三栏账是指通过设置借方(发生额)、贷方(发生额)和余额三个栏目,用来分类核算各项经济业务,提供详细核算资料的一种账簿。总分类账和只进行金额核算的明细分类核算,如"应收账款""固定资产""短期借款"等内容的总分类、明细分类核算,均可采用三栏账。三栏账体现了账户的基本结构,是账页的基本格式,其他格式的账页均以三栏账为基础,依据特定会计记录的需要加以演变产生。

(2) 数量金额账是指在账页的"借方(收入)""贷方(发出)""余额(结存)"三栏下,再附加设置"数量"栏和"金额"(含单价)栏,同时使用货币和实物量来记录企业特定事项的记录,以核算对应事项具体变化过程和结果的一种账簿。它主要适用于"原材料""库存商品"等,既要进行金额核算又要进行数量核算和管理的经济事项。

(3) 多栏账指在账页的借方或者贷方,依据核算对象的具体内容而划分为若干不同的专门栏目,对其变动过程和结果进行详细记录的一种账簿。根据实务的需要,既可以将同属于一个总账账户的各个明细项目合并在同一账页上,如"管理费用"明细账及其各具体内容;也可以将某一明细账户的具体项目设专栏登记,如"生产成本明细账"等。在多栏账中,账页借方栏或者贷方栏中的某一栏(通常为借方栏)需要细分为若干专栏。

二、会计账簿的基本结构

会计账簿包括总分类账、明细分类账、日记账和其他辅助性账簿。为使各种散乱、繁杂的经济业务信息或者数据成为有用的会计信息,需通过不同种类的会计账簿对单位的全部经济业务信息或者数据进行连续的、相互衔接的分类归集和整理加工。这些账簿分别存在于会计信息形成过程中的不同环节,为达成预定会计目标提供了实现的手段。

会计账簿格式多种多样,总分类账、明细分类账和日记账等主要账簿一般由封面、扉页、目录和账页等构成。

(一)封面

封面主要用来载明账簿的名称。

(二)扉页

扉页主要用来登载经管人员一览表,其主要内容包括单位名称、账簿名称、起止页数、启用日期、单位领导人、会计主管人员、经管人员、移交人和移交日期、接管人和接管日期。

(三)目录

目录页主要用来对账页内容进行索引,因在多数情况下账页内容存在变动,所以订本账的目录在编制时应预留空白,活页账需在装订成册时补充完成目录页。

(四)账页

账页是账簿的主体。在每张账页上,应载明账户名称(即会计科目或者明细科目)、记账日期、记账凭证的种类和号数、摘要及金额。

三、账簿的启用

(一)填写账簿名称

在封面列明账簿名称和记账单位名称,如"天河公司总账""天河公司××明细账""天河公司库存现金日记账"等。

(二)填写账簿使用记录

在账簿的扉页上,登记对应的事项,包括启用日期、账簿页数、册次、账簿经管人员情况、交接记录等信息。新账簿启用时,有关人员需如实填写账簿启用表并签章。若年度内出现工作交接,则接任会计人员和监交人员需要填写账簿交接表。

(三)填写账簿内的账户目录

账户目录初始状态为空白,可以由账簿启用人员在开设账页户头后,按顺序将账户的名称、页码逐个登记,以便查阅。如果是活页账,因账簿使用过程中存在页数变动的可能,暂时无法确定页码,可留待年终装订归档时,再补充填写。

第二节 记账规则

一、会计账簿登记的基本要求

账簿作为重要的会计档案和会计信息的主要处理工具,必须按规定的方法,依据审核无误的记账凭证进行登记。进行登记时,应按如下基本要求进行。

（一）准确完整

登记会计账簿时，应当将会计凭证日期、编号、业务内容摘要、金额和其他有关资料逐项记入账页内，做到数字准确、摘要清楚、登记及时、字迹工整。每一项会计事项，一方面要记入有关的总账；另一方面要记入该总账所属的明细账。登记账簿要及时，但各种账簿的登记间隔时间的长短没有统一规定，一般来说，要根据本企业所采用的具体会计核算形式而定。

（二）注明记账符号

登记完毕后，要在记账凭证上签名或者盖章，并注明已经登账的符号，表示已经记账。在记账凭证上设有专门的栏目供注明记账的符号，以免发生重记或漏记。

（三）书写留空

账簿中书写的文字和数字上面要留有适当的空格，不要写满格，一般应不超过格高的1/2。这样，一旦发生登记错误，能比较容易地进行更正，同时也方便查账。

（四）用笔要求

正常登记账簿时，要用蓝黑墨水或者碳素墨水书写，不得使用圆珠笔（银行的复写账簿除外）或者铅笔书写。在会计上，数字的颜色是重要的语素之一，它同数字和文字一起传达特定会计信息。如同数字和文字错误会表达错误的信息一样，书写墨水的颜色用错了，也会导致信息混乱。

红色在会计账务处理中有特殊含义，在下列特殊账务处理情况下，可以用红色墨水记账：

（1）按照红字冲账的记账凭证，冲销错误记录。

（2）在不设借方栏或者贷方栏的多栏式账页中，登记减少数。

（3）在三栏式账户的余额栏前，未印明余额方向的，在余额栏内登记负数余额。

（4）根据国家统一会计制度的规定可以用红字登记的其他会计记录。

（五）顺序连续登记

各种账簿应按页次顺序连续登记，不得跳行、隔页。如果发生跳行、隔页，应当将空行、空页划线注销，或者注明"此行空白""此页空白"字样，并由记账人员签名或者盖章，目的在于堵塞在账簿登记中可能出现的漏洞和舞弊行为。

（六）过次承前

每一账页登记完毕结转下页时，应当结出本页合计数及余额，写在本页最后一行和下页第一行有关栏内，并在摘要栏内注明"过次页"和"承前页"字样；也可以将本页合计数及金额只写在下页第一行有关栏内，并在摘要栏内注明"承前页"字样。也就是说，"过次页"和"承前页"的方法有两种：一是在本页最后一行内结出发生额合计数及余额，然后过次页并在次页第一页承前页；二是只在次页第一行承前页写出发生额合计数及余额。

二、日记账的登记

（一）现金日记账

现金日记账是用来登记库存现金收入、付出和结存情况的账簿。由出纳人员根据与库存现金收付有关的收款凭证和付款凭证,按时间顺序逐日逐笔登记。现金日记账一般采用三栏式,格式见表8-1。

表8-1　　　　　　　　　　　　　现金日记账

2023年		凭证号数		摘　要	借方	贷方	余额
月	日	字	号				
9	1	(略)	(略)	月初余额			3 700
	1			购办公用品		290	
	1			采购员借差旅费		450	
	1			提取现金	300		1 300
9	30			本月发生额合计及月末余额	4 800	3 580	1 200

"凭证号数"栏登记每笔账所依据的收、付款凭证号数(凭证记账后,也要在记账凭证上注明所登记账簿的页数),以便日后查对;"摘要"栏根据记账凭证的摘要填写,简要说明经济业务内容;"借方"栏根据收款凭证登记;"贷方"栏根据付款凭证登记。但对于从银行提取现金的业务,由于已填制银行存款付款凭证,为避免重复记账,一般不再填制库存现金的收款凭证,所以对于从银行提取现金的现金收入数额,应根据银行存款付款凭证登记现金日记账的借方栏。每日终了,结算出余额,并与实存现金数额相核对。

(二) 银行存款日记账

银行存款日记账是用来逐日反映企业银行存款的增加、减少和结存情况的账簿,一般也是由出纳人员根据各种银行存款的收、付款凭证按时间顺序逐日逐笔登记的。其格式见表8-2。

表8-2　　　　　　　　　　　　银行存款日记账

2023年		凭证号数		摘　要	结算凭证		借方	贷方	余额
月	日	字	号		种类	号数			
9	1			月初余额	(略)	(略)			32 000
	1	收	1	支付购买材料款				3 000	
	1	付	1	产品销售收入			6 000		35 000
9	30			本月发生额合计及月末余额			168 000	253 000	26 000

银行日记账的登记方法与现金日记账的登记方法基本相同,这里不再赘述。但银行存款日记账设有"结算凭证种类和号数"栏,这是因为银行存款的收付都是根据银行规定的结算方式办理的,为了便于与银行对账,需要单独列出每笔存款收付所依据的结算凭证种类和号数,以便日后与银行进行账务比对时,对于出现的差错,双方能及时准确的进行查证。

三、分类账的格式及登记

分类账是分类登记经济业务的账簿,设置分类账的目的就是要从各个账户中取得总括或者详细的核算资料。各个账户一般在分类账里都占有独立的账页,账页的多少应视账户的经济内容而定。经济业务内容少的账户,往往一个账户只需一张账页;而内容多的账户,则需要用若干连续的账页。

根据提供资料的详细程度不同,分类账可分为总分类账和明细分类账。

(一) 总分类账

总分类账简称总账,它是总括反映企业经济活动及资产、负债、所有者权益、收入、费用、利润等状况的账簿。它按照规定的一级账户分设账页,以集中登记属于该账户的业务及其相关的增减变动。

总分类核算只运用货币度量价值量的变动,因此总分类账的格式一般比较简单,采用较多的是三栏式结构,称为三栏式总分类账。其格式见表8-3。

表 8-3　　　　　　　　　　　原材料总分类账

2023年		凭证		摘要	借方	贷方	借或贷	余额
月	日	种类	号数					
9	1			月初余额			借	35 000
	1	付	2	购入材料	10 000		借	45 000
	1	转	4	领用原料		15 000	借	30 000
9	30			本月发生额及月末余额	75 000	80 000	借	30 000

三栏式总分类账的登记既可以根据记账凭证登记,也可以根据经汇总处理过的"科目汇总表"或者"汇总记账凭证"登记,相应地形成了不同的会计核算组织程序,各单位可以根据实际情况自行确定具体采用哪一种会计核算形式。

(二) 明细分类账

明细分类账简称明细账,应根据原始凭证、原始凭证汇总表和记账凭证逐笔进行登记,也可以定期(3天、5天或者10天)登记。但债权债务明细分类账和财产物资明细分类账应当每天登记,以便随时与对方单位结算,核对库存余额。明细分类账的格式需要根据其所反映经济业务内容的特点和实物管理的不同要求来设计,一般有三栏式、数量金额式和多栏式三种明细分类账。

1. 三栏式明细分类账

三栏式明细分类账与三栏式总分类账格式相同,主要适用于只要求反映金额的经济业务(如应收账款、应付账款、其他应收款等)的明细分类核算。它根据记账凭证和有关原始凭证逐笔登记,其格式见表8-4。

表 8-4　　　　　　　　　　　应付账款明细分类账

2023年		凭证字号		摘要	借方	贷方	借或贷	余额
月	日	种类	号数					
9	1			月初余额			贷	3 000
	1	转	15	购料欠款		1 500	贷	4 500
	1	付	14	还款	3 500		贷	1 000
9	30			本月发生额及月末余额	3 500	1 500	贷	1 000

2. 数量金额式明细分类账

数量金额式明细分类账适用于既需要反映金额,又需要反映数量的经济业务(如原材料、产成品等)的明细核算,根据材料或产品等收发凭证逐笔登记。这种明细分类账可以提供材料、产成品等收、发、存的详细资料,便于加强对这些财产物资的实物监督,其格式见表8-5。

表8-5 原材料明细分类账

存货类别:　　　　　　　　　　　　　　　　　　　　　计量单位:千克
存货编号:　　　　　　　　　　　　　　　　　　　　　最高存量:
存货名称及规格:A　　　　　　　　　　　　　　　　　　最低存量:

2023年		凭证号数		摘要	收入			发出			结存		
月	日	字	号		数量	单价	金额	数量	单价	金额	数量	单价	金额
1	1			期初余额							300	50	15 000
	10			购入	900	50	45 000				1 200	50	60 000
	11			发出				800	50	40 000	400	50	20 000
	18			购入	600	50	30 000				1 000	50	50 000
	20			发出				800	50	40 000	200	50	10 000
	23			购入	200	50	10 000				400	50	20 000
1	31			本月发生额及月末余额	1 700	50	85 000	1 600	50	80 000	400	50	20 000

3. 多栏式明细分类账

多栏式明细分类账适用于生产成本、管理费用等的明细分类核算。多栏式明细分类账是根据各该业务的经济内容和提供资料的要求,在一张账页上按明细项目分设专栏,以提供这类经济业务的详细资料,因此专栏的设置各不相同,如"生产成本"账户需要反映生产中消耗的项目等,其明细账格式见表8-6。

表8-6 生产成本明细分类账

年		凭证号数		摘要	借　方				借方余额
月	日	字	号		直接材料	直接人工	制造费用	合计	

四、总分类账与明细分类账的平行登记

(一) 平行登记的意义

所谓平行登记,是指经济业务发生后,根据会计凭证,一方面要登记有关的总分类账,另一方面也要登记该总分类账所属的各有关明细分类账。

如前所述,总分类账是依据总分类科目开设,用来提供总括核算指标的账簿;明细分类

账是依据明细分类科目开设,用来提供详细核算指标的账簿。所以,在总分类账中进行的核算,称为总分类核算;在明细分类账中进行的核算,称为明细分类核算。

各企业在进行总分类核算的同时,应根据管理的需要,进行必要的明细分类核算。总分类账和明细分类账虽然都用来提供会计核算指标,但从其提供指标之间的关系考虑,总分类账对其所属的明细分类账起着统驭和控制作用,可称为统驭账户;明细分类账对其总分类账起着补充和说明作用,所以称为从属账户。总分类账与其所属的明细分类账反映的会计事项相同,登账的初始依据是同一原始凭证,不同的只是分别以总括指标和详细指标的形式加以反映。为了使总分类账与其所属的明细分类账能各自发挥自身的作用,便于账户核对,并确保核算资料的正确、完整,在总分类账及其所属的明细分类账中进行记录时必须采用平行登记的方法。

(二)平行登记的要点

平行登记的要点如下:

(1)对于需要提供详细指标的经济业务,应根据审核无误的记账凭证,一方面记入有关的总分类账,另一方面记入同期总分类账所属的各有关明细分类账。这里所指的同期是指在同一会计期间,而并非同时。因为明细分类账一般根据记账凭证及其所附的原始凭证于平时登记,而总分类账因会计核算组织形式不同,可能在平时登记,也可能定期登记,但登记总分类账和明细分类账必须在同一会计期间内完成。

(2)登记总分类账及其所属的明细分类账的方向应当相同。这里所指的方向,是指所体现的增减变动方向,而并非相同的记账方向。在一般情况下,总分类账及其所属的明细分类账都按借方、贷方和余额设栏登记,这时在总分类账及其所属明细分类账中的记账方向是相同的,如债权债务结算账户即属于这种情况。但有些明细分类账不按借方、贷方和余额设栏登记,而是按收入、发出、结存或者其他容易理解的增减符号设栏登记。例如,材料明细分类账有时按收入、发出和结存设数量金额式明细分类账。

还有一些明细分类账按组成项目设多栏记录,采用多栏式明细分类账格式。在这种情况下,对于某项需要冲减有关组成项目金额的事项,只能用红字记入其相反的记账方向,以红字在其相反的记账方向登记来表示总分类账中的相同方向的记录。例如,"管理费用"账户按其组成项目设置借方多栏式明细分类账,发生需冲减管理费用的经济业务时,总分类账中记入贷方,而其明细分类账中则以红字记入管理费用相应项目的借方。这时,在总分类账及其所属的明细分类账中,就不可能以相同的记账符号按相同的记账方向进行登记,而只能以相同的变动方向进行登记。

(3)记入总分类账的金额与记入其所属的各明细分类账的合计金额相等。总分类账提供总括指标,明细分类账提供总分类账所记内容的具体指标,所以记入总分类账的金额与记入其所属各明细分类账的合计金额相等。

综上所述,总分类账与其所属明细分类账,按平行登记规则进行登记,可以概括为:依据相同,方向相同,金额相同。

根据总分类账与其所属明细分类账的平行登记规则记账之后,总分类账与所属明细分类账之间产生了下列数量关系:

总分类账本期发生额合计数=相关明细分类账本期发生额合计数之和
总分类账期末余额=相关明细分类账期末余额之和

(4) 在会计核算工作中,可利用上述关系检查账簿记录的正确性。检查时,根据总分类账与明细分类账之间的数量关系,编制明细分类账的本期发生额和余额明细表,同其相应的总分类账本期发生额和余额相互核对。明细分类账本期发生额和余额明细表根据不同的业务内容,可以分别采用不同的格式。应收账款明细分类账本期发生额和余额明细表见表 8-7。

表 8-7　　　　　　　　应收账款明细分类账本期发生额和余额明细表
年　　月

明细科目	月初余额		本期发生额		月末余额	
	借方	贷方	借方	贷方	借方	贷方
合计						

财产物资明细分类账的本期发生额和余额明细表,既列示金额,又列示数量,以金额同总分类账户相核对,以数量同实物保管账相核对。其一般格式见表 8-8(以原材料为例)。

表 8-8　　　　　　　　原材料明细分类账本期发生额和余额明细表

数量单位:千克
金额单位:元

年　　月

明细科目	计量单位	月初余额			本期发生额						月末余额					
					收入			发出			收入			发出		
		数量	单价	金额	数量	单价	金额	数量	单价	金额	数量	单价	金额	数量	单价	金额
合计																

第三节　对账、错账更正和结账

一、账簿核对

为了保证账簿记录的真实、正确与可靠,需对账簿所记录的有关数据加以检查和核对,这种核对工作在会计上称为账簿核对,简称对账,是会计核算的一项重要内容。各单位应当定期将会计账簿记录的有关数字与库存实物、货币资金、往来单位或者个人等进行相互核对,保证账证相符、账账相符、账实相符,对账工作每年至少进行一次。对账的主要内容如下。

(一) 账证核对

账证核对即核对会计账簿记录与原始凭证和记账凭证的时间、凭证字号、内容、金额是否一致,记账方向是否相符。

(二) 账账核对

账账核对即核对会计账簿记录是否相符,包括总分类账有关账户的余额核对、总分类账与明细分类账核对、总分类账与日记账核对、会计部门的财产物资明细分类账与财产物资保管和使用部门的有关明细分类账核对等。

(三) 账实核对

财实核对即核对会计账簿记录与财产等实有数额是否相符,包括现金日记账账面余额与现金实际库存数核对,银行存款日记账账面余额与银行对账单核对,各种材料物资明细分类账账面余额与材料物资实存数额核对,各种应收、应付款明细分类账账面余额与有关债务债权单位或者个人核对等。

二、试算平衡

(一) 试算平衡原理

试算平衡就是根据资产和权益的平衡关系,按照记账规则的要求,通过汇总计算和比较,借以检查账户记录正确性、完整性的核对工作。它也是进行账簿核对的一个依据。

试算平衡通常是通过编制总分类账户试算平衡表完成。按照借贷记账法的"有借必有贷,借贷必相等"的记账规则,每一笔经济业务的会计分录,借贷双方的发生额必然相等。所以,当一定会计期间(月、季、年)的全部经济业务的会计分录都记入相关账户后,所有账户的借方发生额与贷方发生额的合计数也必然相等。以此类推,全部账户的借方期末余额与贷方期末余额的合计数也必然相等。试算平衡就是运用上述原理,检查和验证账户记录是否正确,完成对账簿记录准确性与完整性的核对工作。这种相等关系用公式表示如下:

(1) 会计分录试算平衡公式:

$$借方科目金额 = 贷方科目金额$$

(2) 发生额试算平衡公式:

$$全部账户本期借方发生额合计 = 全部账户本期贷方发生额合计$$

(3) 余额试算平衡公式:

$$全部账户期末借方余额合计 = 全部账户期末贷方余额合计$$

(二) 试算平衡表的编制

下面将通过举例说明,如何采用借贷记账法编制会计分录、登记账户和进行试算平衡。

【例 8-1】 天河公司 2023 年 9 月份总分类账户的月初余额见表 8-9。

表 8-9　　　　　　　　　　　　总分类账户的月初余额
2023 年 9 月　　　　　　　　　　　　　　　　　　　单位:元

资产	金额	负债和所有者权益	金额
银行存款	20 000	短期借款	20 000
原材料	50 000	应付账款	3 000
库存商品	8 000	实收资本	200 000
固定资产	160 000	资本公积	10 000
生产成本	5 000	盈余公积	10 000
合　计	243 000	合　计	243 000

该公司 9 月份发生下列经济业务:
(1) 用银行存款购入原材料 6 000 元,已验收入库。
(2) 向银行借入短期借款 2 000 元,直接归还应付账款。
(3) 用银行存款偿还一季度的短期借款 10 000 元。
(4) 收到投资者追加投资 50 000 元,款项已存入银行。
(5) 本期生产产品领用原材料一批,账面成本为 8 000 元。
根据上述经济业务,编制会计分录如下:

经济业务(1):　借:原材料　　　　　　　　　　　　　　　　　6 000
　　　　　　　　　贷:银行存款　　　　　　　　　　　　　　　　　6 000

经济业务(2):　借:应付账款　　　　　　　　　　　　　　　　　2 000
　　　　　　　　　贷:短期借款　　　　　　　　　　　　　　　　　2 000

经济业务(3):　借:短期借款　　　　　　　　　　　　　　　　10 000
　　　　　　　　　贷:银行存款　　　　　　　　　　　　　　　　10 000

经济业务(4):　借:银行存款　　　　　　　　　　　　　　　　50 000
　　　　　　　　　贷:实收资本　　　　　　　　　　　　　　　　50 000

经济业务(5):　借:生产成本　　　　　　　　　　　　　　　　　8 000
　　　　　　　　　贷:原材料　　　　　　　　　　　　　　　　　　8 000

根据以上会计分录登记相关账户,期末结出这些账户的本期发生额和期末余额(单位为元),见图 8-1。

银 行 存 款			
期初余额	20 000		
		①	6 000
④	50 000	③	10 000
本期发生额	50 000	本期发生额	16 000
期末余额	54 000		

原 材 料

期初余额	50 000		
①	6 000		
		⑤	8 000
本期发生额	6 000	本期发生额	8 000
期末余额	48 000		

库 存 商 品

期初余额	8 000		
本期发生额		本期发生额	
期末余额	8 000		

固 定 资 产

期初余额	160 000		
本期发生额		本期发生额	
期末余额	160 000		

生 产 成 本

期初余额	5 000		
⑤	8 000		
本期发生额	8 000	本期发生额	
期末余额	13 000		

短 期 借 款

		期初余额	20 000
③	10 000	②	2 000
本期发生额	10 000	本期发生额	2 000
		期末余额	12 000

应 付 账 款

		期初余额	3 000
②	2 000		
本期发生额	2 000	本期发生额	
		期末余额	1 000

实 收 资 本

		期初余额	200 000
		④	50 000
本期发生额		本期发生额	50 000
		期末余额	250 000

资 本 公 积

		期初余额	10 000
本期发生额		本期发生额	
		期末余额	10 000

盈 余 公 积

		期初余额	10 000
本期发生额		本期发生额	
		期末余额	10 000

图 8-1 登记账户并结出本期发生额和期末余额

根据账户记录进行试算平衡(见表 8-10)。

表 8-10　　　　　发生额及余额试算平衡表　　　　　单位:元

会计科目	期初余额 借方	期初余额 贷方	本期发生额 借方	本期发生额 贷方	期末余额 借方	期末余额 贷方
银行存款	20 000		50 000	16 000	54 000	
原 材 料	50 000		6 000	8 000	48 000	
库存商品	8 000				8 000	
固定资产	160 000				160 000	
生产成本	5 000		8 000		13 000	
短期借款		20 000	10 000	2 000		12 000
应付账款		3 000	2 000			1 000
实收资本		200 000		50 000		250 000
资本公积		10 000				10 000
盈余公积		10 000				10 000
合　　计	243 000	243 000	76 000	76 000	283 000	283 000

通过表8-10的记录,我们可以看到,相关账户的期初余额、本期发生额及期末余额的合计都体现了借、贷相等的关系。但要特别说明的是,试算平衡是检查账簿记录是否正确的必要但不充分条件,即如果借贷不平衡,就可以肯定账户的记录或者计算有错误;但即便借贷平衡,也不能充分保证记账没有错误。比如,一笔会计分录漏记入账或者重复记账;或者借方金额、贷方金额发生相同的错误;或者应借、应贷账户被颠倒和用错账户名称等,以上错误都不会影响试算平衡。

三、错账更正

在账簿登记过程中,难免因为各种原因导致账簿记录出现偏差,有些差错在账务记录的当时即可发现,有些差错则可能在后续的对账、财产清查等环节才能发现。按照我国《会计法》的要求,账簿记录发生错误,不准涂改、挖补、刮擦或者用药水消除,不准重新抄写,需要根据错误的不同情况,采用不同的方法对原账簿记录进行更正,以使账簿记录真实反映经济事项。根据账簿记录的差错情况,可分如下三种情况区别更正。

(一)抄写性差错

此种差错是指原始凭证和记账凭证均正确无误,会计人员在手工登记账簿的过程中,出现了文字、数字及账页使用等方面的差错。针对此类差错,需要采用"划线更正法",对账簿记录进行调整。

按照规定,应当将错误的文字、数字,在确保原字迹辨认不受影响的情况下,用红线划线注销,然后在划线的上方填写正确的文字或者数字,并由更正人员在更正处签章,以明确责任。需要注意的是,对错误的数字,应当全部划线注销,不能仅就错误部分更正。文字性错误不受此限。

对出现的空行、空页也需要用红笔划线注销,实务中通常采用在金额栏内自左下至右上通栏划线,更正人员还需在划线上签章,在摘要处注明"此行空白""此页空白"等字样。

从会计实务的发展趋势看,随着会计信息化的普及,手工账逐渐被电子账取代,此种错误已日益减少。

(二)记账凭证科目差错

由于记账凭证在科目运用上出现差错,导致记账凭证反映的内容与原始凭证记载不符,从而出现账务记录差错,并形成账实不符。针对此类差错,需分两步加以更正,首先借助"红字更正法",编制红字凭证,即填制一张与原错误凭证内容相同、金额相反(通常为负)的记账凭证,据以红字登账,从而冲销原错误凭证记录的账务影响;其次以蓝字填制一张正确的记账凭证,予以补充登记完成。编制的红字及蓝字凭证,摘要通常注明"冲×××号凭证""补××号凭证错记",附件可以为对应原始凭证的复印件。

(三)记账凭证金额差错

1. 所记金额大于应记的正确金额(包括重记)

原记账凭证中的借、贷账户正确,但所记金额较正确金额大,应采用"红字更正法",填制一张与原错误记账凭证内容相同,金额用红字、数量为多记金额的记账凭证,并据以用红字登记入账,以冲销多记的金额。摘要通常为"冲正××号凭证多记",在电子账的情况下,红字通常以负数表示。

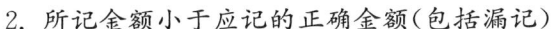

2. 所记金额小于应记的正确金额（包括漏记）

原记账凭证中的借、贷账户正确，但所记金额较正确金额小，应采用"补充登记法"，填制一张与原错误记账凭证内容相同，金额为少记金额的记账凭证，并据以登记入账，以补充少记的金额，摘要通常为"补充××号凭证少记"。

除上述三种情况外，如果出现因原始凭证事项错误，导致后续记账凭证和账簿登记相应出现的差错，应属于账实不符内容，需通过财产清查差异处理的步骤予以调整（详见第九章），不在此差错更正范围。

四、结账

（一）结账的主要内容

结账是在将对账过程中检查出的差错予以更正，切实做到账证、账账、账实相符的基础上，在会计期末对各个账户的本期发生额和期末余额进行结算的工作。

结账是在会计分期的基础上，定期对企业"持续"的经营活动状况及其成果进行总结，特别是计算确定企业当期实现的损益，从而保证会计工作及时处理各种信息，为使用者提供决策有用的信息。

结账的主要内容包括以下几个方面：

（1）检查确保当期发生的各项经济业务已全部正确入账，做到账证、账账、账实相符。
（2）按照权责发生制的要求，调整有关账项，以使当期损益的计算更为准确合理。
（3）将各损益类账户的期末余额结转至"本年利润"账户的对应方向。
（4）计算各账户本期借方和贷方发生额合计数和期末余额；如果是年终结账，还需将各账户余额结转至下年新账。
（5）结束旧账。

（二）结账的步骤

1. 结算账户余额

凡需结出余额的账户，在结出余额后，应当在"借或贷"栏内写明"借"或"贷"，表明当前账户余额的方向。没有余额的账户，应当写"平"字，并在"余额"栏内的元、角、分三栏用"-0-"标示，而不能仅写"0"。现金日记账和银行存款日记账因要求日清月结，其余额需逐日逐笔结出，既方便日常工作应用，也便于随时核对。

2. 账户的月结

凡需结出当月余额的账户，应当在当月最后一笔记录下方摘要栏处，注明"本月合计"字样，并在该行的借方栏与贷方栏分别结出本月借方发生额合计和本月贷方发生额合计，然后在下方划通栏单红线。

凡需结出本年累计发生额的账户，在月结行的下方摘要栏标注"本年累计"字样，并在该行的借方栏与贷方栏分别结出截至当前月累计借方发生额合计与累计贷方发生额合计，并在下方再划一条通栏单红线。

3. 账户的年结

年度终了结账时，所有账户都应当结出全年发生额，有余额的账户结出年末余额，12月末的"本年累计"即为全年累计发生额，在其下方改为划通栏双红线，以示封账。

4. 结束旧账

年度终了,应当把不同账簿下各账户的期末余额,结转至新的会计年度对应的账簿,并在旧账簿"本年累计"行的下一行摘要处,注明"结转下年"字样。新旧账簿间的余额转移,属于账户间转移,无需编制会计分录。

新账户的首行摘要栏标注"上年结转"字样,余额对应旧账簿的借贷方向。

第四节 账务处理程序

一、账务处理程序及其设计意义

(一)账务处理程序的含义

账务处理程序也称会计核算组织程序或会计核算形式,是指会计凭证、会计账簿、会计报表相结合的方式。它包括:会计凭证和账簿的种类、格式,会计凭证与账簿之间的联系方法,由原始凭证到编制记账凭证、登记明细分类账和总分类账、编制会计报表的工作程序和方法等。

企业每日发生的各类交易或者事项,需要经过一定的会计处理才能完成由业务信息向会计信息的转变。从理论上看,这一过程包括了确认、计量、记录和报告过程,即交易或者事项的处理是以会计的初始确认为起点;确认后的交易或者事项需采用特定的方式予以计量;通过以借贷记账法为代表的复式记账方法完成记录,记入以账簿为表现形式的特定会计资料;会计期末,经过再确认和计量,将企业当期的所有会计信息列报于财务会计报告中,完成对外报告。这一流程在会计的实际工作中通过填制会计凭证、登记会计账簿和编制财务会计报告来具体实现。

在实务中,可供企业选择使用的证、账、表种类繁多,格式多样。企业需要根据自身的业务特点、人员和会计机构状况,选择适用的证、账、表构成,并合理安排各环节,使之成为一个既相互独立又紧密联结的整体。不同的企业,所采用格式和工作流程不尽相同,进而形成了各不相同的账务处理程序。

(二)账务处理程序的设计意义

账务处理程序的建立是会计活动的基础性工作,也是进行交易或者事项处理的必要前提。建立合理的账务处理程序对于提升企业的会计工作水平有着显著意义。

1. 有利于规范会计工作组织,提升部门和人员的合作

企业交易或者事项的会计处理是一个系统性工作,需要企业内部各部门之间、会计机构各岗位之间、会计机构所有工作人员之间的有机配合,规范、合理的账务处理流程,可以将上述事项中的会计凭证、人员衔接进行有序的组织,使各项工作职责明确、操作规范,防止和减少工作中的错弊,及时做好交易或者事项各个环节的处理工作。

2. 有利于保证会计信息质量,促进会计目标和职能的实现

会计工作的最终结果是提供以证、账、表为载体的会计信息,而科学、合理的处理程序可

以使会计信息的生成过程处于严密的系统控制中,为信息质量提供有效的制度保障。高质量的会计信息则可以使会计工作更好地服务于信息使用者,便于使用者作出科学的决策,使会计能够在对外提供相关信息和对内加强企业自身经营管理的过程中,发挥自身的各项职能。

3. 有利于提高会计工作效率,节约会计处理成本

借助有效的处理程序,可以将会计日常工作进行有序的分解、组合,各环节分工明确,从而在提高各环节效率的基础上,提升会计工作的整体效率,并提升会计信息处理的时效性。效率的提升还体现在成本节约方面,会计工作的成本既有人、财、物方面,以证、账、表印刷为代表的显性成本,也有账务处理时间方面的隐形成本。合理的账务处理程序设计,在节约开支的同时,也有助于提高会计信息处理效率,降低时间成本,进而提高整个社会的工作效率。

二、常用的账务处理程序

众多会计界的仁人志士在过去的实践中,摸索总结了多种行之有效的处理流程,在服务今日会计工作的同时,也为未来的会计工作流程改进提供了可资借鉴的思路和方法。

(一) 记账凭证账务处理程序

此程序是指对发生的经济业务事项,都要根据原始凭证或者原始凭证汇总表编制记账凭证,然后直接根据记账凭证逐笔登记总分类账的一种会计核算组织程序。

1. 凭证、账簿设置

在此程序下,记账凭证可以采用通用记账凭证,也可以采用收、付、转专用记账凭证。

账簿的设置一般有总分类账、明细分类账和日记账。总分类账按财政部要求的一级科目设置,采用三栏式结构;明细分类账根据企业自身经营管理需要自主设置,依据记录的内容可采用三栏式、数量金额式及多栏式等;日记账通常使用标准三栏式结构,分现金日记账和银行存款日记账设置。

2. 基本流程

(1) 根据原始凭证或者原始凭证汇总表填制记账凭证。
(2) 根据记账凭证及所附的原始凭证或者原始凭证汇总表逐笔登记明细分类账。
(3) 根据记账凭证(收款、付款凭证)序时、逐笔登记现金日记账和银行存款日记账。
(4) 根据记账凭证登记总分类账。
(5) 期末,各账户分别结出余额,并将总分类账余额与所属明细分类账余额核对相符。
(6) 根据核对无误的总分类账、明细分类账的相关数据编制会计报表。

上述基本流程见图 8-2。

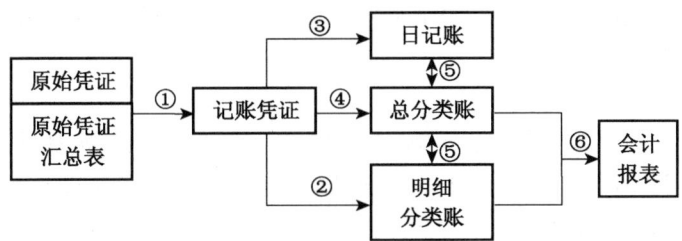

图 8-2 记账凭证账务处理程序的基本流程

3. 优点、缺点评析

(1) 记账凭证账务处理程序是最基本的核算程序,组织程序简单明了,易于掌握和推行。

(2) 总分类账反映详细。

(3) 总分类账和明细分类账都是逐笔登记,记账工作繁重。

总结:记账凭证账务处理程序易于实施和掌握,适用于规模不大、业务量少、记账凭证不多的企业。

(二) 汇总记账凭证账务处理程序

此程序是指定期将全部记账凭证按收款凭证、付款凭证和转账凭证分别归类变成汇总记账凭证,再根据汇总记账凭证登记总分类账的一种会计核算组织程序。相比记账凭证账务处理程序,此程序的主要区别在于需要对记账凭证进行定期汇总处理,期末再根据汇总记账凭证登记总分类账,所以此账务处理程序的前提是会计日常工作中必须应用收、付、转专用记账凭证。

1. 汇总记账凭证的编制

(1) 在日常工作中,将记账凭证区分为现金收款、现金付款、银行存款收款、银行存款付款和转账五类。

(2) 现金收款凭证按"库存现金"账户的借方设置汇总现金收款凭证,统一汇总;现金付款凭证按"库存现金"账户贷方设置汇总现金付款凭证;银行存款收款、付款凭证与现金收款、付款凭证一样,分别汇总银行存款收款与银行存款付款;转账凭证的借方和贷方涉及的账户较多,在实务中一律按贷方所涉及的账户进行汇总。

(3) 按汇总账户的对应账户汇总本期发生额。

(4) 对汇总记账凭证统一编号,经有关人员审核后,据以登记总分类账。

2. 基本流程

(1) 根据原始凭证或者原始凭证汇总表填制记账凭证。

(2) 根据记账凭证及所附的原始凭证或者原始凭证汇总表逐笔登记明细分类账。

(3) 根据记账凭证(收款、付款凭证)序时、逐笔登记现金日记账和银行存款日记账。

(4) 定期根据收款凭证、付款凭证和转账凭证分别填制汇总收款凭证、汇总付款凭证和汇总转账凭证。

(5) 期末,根据汇总记账凭证登记对应总分类账。

(6) 期末,各账户分别结出余额,并将总分类账余额与所属明细分类账余额核对相符。

(7) 根据核对无误的总分类账、明细分类账的相关数据编制会计报表。

上述基本流程见图8-3。

3. 优点、缺点评析

(1) 总分类账只在期末根据汇总记账凭证登记,无论数量和频次都被极大简化。

(2) 科目对应关系明了,业务的来龙去脉清晰,便于核算账目和账户管理。

(3) 需定期编制汇总记账凭证,对会计人员的专业能力要求较高。

总结:汇总记账凭证账务处理程序适用于经营规模大、经济业务多、记账凭证数量多的大、中型企业。

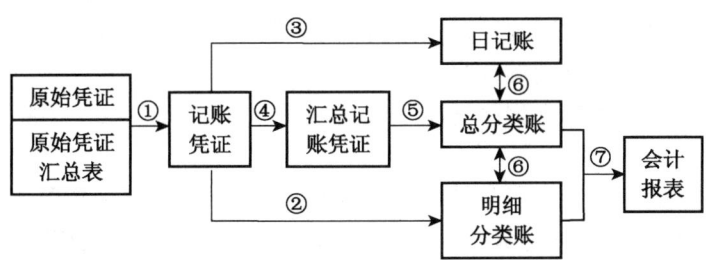

图 8-3　汇总记账凭证账务处理程序的基本流程

(三) 科目汇总表账务处理程序

此程序是指借助科目汇总表,定期将会计期间内所有的记账凭证按相同科目(账户)加以汇总,然后据以登记总分类账的账务处理程序。此程序对日常工作中的记账凭证没有特别要求,通用记账凭证或者专用记账凭证均可。

1. 科目汇总表的编制

将一定时期内的全部记账凭证,按科目进行归类汇总其借方发生额和贷方发生额。根据业务量的差异,可以按月、按旬编制,也可以根据凭证数量编制。从本质上看,科目汇总表是一张特殊的记账凭证,为登记总分类账而编制,主要表现在以下两个方面:

(1) 同一科目汇总后的借、贷方发生额,不一定有联系,仅用来登记总分类账。

(2) 表内最后的所有科目借方发生额合计,等于所有科目贷方发生额合计,这也是检验汇总表编制正误的重要依据。

2. 基本流程

(1) 根据原始凭证或者原始凭证汇总表填制记账凭证。

(2) 根据记账凭证及所附的原始凭证或者原始凭证汇总表逐笔登记明细分类账。

(3) 根据记账凭证(收款、付款凭证)序时、逐笔登记现金日记账和银行存款日记账。

(4) 根据记账凭证,定期编制科目汇总表。

(5) 依据编制的科目汇总表中的相关科目,登记对应的总分类账。

(6) 期末,各账户分别结出余额,并将总分类账余额与所属明细分类账余额核对相符。

(7) 根据核对无误的总分类账、明细分类账的相关数据编制会计报表。

上述基本流程见图 8-4。

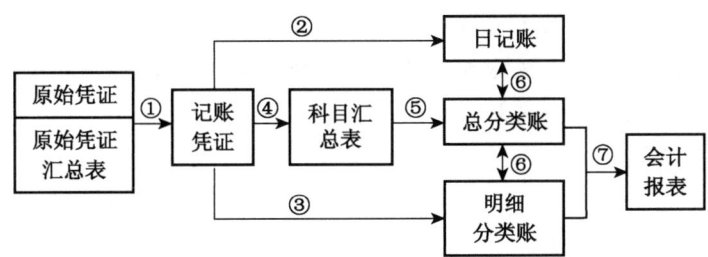

图 8-4　科目汇总表账务处理程序的基本流程

3. 优点、缺点评析

(1) 简化了登记总分类账的手续,减少登账的工作量。

（2）编制的科目汇总表仅反映科目自身的增减变动汇总情况，不能有效反映账户的对应关系，无法直观反映各账户间的往来关系。

总结：科目汇总表账务处理程序适用于经营规模大、经济业务多、记账凭证数量多的大、中型企业。

要特别说明的是，上述几种账务处理程序都是指手工状态下，为提高工作效率而进行的工作安排。随着会计信息化的建设，为实现自我校验和数据汇总，围绕总分类账、明细分类账重复登账形成的工作流程，已无必要，各种会计核算软件已可以完美实现由凭证到账簿和会计报表的快速处理。

【知识链接】

"账"的历史

据初步考证，"账"字源于明代后期，且最初用于民间而非官厅，在频繁的商品交往与货币收受支付关系处理中，人们对货币越来越重视，并从中领悟到它的重要作用，"账"字正是在经济环境发生重要变化与人们思想相应发生变化基础上产生的。"账"字先在商界流传，后来也开始在一些通俗小说中出现，但至今未发现"账"字在明代官方文件中出现，只是在清代有较多应用。在清代"帐"与"账"并行应用的过程中，"帐"一直占据主导地位，而对"账"字的用处则很有局限性。

资料来源：郭道扬. 帐（账）应用考析[J]. 会计研究，1998(11).

【关键术语】

会计账簿　总分类账　明细分类账　日记账　辅助账簿　对账　划线更正法　补充登记法　红字更正法　结账　账务处理程序

【问题思考】

1. 什么是账簿？账簿在会计核算体系中具有什么作用？
2. 会计账簿的基本结构包括哪些内容？
3. 我国账簿体系如何构成？各账簿之间是什么关系？
4. 会计账簿分别按用途、外表形式和账页格式差异如何分类？
5. 账簿启用时，需要做哪些基本工作？
6. 会计账簿登记有哪些基本的技术规则？
7. 对账的内容包括哪些？账账相符的内容和依据是什么？
8. 账簿记录误差包括哪些类型？如何更正？
9. 结账的内容包括什么？主要技术要求有哪些？

【思政语录】

1. 凡事都要脚踏实地去做，不驰于空想，不骛于虚声，而惟以求真的态度做踏实的工夫。
——李大钊
2. 凡做一件事，便忠于一件事，将全副精力集中到这事上头，一点不旁骛。——梁启超

练 习 题

姓名_____
学号_____
分数_____

扫二维码获得更多
本章习题及案例

一、单项选择题

1. 特种日记账是（　　）。
   A. 序时登记全部经济业务和多种经济业务的日记账
   B. 对常见的经济业务分设专栏登记，不常发生的经济业务，设一个综合栏集中登记，然后逐笔过账
   C. 专门用来登记某一类经济业务的日记账
   D. 专门用来登记货币资金的日记账

2. 银行存款日记账的借方除了根据银行存款收款凭证登记外，有时还要根据（　　）登记。
   A. 银行存款付款凭证　　　　　　B. 现金收款凭证
   C. 现金付款凭证　　　　　　　　D. 转账凭证

3. 多栏式明细分类账不适用于（　　）明细分类账。
   A. 应收账款　　　　　　　　　　B. 库存商品
   C. 原材料　　　　　　　　　　　D. 在途物资

4. 总分类账适用于（　　）账簿。
   A. 订本式　　　　　　　　　　　B. 活页式
   C. 多栏式　　　　　　　　　　　D. 数量金额式

5. 下列各项中，不可以采用三栏式账页的是（　　）。
   A. 总分类账　　　　　　　　　　B. 应付账款明细分类账
   C. 现金日记账　　　　　　　　　D. 原材料明细分类账

6. 下列各项中，可以采取数量金额式的是（　　）明细分类账。
   A. 生产成本　　　　　　　　　　B. 库存商品
   C. 制造费用　　　　　　　　　　D. 主营业务成本

7. 下列各项中，应在存货分类账簿中登记的事项是（　　）。
   A. 购入一台机器设备　　　　　　B. 采购原材料一批
   C. 租入一台机器设备　　　　　　D. 接受一项技术

8. 记账后，如果发现记账错误是由于记账凭证所列会计科目或金额有错误引起的，可采用（　　）。
   A. 红字更正法　　B. 划线更正法　　C. 补充登记法　　D. AC均可

9. 必须逐日逐笔登记的账簿有（　　）。
   A. 明细分类账　　B. 总分类账　　　C. 日记账　　　　D. 备查账

10. 记账凭证上记账栏中的"√"记号表示（　　）。

A. 已经登记入账　　　　　　　　　　B. 不需登记入账
C. 此凭证作废　　　　　　　　　　　D. 此凭证编制正确

11. 能够通过试算平衡发现的错误是(　　)。
   A. 开出支票1 500元偿还所欠货款，分录如下：
      借：应付账款　　　　　　　　　　　　　　　　　　　　　　1 500
          贷：应收账款　　　　　　　　　　　　　　　　　　　　1 500
   B. 收回欠款2 400元，分录如下：
      借：库存现金　　　　　　　　　　　　　　　　　　　　　　　240
          贷：产品销售收入　　　　　　　　　　　　　　　　　　　240
   C. 用现金960元购买材料，分录如下：
      借：在途物资　　　　　　　　　　　　　　　　　　　　　　　960
          贷：库存现金　　　　　　　　　　　　　　　　　　　　　690
   D. 提取现金2 000元，分录如下：
      借：银行存款　　　　　　　　　　　　　　　　　　　　　　2 000
          贷：库存现金　　　　　　　　　　　　　　　　　　　　2 000

12. 多栏式现金日记账属于(　　)。
    A. 备查账簿　　　B. 分类账簿　　　C. 序时账簿　　　D. 联合账簿
13. 可以作为编制会计报表直接依据的账簿是(　　)。
    A. 序时账簿　　　　　　　　　　　　B. 备查账簿
    C. 分类账簿　　　　　　　　　　　　D. 特种日记账
14. 序时账簿按其记录内容的不同可以分为(　　)。
    A. 现金日记账和普通日记账　　　　　B. 普通日记账和日记总账
    C. 普通日记账和特种日记账　　　　　D. 三栏式日记账和多栏式日记账
15. 总分类账、明细分类账都可以采用的格式是(　　)。
    A. 三栏式　　　　B. 二栏式　　　　C. 单栏式　　　　D. 数量金额式
16. 下列各项中，不能作为登记总分类账的根据的是(　　)。
    A. 记账凭证　　　　　　　　　　　　B. 记账凭证汇总表
    C. 原始凭证　　　　　　　　　　　　D. 汇总记账凭证
17. 总分类账与明细分类账之间进行平行登记的原因是总分类账与明细分类账的(　　)。
    A. 格式相同　　　　　　　　　　　　B. 登记时间相同
    C. 反映经济业务内容相同　　　　　　D. 提供指标详细程度相同
18. 登记明细分类账的依据(　　)。
    A. 一定是记账凭证　　　　　　　　　B. 一定是原始凭证
    C. 一定是汇总记账凭证　　　　　　　D. 是记账凭证和原始凭证
19. 对于某些在序时账簿和分类账簿中未能记载的经济业务进行补充登记的账簿是(　　)。
    A. 序时账簿　　　B. 分类账簿　　　C. 订本账　　　　D. 备查账簿
20. 将账簿划分为序时账、分类账、备查账的依据是(　　)。
    A. 账簿的登记方式　　　　　　　　　B. 账簿的用途

C. 账簿登记的内容　　　　　　　　D. 账簿的外表形式

二、多项选择题

1. 企业到银行提取现金500元,此项业务应在(　　)中登记。
   A. 现金日记账　　　　　　　　　B. 银行存款日记账
   C. 总分类账　　　　　　　　　　D. 明细分类账
2. 可以作为现金日记账记账依据的有(　　)。
   A. 现金收款凭证　　　　　　　　B. 现金付款凭证
   C. 银行存款收款凭证　　　　　　D. 银行存款付款凭证
3. 红字更正法的方法要点有(　　)。
   A. 用红字金额填写一张与错误记账凭证完全相同的记账凭证并用红字记账
   B. 用红字金额填写一张与错误原始凭证完全相同的记账凭证并用红字记账
   C. 用蓝字金额填写一张与原始凭证完全相同的记账凭证并用蓝字记账
   D. 再用红字重填一张正确的记账凭证,登记入账
4. 下列各项中,属于登记账簿的要求的有(　　)。
   A. 账簿书写的文字和数字上面要留适当空距,一般应占格长1/2
   B. 登记账簿要用圆珠笔、蓝黑或黑色墨水书写
   C. 不得用铅笔
   D. 各种账簿按页次顺序连续登记,不得跳行、隔页
5. 企业的各种明细分类账可以(　　)。
   A. 逐笔登记　　　　　　　　　　B. 逐日、定期汇总登记
   C. 根据记账凭证登记　　　　　　D. 根据原始凭证登记
6. 采用划线更正法,(按顺序)其要点有(　　)。
   A. 在错误的文字或数字(单个数字)上划一条红线注销
   B. 在错误的文字或数字(整个数字)上划一条红线注销
   C. 在错误的文字或数字上划一条蓝线注销
   D. 将正确的文字或数字用蓝字写在划线的上端
7. 下列情况中,可使用补充登记法更正差错的有(　　)。
   A. 在记账后　　　　　　　　　　B. 所填金额大于应填金额
   C. 发现记账凭证中应借、应贷科目有错　　D. 发现记账凭证中应借、应贷科目无错
8. 设置和登记会计账簿的作用有(　　)。
   A. 全面、系统、连续记载和反映各项会计要素的变化情况
   B. 可以为计算成本费用、利润等提供详细资料
   C. 为编制会计报表提供系统的会计核算资料
   D. 为分析、检查企业经济活动提供依据
9. 对于现金收、付款业务较多而且较复杂的单位,可以分别设置(　　)。
   A. 现金日记账　　　　　　　　　B. 现金收入日记账
   C. 现金支出日记账　　　　　　　D. 现金余额账
10. 对于(　　)明细分类账往往要结合原始凭证登记才能全面。

A. 原材料　　　　　　　　　　　　B. 固定资产
　　C. 应收账款　　　　　　　　　　　D. 在途物资
11. 在会计工作中红色墨水可用于(　　)。
　　A. 记账　　　B. 结账　　　C. 对账　　　D. 冲账
12. 会计上允许使用的更正错误的方法有(　　)。
　　A. 划线更正法　　　　　　　　　　B. 红字更正法
　　C. 补充登记法　　　　　　　　　　D. 用涂改液修正
13. 对账的内容包括(　　)。
　　A. 账证核对　　B. 账实核对　　C. 表表核对　　D. 账账核对
14. 银行存款日记账的登记依据有(　　)。
　　A. 银行存款收款凭证　　　　　　　B. 银行存款付款凭证
　　C. 现金收款凭证　　　　　　　　　D. 现金付款凭证
15. 红色墨水可以用来(　　)。
　　A. 登账　　　　　　　　　　　　　B. 冲销账簿记录
　　C. 专门填写摘要栏　　　　　　　　D. 结账划线
16. 账簿按外表形式可以分为(　　)。
　　A. 订本式账簿　　B. 多栏式账簿　　C. 活页式账簿　　D. 卡片式账簿
17. 多栏式明细分类账适用于(　　)的明细分类核算。
　　A. 在途物资　　　　　　　　　　　B. 其他应收款
　　C. 营业外支出　　　　　　　　　　D. 生产成本
18. 序时账簿按其记录业务内容不同可以分为(　　)。
　　A. 特种日记账　　　　　　　　　　B. 普通日记账
　　C. 通用日记账　　　　　　　　　　D. 三栏式日记账
19. 结账工作主要内容包括(　　)。
　　A. 核对有关账目
　　B. 将本期发生的经济业务全部登记入账
　　C. 按权责发生制原则调整和结转有关账项
　　D. 对有关业务核算中出现的差错予以更正
20. 年度结束后,对于账簿的保管应该做到(　　)。
　　A. 装订成册　　B. 加上封面　　C. 统一编号　　D. 归档保管

三、判断题

1. 在整个账簿体系中,日记账和分类账是主要账簿,备查账为辅助账簿。　(　　)
2. 三栏式账簿一般适用于费用、成本等明细分类账。　　　　　　　　　(　　)
3. 企业对代销的商品,可以设备查账簿进行登记。　　　　　　　　　　(　　)
4. 分栏日记账实际上是普通日记账的一种特殊形式。　　　　　　　　　(　　)
5. 结账之前,如果发现账簿中所记文字或者数字有过账笔误或者计算错误,而记账凭证并没有错,可用划线更正法更正。　　　　　　　　　　　　　　　　　　(　　)
6. 账簿即会计账户。　　　　　　　　　　　　　　　　　　　　　　　(　　)

7. 租入的固定资产不能在"固定资产"总分类账中登记,而应在备查账簿中登记,因此,应在编制会计报表时,"固定资产"项目应是"固定资产"总分类账与备查账簿的金额之和。（　　）
8. 对现金业务而言,目前我国企业设现金日记账和"库存现金"总分类账,同时还应设"库存现金"明细分类账。（　　）
9. 总分类账、现金日记账和银行存款日记账一般都采用活页式账簿。（　　）
10. 普通日记账既可以取代记账凭证,也可以取代总分类账。（　　）
11. 货币资金的日记账可以取代其总账。（　　）
12. 转账日记账可以取代非货币资金项目的分类账。（　　）
13. 总分类账可采用三栏式账页,而明细分类账则应根据其经济业务的特点采用不同格式的账页。（　　）
14. 平行登记要求总分类账和其相应的明细分类账必须同一时刻登记。（　　）
15. 明细分类账必须逐日逐笔登记,总分类账必须定期汇总登记。（　　）
16. 为了加强租入固定资产的管理,记录租入、使用、归还情况,企业需要开设分类账簿进行核算。（　　）
17. 订本式账簿的优点是适用性强,便于归类汇总,可以根据需要开设,利于会计分工,提高工作效率。（　　）
18. 卡片式账簿的优点是能够避免账页散失,防止不合法地抽换账页。（　　）

【实训案例】

(一) 业务实训一

1. 天河公司2023年3月1日"原材料"总分类账户及其所属明细分类账户（按材料名称设置）的月初余额如下：

名称	数量	单价	金额
甲材料	300 吨	500 元	150 000 元
乙材料	900 千克	40 元	36 000 元

"原材料"借方余额　186 000 元

该公司"应付账款"总分类账户及其所属明细分类账户（按付款单位名称设）的月初余额如下：

东方工厂	贷方余额	15 000 元
光辉工厂	贷方余额	8 000 元

"应付账款"贷方余额　23 000 元

2. 该公司本月发生的各项经济业务如下。

(1) 向沪光工厂购入以下材料,货款未付材料已验收入库。

名称	数量	单价	金额
乙材料	400 千克	40 元	16 000 元
丙材料	1 000 件	25 元	25 000 元
合计			41 000 元

(2) 以银行存款 10 000 元偿还前欠东方工厂货款。

(3) 向光辉工厂购入丙材料 200 件,单价为 25 元,货款暂欠,材料验收入库。
(4) 仓库本月发出以下材料并投入生产:

名称	数量	单价	金额
甲材料	200 吨	500 元	100 000 元
乙材料	500 千克	40 元	20 000 元
丙材料	700 件	25 元	17 500 元
合　计			137 500 元

要求:
(1) 根据期初资料开设"原材料"和"应付账款"总分类账户及所属明细账户并填入期初余额。
(2) 根据本月发生的经济业务编制会计分录,登记"原材料"和"应付账款"总分类账户及所属明细账户(其他账户从略)。
(3) 结合各种账户的"本期发生额"和"期末余额"编制"原材料"和"应付账款"明细分类账户本期发生额、余额对照表。将"原材料"和"应付账款"总分类账户的本期发生额及期末余额分别与所属各明细分类账户的本期发生额和余额对照表核对。

(二) 业务实训二
1. 天河公司 2023 年 8 月 31 日有关总分类账户和明细分类账户余额如下。
(A) 总分类账户:
"原材料"账户借方余额 200 000 元。
"应付账款"账户贷方余额 50 000 元。
(B) 明细分类账户:
"原材料——甲材料"账户,800 千克,单价 150 元,借方余额 120 000 元。
"原材料——乙材料"账户,200 千克,单价 100 元,借方余额 20 000 元。
"原材料——丙材料"账户,500 千克,单价 120 元,借方余额 60 000 元。
"应付账款——A 公司",账户,贷方余额 30 000 元。
"应付账款——B 公司",账户,贷方余额 20 000 元。
2. 该公司 2023 年 9 月份的发生部分经济业务如下。
(1) 以银行存款偿还 A 公司前欠货款 15 000 元。
(2) 购进甲材料 100 千克,单价 150 元,税价合计 16 950 元(含增值税,税率 13%),以银行存款支付,材料入库。
(3) 生产车间向仓库领用材料一批,计甲材料 200 千克、单价 150 元,乙材料 100 千克、单价 100 元,丙材料 250 千克、单价 120 元,共计领料金额 70 000 元。
(4) 以银行存款偿还 B 公司前欠货款 10 000 元。
(5) 向 A 公司购入乙材料 100 千克,单价 100 元,材料已入库,货款 11 300 元(含增值税,税率 13%),款项暂未支付。
要求:
(1) 根据材料 2 内容,用借贷记账法编制会计分录。
(2) 开设"原材料""应付账款"总分类账户和明细分类账户,登记期初余额,平行登记总分类账和明细分类账,并结出各账户本期发生额和期末余额。

（3）编制"原材料""应付账款"总分类账户和明细分类账户本期发生额及余额明细表。

(三) 业务案例

天河公司会计人员在 2023 年 4 月对账期间发现如下事项,请判断这些业务处理是否有误？对有误内容请按正确的方法加以更正。

1. 办公室王×报销办公费用,发票和记账凭证载明 1 250 元,账务登记为 1 350 元。
2. 人事部门李×预借差旅费,财务出具现金支票一张,金额 8 000 元,原记账凭证如下：

借：其他应收款——李×   8 000
  贷：库存现金   8 000

3. 购入材料一批,含税价格 113 000 元,仓库出具验收单,款项通过转账支票支付。账务登记如下：

借：原材料   10 000
  应交税费——应交增值税(进项税)   1 300
  贷：银行存款   11 300

4. 经核对,仓库当月传来的 A 产品 100 件入库单未作账务处理,成本 3 500 元。
5. 业务员张×报销差旅费,报销单载明费用 3 350 元,原记账凭证如下：

借：销售费用   3 530
  贷：库存现金   3 530

第九章
财产清查

教学目标

本章主要介绍了财产清查的概念、意义、程序,阐述了财产清查的主要内容和方法。

通过学习,学生应理解财产清查的意义,财产清查与账实相符的关系及其对会计工作的影响;掌握银行存款余额调节表的作用及编制方法;掌握存货盘存两种方法的内容与优缺点;掌握财产清查结果的处置程序与账务处理。

第一节 财产清查的意义、种类和程序

一、财产清查的定义

财产清查是指通过对货币资金、实物资产和往来款项等资产内容的盘点或者核对,确定其实存数,并将清查盘点的结果与相关账簿记录资料进行核对,据以查明账存数与实存数是否相符的一种专门方法。

在会计实务中,将企业日常发生的交易或者事项通过编制会计凭证、登记会计账簿后,形成了有效的会计记录,但记录的准确性仍需要与对应的实物资产进行核对,如出纳每日营业前保有的现金余额,加上当日现金收付后的变化,形成的营业结束后的现金余额,应当与每日的库存现金日记账余额一致。而从企业整体的实物保管工作角度看,由于分属其他业务部门,会计账簿记录是对其必要的牵制和监督,有效的财产清查和账实相符的要求,可以防范企业管理中的舞弊和懈怠,提高管理效率。所以,财产清查既是会计工作方法的构成,也是会计实现监督职能的方式,还是企业经营管理中必不可少的一环。

二、财产清查的意义

(一)进行财产清查是账实相符的根本保证,在确保账簿记录准确真实的基础上,实现《会计法》对会计资料真实、完整的要求

从会计工作的流程看,会计账务处理的源头是以原始凭证记载、反映的各种财产物资、债权债务等的增减变动过程,因而各账户的期末余额也必定与对应的实物资产期末存量相等。

而在实际工作中,受各种人为和非人为因素的影响,诸如自然损耗、管理中的保管不当及贪盗,以及账务记录与业务不同步等客观情况的存在,都会形成相应资产的账外减损和差错,形成账实不符,使得会计账簿记录出现偏差。此外,与外部企业关联的债权债务等事项,也可能因为对方单位实际情况变化,失去可能的债务偿还能力和对象,使会计账簿对应的债权债务后续偿付工作无法进行,尽管会计账簿记录无误,但已在事实上形成账实不符。

因此,为保证会计账簿记录的真实准确,确保企业财产的安全完整,就需要通过财产清查对相关的资产进行定期和不定期的盘点,并将盘点结果与账簿记录余额进行比较,确保两者保持一致。对于两者间出现的偏差,则需要分两步处理:一是在清查单据上标明两者之间的差异情况和相关工作人员的签章确认,及时进行规定的账务处理,在实现账实名义相符的基础上,让问题显化;二是及时将问题提交相关部门和领导,在得到批复的处置意见后,据以进行必要的账务处理,使问题最终得到处理。如此既能够通过财产清查保证账实相符,也能够在健全和完善企业财产管理制度的基础上,确保财产的安全完整,提升企业的管理水平,并进一步保证会计处理结果的真实、完整。

(二)在财产清查后,在账实相符的基础上提供财务会计报告,使以证、账、表为载体的会计信息更为真实、客观,有效确保会计信息的完整、可靠

会计信息质量直接影响着使用者的后续决策效果,以财务会计报告为载体的会计信息则是在真实、完整的账簿记录基础上,对会计信息的综合反映,因而会计账簿的真实、完整情况,对会计信息的真实、公允有着重要影响。通过财产清查,剔除名存实亡的资产、补记账外服役的资产,切实厘清企业的债权债务情况,使企业的账务记录无论名义,还是实质,都实现与对应的实务工作完全一致,真正实现会计对企业资产、债务等内容的核算和反映。

所以,有效的财产清查既可以夯实企业资产的真实保管情况,规范财产清查的过程及结果处理,又可以确保财务会计报告的编制基础更加可靠有效。在真实、完整基础上提供的企业资产、负债情况,也确保财务部门提供的财务状况、经营成果及现金流量信息更为客观、完整、真实,真正为财务会计报告使用者进行相关决策提供必要的支持。

三、财产清查的种类

在会计实务中,清查的执行单位、时间和范围等通常存在一定的差异,据此可以对财产清查进行如下的分类。

(一)按照执行单位的不同,财产清查可以分为外部清查和内部清查

外部清查是指由企业外部的有关部门或人员,根据特定工作安排和有关规定,对企业财产所进行的清查,如国有资产管理部门对国有企业进行的相关清产核资检查。

内部清查是指企业组织内部有关人员对本企业财产所进行的清查,如财务部门对出纳现金保管情况进行的核查。

(二)按照清查时间的不同,财产清查可分为定期清查和不定期清查

定期清查是依据预先规划的时间对企业财产所进行的清查。例如,依据我国《会计法》相关规定,企业每年至少进行一次财产清查。

不定期清查是根据工作需要,对企业财产所进行的临时清查。例如,因相关岗位人员变动,在工作交接过程中,需要对交出人员保管的相关财产进行必要的清查,确保其交出内容

与账务处理结果相符。

（三）按照清查范围的不同，财产清查可分为全部清查和局部清查

全部清查是对企业的所有财产（包括货币资金、实物资产和债权债务等）逐项进行核查。局部清查是根据需要对企业的一部分财产进行的清查。

上述分类只是为便于学习，依据财产清查的主要特征进行的分类，并不必然分离，在实务中存在的多种交叉。例如，在年末根据事先的工作安排，由相关主管部门对企业进行的全面资产清查，就是定期由外部单位实施的全面清查。

四、财产清查的程序

财产清查工作一般包括以下三个步骤。

（一）成立清查组

在财产清查前应成立清查组，其一般由会计部门、财产保管部门及使用部门等人员组成，由管理层研究制订财产清查计划，确定工作进度和方式方法。清查组负责财产清查的组织和管理。其主要职责是，实施清查以前，合理安排清查工作；清查过程中，进行监督、检查和指导；清查结束后，提出处理意见和建议。

（二）清查准备工作

准备工作由清查小组负责安排，主要包括以下内容：

（1）组织清查人员学习有关政策规定，掌握有关法律、法规和相关业务知识，以提高财产清查工作的质量。

（2）确定清查对象、范围，明确清查任务。

（3）制订清查方案，具体安排清查内容、时间、步骤、方法，以及做好必要的清查前准备工作等。

（三）实施财产清查

清查应本着先清查数量、核对有关账簿记录等，后认定质量的原则进行。在清查过程中，清查人员要做好盘点记录，填制盘存清单，列明所查财产物资的实存数量和款项、债权债务的实有数额。事后，根据盘存清单，填制实物、往来账项清查结果报告表。

在清查过程中，需要注意明确必要的责任和权限。清查现金，应有出纳人员在场，并登记现金盘点报告表；清查银行存款，应将银行存款日记账和银行对账单核对，并记录"未达账项登记表"，必要时还可以到银行查证；清查债权债务，可通过询证、函证进行核实，并登记"结算款项核对登记表"。

第二节 财产清查的内容和方法

一、货币资金的清查内容及方法

（一）库存现金的清查

库存现金是企业存放于财会部门，可随时满足日常交易或者事项支用的货币资金。库

存现金是企业流动性最强的资产,通常是各种舞弊行为的首选目标,也是企业管理工作的重点。按照相关法规的要求,库存现金的日常保管要做到日清月结,所以库存现金的清查比较频繁,包括出纳人员的自查、财会部门自行组织和相关部门组织的库存现金盘点等。

1. 清查方法

库存现金清查的基本方法是实地盘点法,即每日终了,需对现金日记账中记载的当日现金收、支变动额结出合计,并结出当日余额。在对库存现金实有数进行盘点后,将实际盘点数额与现金日记账结出的余额进行比对,确保账实相符。

2. 清查手续

对库存现金进行盘点后,如账实不符,应如实填写"库存现金盘点报告表"(格式见表 9-1),并由盘点人员和出纳人员共同签章,作为库存现金清查结果处理的重要原始凭据。

表 9-1　　　　　　　　　　　　库存现金盘点报告表
年　　月　　日

单位名称:

实存金额	账存金额	盈亏情况		备注
		盘盈(长款)	盘亏(短款)	
(盘点后得到的实际结存金额)	(企业库存现金日记账余额)	(实存金额多于账面余额)	(实存金额少于账面余额)	
处理意见:				

主管:　　　　　　　　　　　　会计:　　　　　　　　　　　　出纳:

对库存现金清查中发现的盘盈(长款)、盘亏(短款),应认真查明原因,及时报请有关部门和负责人批复处理意见后,财会部门根据查明的原因和相关处置意见,进行必要的账务处理。

(二) 银行存款的清查

银行存款是企业存放于开户银行,用于日常结算备付的资金,银行存款清查的实质是对银行存款收付过程及余额的核查,涉及开户银行的相关处理,是与开户银行提供的相关记录进行比对核查。

1. 清查方法

通常采用将企业自己的银行存款日记账记录与银行对账单记录逐笔勾对,进而确定双方记录是否相符的方法进行。

2. 清查手续

经过勾对,如果包括过程和余额在内的双方记录一致,表明不存在问题。如果双方记录不一致,则需进一步从如下两方面查明原因:一是可能双方中,有一方或者两方存在账务记录错误,如属于企业自己的账务记录错误,应按第八章提示的会计账务差错处理的要求进行差错更正。如属于开户银行的记录错误,应及时通知对方加以纠正。二是双方记录间存在未达账项,则应编制"银行存款余额调节表",借以说明双方记录不相符的合理性。

3. 未达账项

未达账项是指企业与其开户银行之间,由于结算凭证受银行结算程序影响,在传递时间上出现延迟,导致双方对于同一结算事项,在账务记录时间上出现不一致,出现一方已登记入账,另一方由于未收到相关结算凭证而暂未登记入账的款项。

根据双方结算凭证收、付的时间性差异,未达账项在实务中有四种情况:

(1) 企业已收,银行未收(企收银未收)。此种情况通常出现于月末企业收到付款方票据后,自己登记银行存款收款,但银行当月尚未结算的情况;

(2) 企业已付,银行未付(企付银未付)。此种情况通常出现于月末企业向收款方开具付款凭据后,自己登记银行存款付款,但银行当月尚未收到付款凭证,未进行转账结算的情况。

(3) 银行已收,企业未收(银收企未收)。此种情况通常出现于月末银行收到付款方已完成转账付款,但银行的结算单据尚未传到企业,企业未能及时进行银行存款收款的账务处理。

(4) 银行已付,企业未付(银付企未付)。此种情况通常出现于月末银行因委托收款等结算方式已转账付款,但结算单据尚未传到企业,企业未能及时进行付款的账务处理。

4. 编制"银行存款余额调节表"

企业在进行银行存款的清查过程中,如存在未达账项,应编制"银行存款余额调节表"(见表9-2)进行调节,借以确认在消除未达账项后,双方的记录是否能够一致。编制过程如下:

(1) 先在表格对应位置处抄录相应余额。

(2) 在企业银行存款日记账余额所在列,分别登录银行收款、企业未收款事项,作为企业银行存款日记账余额的增项调整,登录银行付款、企业未付款的事项,作为企业银行存款日记账余额的减项调整,然后结出本列余额。

(3) 在银行对账单余额所在列,分别登录企业收款、银行未收款事项,作为银行对账单余额的增项调整,登录企业付款、银行未付款的事项,作为银行对账单余额的减项调整,然后结出本列余额。

(4) 两列余额如果相等,表明双方余额的差异确由未达账项所致,调节后余额即为当前企业的实际可支配余额;如不等,则双方存在账务记录差错,需进一步核实。

表 9-2　　　　　　　　　　　银行存款余额调节表

编制单位:　　　　　　　　　　　年　月　日　　　　　　　　　　　单位:元

项 目	金额	项 目	金额
银行存款日记账余额		银行对账单余额	
加:银行收款、企业未收款		加:企业收款、银行未收款	
减:银行付款、企业未付款		减:企业付款、银行未付款	
调节后余额		调节后余额	

5. "银行存款余额调节表"的注意事项

(1) 此表仅用于说明银企双方余额不等的原因,不能作为调整会计记录的原始凭证,企业不能据此编制记账凭证,要等相关结算凭证传递到企业后,再据以进行会计处理。但"银行存款余额调节表"属于会计档案的一部分,需与相关银行存款日记账一起妥善保管。

（2）与对账单上银行提供的存款余额相比，调节后的余额反映了企业潜在的银行存款的真实额度，更利于企业进行后续银行存款资金调度安排。

二、存货的清查内容及方法

（一）存货清查的内容

存货是企业具有实物形态的各种流动资产，对于生产企业而言，存货指购入的原材料、加工中的在产品和完工入库的库存商品等，涵盖了供、产、销三个经营环节。对存货进行清查，主要是查明各种存货的实际结存数量与其账面结存数量的一致情况。

在企业中，存货的品种、数量等事项繁杂、收发频繁，由于各种因素的影响也容易发生流失或者毁损，需要采用一定的方法对期末存货的结存数量进行盘存，以确实做到账实相符。进行存货清查时，首先应对各种存货进行盘点，确定其仓库实际存放数；其次再与财务部门提供的账面结存数进行比对，进而确定账实是否一致。需要说明的是，在存货清查中，因为存在方法差异，结存数量会因不同的方法而产生差异。

（二）存货数量盘存方法

1. 永续盘存制

永续盘存制也称账面盘存制，是借助相关存货明细账的有效账务记录，逐笔登记存货的收入数和发出数，并可随时结出存货结存数量的方法。这种方法的最主要特点是先依据会计账务记录的情况，根据借贷记账法复式记录的内在逻辑，反映和控制存货的结存数量，再与盘点出的实际存放数进行比对。而且在此方法下，存货日常的增加（收入）或者减少（发出）需要随时记录，所以也可以根据需要随时结出账面余额（库存）。

此方法虽然逻辑严密，但在实务中由于各种主客观因素的影响，账面结存余额与实际库存余额仍然可能会出现差额，因此需要对各种存货进行定期或者不定期的清查盘点，借以查明账实是否存在出入，并进一步核实账实不符的原因，再按照规定的方法进行相应的账务处理，确保账实相符。其过程如下述公式所示：

$$期末盘存＝账簿期初结存＋账簿本期收入－账簿本期发出$$

从上可以看出，永续盘存法是一种借助会计存货账簿的复式记录，可以随时控制存货余额的方法，在逻辑上前后一致，其核心思想是以账面发出情况，确定期末应当结存数量，即以支定存。但此种方法的优缺点也非常明显。

其优点在于：①便于动态掌握相关存货的变化情况和结存数量。②由于逻辑严密，账存余额与盘点余额双向比对，可以及时发现差异，找出差异原因并纠正，有利于企业加强对存货的管理。③由于会计账簿可随时掌握存货的出入库和结存情况，从而分析出存货实际数据与计划数据的差异，反映出库存不足或者积压等信息，进而及时采取补救措施，将存货保持在合理水平，提升企业存货管理能力。

其缺点在于：由于存货明细核算的工作会随着企业存货种类的增加而成倍增加，需要投入较多的人力，管理方面的费用也较多。

由于永续盘存法对于控制和保护企业的存货资产具有明显的优点，而随着信息技术的普及和深入应用,繁重的核算工作交由信息系统集成处理,工作量的影响日益减弱,因而在实务中应用的范围越来越广泛,成为绝大多数企业的首选。

2. 实地盘存法

实地盘存法是在会计期末,通过对存货的实地盘点,确定其结存数量,并据以确定本期存货发出数量的一种方法。在实地盘存法下,财务部门在日常核算中只对相关明细账簿登记本期收入(增加)数,不登记发出(减少)数,月末则根据实地盘点得到的结存数,倒推计算本期存货的发出数。其过程如下列公式所示:

$$本期发出数 = 账簿期初余额 + 账簿本期收入 - 期末盘存数$$

显然,此方法得出的结存数并非财务部门账簿记录的结果,只有在期末实地进行盘点后才能确定,而且存货的发出数也不是对实务发出情况的客观记录,而是借助数量关系倒推计算而来的。其核心思想是以期末盘点结存的数量,确定本期的存货发出数量,即以存定支。这些都使其与永续盘存法存在本质区别,优缺点也完全相反。

其优点在于:①可以减轻日常账簿登记工作量,存货成本计算工作也会随之减少。②相对简单,易于掌握。

其缺点在于:①无法随时反映存货的增减变动及结存数量,对存货的动态管理严重不足。②采用倒推方法计算的存货发出数,客观上掩盖了管理漏洞等不合理损耗,不利于加强对存货的管理和控制,易产生舞弊行为。

由于弊端较明显,此方法在实务中的应用有很大局限,通常只用于多品种、低价值、收发频繁、数量波动大、非正常损耗较多且难以控制的存货,如餐饮企业的库存米、面、油等。

(三) 存货实物盘点的方法

由于存货的实物形态、存放地点差异和使用方式的多样,存货实物盘点的方法也各有不同,应用较多的有如下几种方法。

1. 全面盘点法

全面盘点法是指对企业所有的存货资产,逐一通过点数、称重和丈量等方法,确切核定其实有数的一种方法。它一般适用于原材料、包装物、在产品和库存商品等。

2. 技术推算法

技术推算法是指利用测量技术推断存货实有数的一种方法。它一般适用于零散堆放的大宗物资,如煤炭、砂石等。

3. 抽样盘存法

抽样盘存法是指通过随机抽取一定数量的样品,借以判断全部存货的品质和数量状况的方法。它一般适用于数量较多、重量和体积等较为均衡的存货。

4. 函证核对法

函证核对法是指通过向对方单位发函的方式,对实物资产的实有数加以确定的一种方法。它适用于委托加工或者保管,尚未收回的存货盘点。

进行存货清查的过程中应如实填写"盘存单"(见表 9-3),如账实不符,还应填制"实存账存对比表"(见表 9-4),说明不符的情况。"盘存单"仅用于反映盘点过程和反映实存数量,不作记账依据。"账存实存对比表"则是在盘存过程中记录账实不符情况的原始依据,可作为账务调整的会计凭证。

表 9-3　　　　　　　　　　　　　盘　存　单

单位名称：　　　　　　　　　　　　　　　　　　　　　　　　　　　　盘点时间：
财产类别：　　　　　　　　　　　　　　　　　　　　　　　　　　　　存放地点：

序号	名称	规格型号	计量单位	实存数量	单价	金额	备注

盘点人：

表 9-4　　　　　　　　　　　　实存账存对比表

单位名称：　　　　　　　　　　　　年　　月　　日

财产名称	实存数	账存数	实存与账存对比		备注
			盘盈	盘亏	
	（盘点后确认的实际数）	（账面现有余额）	（实存数大于账面数）	（实存数小于账面数）	

盘点人签章：　　　　　　　　　　　　　　　　　　　　　　　保管人员签章：

（四）存货的价值盘存

除上述存货数量的盘存外，由于实务工作中存在多种存货发出计价方法的选用，企业的存货成本存在一定的人为影响因素，如果存货的市场价格波动较大，会导致存货的库存成本与市场价格差距过大，从而使得会计信息名不符实，所以对于存货的价值也需要进行盘查。

根据现行《企业会计准则》的谨慎性会计信息质量要求，当存货成本低于市价时，不作账务调整。当有确切证据表明存货成本高于市价时，可通过资产减值处理的方式，调减存货的账面成本，并将差额计入当期损益和对应的存货跌价准备。此部分知识属于"中级财务会计"课程的内容，此处不再展开。

三、固定资产清查的内容及方法

固定资产是企业购建的用于产品生产或者经营管理的长期性实物资产。对固定资产清查的主要目的在于查明其实际结存数量与账面数量是否一致，确保企业财产物资的安全，保证生产能力完整和会计资料的真实无误。

对固定资产清查的基本方法是实地盘点法，且多实行全面盘点，然后将盘点得到的实有数分别与其账面的结存数进行比对。对于两者不一致的情况，需填制必要的单证，为后续的会计账务处理提供依据。

固定资产清查过程中涉及的表单基本与存货一致，可参见存货清查部分。

四、往来款项清查的内容及方法

往来款项是企业的各项债权债务，其中债权主要由应收账款、预付账款等构成，债务主要包括应付账款、预收账款等。由于在实务中往来款项的清理头绪较多，易出现双方账务记录不一致，对往来款项的清查可以明确企业自身账务记录，与债权债务的清收情况是否相符，以及对方单位对债权债务的确认情况，必要时应采取补救措施。

对往来款项的清查通常采用函证核对的方式，由企业在自身账务记录的基础上，开具

"往来款项对账单",交寄给对方单位进行账目核对,以确定账面记录与实际情况是否相符。根据对方在单据上签署的确认或不确认意见,进行后续的清收和处置。"往来款项对账单"的基本格式及内容见图9-1。

往来款项对账单

××公司:

贵公司于2023年5月21日购入我单位甲产品10件,总货款为人民币壹拾壹万叁仟元整(¥113 000.00),已于2023年8月10日归还人民币壹拾万元整(¥100 000.00),尚余壹万叁仟元整(¥13 000.00)未付,请核对后将回联单签章寄回。

核对单位:天河公司(盖章)
2023年9月30日

(沿此虚线剪开,将一下回联寄回)

往来款项对账单(回联)

天河公司:

你单位寄来的往来款项对账单已收到,经核对无误。

××公司(盖章)
年　月　日

图9-1 "往来款项对账单"的基本格式及内容

第三节 财产清查结果的处理

一、财产清查结果处理的原则和步骤

财产清查结果是企业在对相关财产进行清查后,确认的账面结存数与盘点结存数之间的盘盈或者盘亏情况,即账实不符。财产清查结果处理则是从会计账务的角度,对以上清查差异进行后续的处理,使两者在清查后保持一致。

(一)财产清查的原则

对财产清查中发现的盘盈、盘亏结果,以及往来款项中出现的账实不符情况,应根据对应资产的不同类别,按照有关规定进行账务处理。

1. 对盘盈资产的处理原则

对于流动资产的盘盈,应冲减清查当期的管理费用。对于固定资产的盘盈,应作为前期差错进行以前年度损益调整。

2. 对盘亏资产的处理原则

对于流动资产的盘亏,分如下三种情况处置:①属于自然损耗产生的定额内合理损耗的,计入当期管理费用。②属于超定额短缺的,能够确定过失人的,由过失人赔偿,属于保险责任范围的,应向保险公司索赔,扣除过失人赔偿、保险公司赔付及残料价值回收部分后,仍存在的差额,计入当期管理费用。③属于自然灾害等造成的非常损失,扣除保险公司赔偿及残料价值回收后,差额部分计入当期的营业外支出。对于固定资产的盘亏,计入清查当期的营业外支出。

3. 对往来款项的处理原则

对于确实无法收回的应收款项,应冲减已经提取的坏账准备。对于确实无法偿付给债权人的应付款项,应转作企业的营业外收入。

(二)财产清查结果处理的步骤

1. 核准盘盈金额,提出处理意见

财产清查结束后,相关人员要核准盈亏数量和金额,查明盈亏的性质和原因,据实提出处理意见,形成书面报告交单位负责人或者有关部门。

2. 调整相关账簿,做到账实相符

会计人员根据清查中编制的,各相关人员已签章的"账存实存对比表",编制记账凭证,登记"待处理财产损溢"等相关账簿,做到账实相符。

3. 接到批复意见后,核销"待处理财产损溢"

根据批复意见的处理要求,分不同情况编制记账凭证,将盘盈、盘亏事项计入对应的损益账户。

二、财产清查结果的账务处理

(一)账户设置

针对财产清查的盘盈、盘亏情况,财务部门主要通过"待处理财产损溢"账户进行相关账务记录。该账户虽属于资产类账户,但可同时用于核算在财产清查过程中查明的盘盈、盘亏事项,以及后续处理情况。

该账户借方登记各项财产的盘亏或者毁损数,以及各项盘盈财产经批准后的核销数。盘亏、毁损的各种材料、产成品、商品、生物资产、固定资产等,借记"待处理财产损溢"账户,贷记"原材料""库存商品""消耗性生物资产""固定资产"等账户。材料、产成品、商品采用计划成本(或售价)核算的,还应同时结转成本差异(或商品进销差价)。涉及增值税的,还应进行相应处理。

该账户贷方登记除固定资产外的各项资产的盘盈,以及盘亏或者毁损资产经批准核销后的转销数。盘盈的各种材料、产成品、商品、生物资产等,借记"原材料""库存商品""消耗性生物资产"等账户,贷记"待处理财产损溢"账户(盘盈固定资产通过以前年度损益调整处置)。

企业的财产损溢应查明原因,在期末结账前处理完毕,处理后该账户应无余额。该账户可按盘盈、盘亏的资产种类和项目进行明细核算。

企业在财产清查中查明的有关债权债务的坏账收入或者坏账损失,经确认批准后,按照有关会计分录直接转销,不需要通过"待处理财产损溢"账户核算。

(二)账务处理举例

【例9-1】 天河公司在财产清查中,发现甲材料盘盈10吨,每吨单价为1 000元。尚未报经批准。

分析:甲材料盈余,应借记"原材料——甲材料"账户,同时,盘盈在批准之前应记入"待处理财产损溢——待处理流动资产损溢"账户贷方。会计分录如下:

借：原材料——甲材料　　　　　　　　　　　　　　　　　　　　　　　　10 000
　　贷：待处理财产损溢——待处理流动资产损溢　　　　　　　　　　　　　　10 000

【例 9-2】 承［例 9-1］，经查明，盘盈的甲材料系计量仪器不准而产生的溢余，批准冲减管理费用。根据批准处理意见，进行会计处理。

分析：原材料盘盈经批准，应冲减管理费用，从"待处理财产损溢——待处理流动资产损溢"账户借方转出。会计分录如下：

借：待处理财产损溢——待处理流动资产损溢　　　　　　　　　　　　　　10 000
　　贷：管理费用　　　　　　　　　　　　　　　　　　　　　　　　　　　10 000

【例 9-3】 天河公司在财产清查中，发现乙材料盘亏 500 克，账面成本为 5 000 元，处置意见尚未报批（为说明事项，本案例简化处理，不考虑回收及相关税费事项）。

分析：乙材料盘亏，应贷记"原材料——乙材料"账户，同时，盘亏在批准前应记入"待处理财产损溢"账户的借方。会计分录如下：

借：待处理财产损溢——待处理流动资产损溢　　　　　　　　　　　　　　 5 000
　　贷：原材料——乙材料　　　　　　　　　　　　　　　　　　　　　　　 5 000

【例 9-4】 承［例 9-3］，经查明，盘亏的乙材料中，10％属于定额内自然损耗，40％属于意外情况，50％属于保管员李某失职，应由其赔偿。

分析：10％定额内损耗按规定计入管理费用；40％意外情况如无保险则计入营业外支出；50％由责任人赔偿部分，在实际赔偿前，记为其他应收款。会计分录如下：

借：管理费用　　　　　　　　　　　　　　　　　　　　　　　　　　　　　 500
　　营业外支出　　　　　　　　　　　　　　　　　　　　　　　　　　　　2 000
　　其他应收款——李某　　　　　　　　　　　　　　　　　　　　　　　　2 500
　　贷：待处理财产损溢——待处理流动资产损溢　　　　　　　　　　　　　 5 000

【知识链接】

财产清查与会计监督

2003 年年初，中国航天科工集团柳州长虹机器制造公司审计处在进行公司 2002 年报审计中，发现一个反常现象：公司 2001 年、2002 年的民品销售收入分别为 4 563 万元、5 323 万元，呈上升趋势；财务反映的废旧物资销售数量分别为 863 吨、510 吨，废旧物资销售的收入分别是 78 万元、45 万元，呈下降趋势，与生产和销售规模增长呈负相关状态。经重点审计，发现物资处处长等四人擅自截留、出售废旧物资 81.5 吨，款额为 91 200 元，造成损失 14 000 元。

案件反映的内容中，除公司内部串谋等行为使各项控制失灵外，对于公司各项物资的回收、登记等流程管理不严密，清查不到位，账务处理懈怠、会计监督失效也有很大关系。

【关键术语】

财产清查　账实相符　未达账项　盘盈　盘亏　永续盘存法　实地盘存法

【问题思考】

1. 什么是财产清查？它有哪些步骤？
2. 财产清查有哪些分类方法？它们各包括什么内容？
3. 财产清查对企业管理有什么意义？
4. 什么是未达账项？它包括哪些情况？
5. 能否以"银行存款余额调节表"为依据进行账务调整？为什么？
6. 什么是永续盘存制？它有什么特点和优缺点？
7. 什么是实地盘存制？它有什么特点和优缺点？
8. 存货清查结果的处理应遵循什么原则？
9. 财产清查结果的处理有哪些基本步骤？
10. 如何理解"待处理财产损溢"账户？

【思政语录】

1. 财有限，费用无穷，当量入为出。　　　　　　　　　——颜之推《颜氏家训》
2. 取之有度，用之有节，则常足。　　　　　　　　　　——《资治通鉴》

练 习 题

姓名_____
学号_____
分数_____

扫二维码获得更多
本章习题及案例

一、单项选择题

1. 现金应由出纳人员每日清点核对一次,属于( )。
   A. 全面清查和定期清查　　　　　B. 全面清查和不定期清查
   C. 局部清查和定期清查　　　　　D. 局部清查和不定期清查
2. 银行存款的清查方法是( )。
   A. 银行存款日记账与总账核对　　B. 银行存款日记账与收付款凭证核对
   C. 银行存款日记账与对账单核对　D. 银行总账与收付款凭证核对
3. 为记录、反映在财产清查过程中查明的各种财产的盈亏、盘亏及其报经批准后的转销数额,企业应设置( )账户。
   A. "待处理财产损溢"　　　　　　B. "待处理财产盘盈"
   C. "待处理财产盘亏"　　　　　　D. "其他应收款"或者"其他应付款"
4. 企业在编制年度财务会计报告前,应当进行( )。
   A. 全面清查　　B. 局部清查　　C. 实地盘点　　D. 技术推算
5. 发现现金长款时,依据"库存现金盘点报告表",进行账务调整的会计分录为( )。
   A. 借:库存现金　贷:待处理财产损溢
   B. 借:待处理财产损溢　贷:库存现金
   C. 借:待处理财产损溢　贷:营业外收入
   D. 借:待处理财产损溢　贷:营业外支出

二、多项选择题

1. 财产清查对于会计核算及企业管理的重要作用在于( )。
   A. 保证账实相符和会计信息的真实可靠
   B. 保护各项财产物资的安全完整
   C. 可以挖掘财产物资的潜力,促进财产物资的有效利用
   D. 促使企业遵守财经纪律和结算制度
2. 企业在编制年度财务会计报告前,应当进行( )。
   A. 全面清查　　　　　　　　　　B. 局部全面清查
   C. 定期清查　　　　　　　　　　D. 不定期清查
3. 会造成使企业银行存款日记账存款余额大于银行对账单存款余额情况的为( )。
   A. 企业已收款记账,银行尚未收款入账
   B. 企业已付款记账,银行尚未付款入账

  C. 银行已收款记账,企业尚未收款入账
  D. 银行已付款记账,企业尚未付款入账
4. 需要进行全面清查的情况有( )。
  A. 年终决算之前   B. 企业股份制改制
  C. 银行存款和借款核对   D. 债权债务核对
5. 开展财产清查,应当由( )等有关部门人员组成财产清查的专门组织。
  A. 会计人员   B. 业务人员
  C. 仓库保管人员   D. 投资人

三、判断题

1. 财产清查是指通过对货币资金、实物资产和往来账款的实地盘点和核对,确定其实存数,查明账存数与实有数是否相符,并据以调整账簿记录,保证账实相符的一种专门方法。( )
2. 企业已付款记账,银行尚未付款入账,会使企业日记账存款余额大于银行对账单存款余额。( )
3. "银行存款余额调节表"的编制,应在企业银行存款日记账余额和银行对账单余额的基础上,分别加减未达账项,调整后的双方余额应该相符。( )
4. 对于大量成堆、难以逐一清点的财产物资,适宜用实地盘点法清点实存数。( )
5. "待处理财产损溢"账户的借方登记各项财产的盘亏或者毁损数额和各项盘盈财产报经批准后的转销数。( )

【实训案例】

  天河公司2023年5月31日收到开户行发来的对账单,见表9-5,当月的银行存款日记账记录见表9-6。试根据两项材料,进行银行存款核对,并根据需要编制银行存款余额调节表。

表9-5   中国建设银行天河支行对账单

2023年		摘要	结算凭证		借方	贷方	余额
月	日						
5	10	(略)					468 020.00
5	12	付水费	专托	1102	8 750.90		459 269.10
5	13	提现	现支	XZ01	20 000.00		439 269.10
5	16	销货款	转支	BC85		117 000.00	556 269.10
5	18	购料款	转支	AA02	23 400.00		532 869.10
5	19	代发工资	转支	AA03	158 000.00		374 869.10
5	20	销货款	转支	EF37		20 000.00	394 869.10
5	20	结息	内转	852		4 208.09	399 077.19

(续表)

2023年		摘要	结算凭证		借方	贷方	余额
月	日						
5	28	托收货款	转支	HN76		45 000.00	444 077.19
5	30	付电费	专托	1368		3 708.09	440 369.10
5		提现	现支	XZ02	20 000.00		420 369.10

表9-6　　　　　　　　　　　银行存款日记账

2023年		凭证号		摘要	结算凭证		借方	贷方	余额
月	日	字	号		类别	号数			
5	10			（略）					468 020.00
5	12	银付	…	付水费	专托	1102		8 750.90	459 269.10
5	13	银付	…	取现	现支	XZ01		20 000.00	439 269.10
5	15	银收	…	A公司货款	转支	BC85	117 000.00		556 269.10
5	17	银付	…	购料款	转支	AA02		23 400.00	532 869.10
5	19	银收	…	B公司货款	转支	EF37	20 000.00		552 869.10
5	19	银付	…	付职工工资	转支	AA03		158 000.00	394 869.10
5	21	银收	…	银行结息	内转	852	4 208.09		399 077.19
5	29	银付	…	付房租	转支	AA04		4 800.00	394 277.19
5	31	银付	…	取现	现支	XZ02		20 000.00	374 277.19
5	31	银收	…	C公司货款	转支	KI46	37 000.00		411 277.19

第十章 财务会计报告

章前导引

教学目标

本章主要介绍财务会计报告的概念、构成和编报要求；介绍资产负债表、利润表、现金流量表、所有者权益变动表的作用、结构及编制方法。

通过学习，学生应重点掌握财务会计报告的概念、构成和编报要求；理解和掌握资产负债表、利润表的作用、结构、编制方法及各表内项目的填列方法；了解财务会计报告的分类；了解现金流量表、所有者权益变动表的作用和结构。

第一节 财务会计报告概述

一、财务会计报告的概念及作用

财务会计报告是指企业对外提供的反映企业特定日期的财务状况和某一会计期间的经营成果和现金流量等会计信息的文件。

财务会计报告是为满足会计信息使用者的需要，在日常会计核算的基础上，按照一定的表格形式编制会计报表，总括、综合地反映企业单位的经济活动过程和结果，为有关方面进行管理和决策提供科学、准确的会计信息。

财务会计报告的作用具体表现为：

其一，向财务会计报告使用者提供真实、公允的信息。财务会计报告是企业对外提供的反映企业财务状况和经营成果的信息，能够满足投资人、债权人的经济决策信息需求。

其二，为政府等宏观调控部门提供企业经营管理的各类信息，便于更好地发挥各类政府部门的经济监督和调控作用，有利于落实和考核企业领导人经济责任的履行情况。

其三，能够为企业内部各级管理人员全面了解企业经营状况、加强管理、提供经济效益提供可靠的资料。

二、财务会计报告的构成

财务会计报告包括由会计报表及其附注和其他应当在财务会计报告中披露的相关信息

和资料。企业对外提供的财务会计报告的内容、会计报表种类和格式、会计报表附注的主要内容等，均由《企业会计准则》做出规范。

（一）会计报表

会计报表是企业根据日常的会计核算资料归集、加工和汇总后形成的，用来综合反映企业某一特定日期的财务状况和某一会计期间的经营成果和现金流量等情况的书面文件。它是会计核算的最终成果，是财务会计报告的主体。会计报表至少应当包括资产负债表、利润表、现金流量表等报表。

（二）会计报表附注

会计报表附注是指对在会计报表中列示项目所作的进一步说明，以及对未能在这些报表中列示项目的说明等。它主要是为了便于会计报表使用者理解会计报表的内容，而对会计报表的编制基础、编制依据、编制原则和方法及主要项目等所作的解释和补充说明。附注会计报表的有机组成部分，由若干附表和对有关项目的文字性说明组成。

（三）其他应当在财务会计报告中披露的相关信息和资料

财务会计报告中应当披露的相关其他信息和资料，具体可以根据有关法律、法规的规定和企业外部信息使用者的需求而定。如企业可以在财务会计报告中披露其承担的社会责任、可持续发展能力等信息。这些信息尽管属于非财务信息，无法包括在财务会计报告中，但对于使用者的决策也是相关的。

三、财务会计报告的分类

（一）按照所反映的资金运动形态分类，财务会计报告可分为静态报告和动态报告

1. 静态报告

静态报告是综合企业某一特定时期资产、负债和所有者权益状况的报告，例如资产负债表。

2. 动态报告

动态报告是综合反映企业一定会计期间的经营情况或现金流量情况的报告，例如利润表和现金流量表。

（二）按照编制的时间分类，财务会计报告可以分为月度会计报告、季度会计报告、半年度会计报告和年度会计报告

其中，月份、季度和半年度会计报告统称为中期会计报告。

（三）按照编制的单位层次分类，财务会计报告可分为企业内部会计主体单位编制的分部报告和企业法人单位编制的法人报告

1. 分部报告

分部报告是指各独立核算的会计主体单位，在自身会计核算的空间主体范围内，依据自身的核算资料，加工而编制成的，反映会计主体单位财务状况和经营成果的报告。

2. 法人报告

法人报告是指各法人企业经过将企业内部各会计主体的分部报告进行逐级汇总后，最终在法人单位形成的，反映企业财务状况和经营成果情况的报告。

(四）按照编制的报送对象分类，财务会计报告可分为外部报告和内部报告

1. 外部报告

外部报告是为满足企业外部投资人、债权人、宏观调控部门对会计信息的需要，按国家统一的会计准则制度要求编制的报告。

2. 内部报告

内部报告是为满足企业内部管理的会计要求而编制的，不需对外披露的报告。其报告的种类、格式、指标体系和编报要求，由企业自行规定。

四、财务会计报告的编报要求

财务会计报告作为传递企业信息的基本形式，为确保其提供的信息能够准确、真实、及时反映企业经营状况和经营成果，尽可能地满足有关方面经济决策需要，企业在编制财务会计报告时应满足"真实可靠、相关可比、全面完整、编报及时、便于理解"等基本要求。

（一）真实可靠

真实可靠是对企业会计信息的最基本的质量要求。为了保证财务会计报告所提供的信息真实可靠，数据正确，在编制财务会计报告前，应对各种会计账簿、表册、财产等进行认真审核和清查，以保证账证相符、账账相符、账实相符。在此基础上根据登记完整、核对无误的会计账簿记录和其他相关资料编制财务会计报告，做到数字真实、计算准确、内容完整，保证财务会计报告所提供的信息真实、可靠。

（二）相关可比

财务会计报告所提供的信息必须与信息使用者决策需要的信息相关，同时要有助于使用者在不同企业之间及同一企业不同期间之间进行横向和纵向的比较分析。为此，企业在编制财务会计报告时，应当以持续经营为基础，根据实际发生的交易或者事项，按照《企业会计准则》的规定进行确认和计量；报告项目的列报应当在各个会计期间保持一致，不得随意变更；当期财务会计报告的列报，至少应当提供所列报项目上一可比会计期间的比较数据，以及与理解当期财务会计报告相关的说明。

（三）全面完整

全面完整的财务会计报告，一方面要求按规定的项目和内容进行编报，另一方面要求能充分反映企业经营活动的全面整体情况。因此，各企业编制和报送的财务会计报告，应当按照规定的格式和内容进行编报，在编报的财务会计报告中，凡要求填报的指标和项目，不得漏填漏列，任意取舍。

在编报的形式上，企业对外提供的财务会计报告应当依次编定页数，加具封面、装订成册、加盖公章。封面上应当注明：企业名称、企业统一代码、组织形式、地址、报告所属年度或者月份、报出日期，并由企业负责人和主管会计工作的负责人、会计机构负责人（会计主管人员）签名并盖章；设置总会计师的企业，还应当由总会计师签名并盖章。

（四）编报及时

财务会计报告必须及时编报，才有利于财务会计报告的使用，达到编报的目的。不能及时传送给信息使用者，即便是最真实可靠和全面完整的财务会计报告，也没有实际的使用

价值。企业应在保证质量的前提下,在规定的期限内编制完毕,并按规定时限进行保送。月度财务会计报告应当于月度终了后 6 天内(节假日顺延,下同)对外提供;季度财务会计报告应当于季度终了后 15 天内对外提供;半年度财务会计报告应当于年度中期结束后 60 天内(相当于两个连续的月度)对外提供;年度财务会计报告应当于年度终了后 4 个月内对外提供。

(五)便于理解

财务会计报告的编制还应当具有可理解性,可以便于普通的会计信息使用者理解使用。可理解性是所有信息为使用者接受的前提,如果财务会计报告难以理解,则使用者不可能或者很难从中获取有助于决策的信息。可理解要求在编制财务会计报告时,应当按照国家统一规范的会计报表格式和项目内容,准确、明晰地列示相关数字;所编列的会计报表之间、会计报表各项目之间,凡具有对应关系的数字应当对应一致;会计报表中本期与上期的有关数字应当相互衔接;会计报表附注和其他需要说明的事项应当做出真实、完整、清楚的说明。

【知识链接】

《企业财务会计报告条例》

为规范企业财务报告,保证财务报告的真实、完整,根据《中华人民共和国会计法》,国务院于 2000 年 6 月 21 日颁布了《企业财务会计报告条例》。该条例共分 6 章 46 条,分别从财务会计报告的基本要求、财务会计报告的构成、财务会计报告的编制、财务会计报告的对外提供和法律责任等方面进行了规范。

第二节 资产负债表

一、资产负债表的概念及作用

资产负债表是反映企业某一特定日期财务状况的会计报表。资产负债表是根据"资产=负债+所有者权益"这一会计基本等式,按照一定的分类标准和顺序,将企业一定日期的资产、负债和所有者权益项目予以适当的排列编制而成。它用资产、负债和所有者权益三个会计要素构成及其数量关系,反映一个会计主体在某一特定时点的静态状况,主要提供有关企业财务状况方面的信息。

资产负债表的具体作用在于:

其一,披露企业某一特定日期的资产总额和构成情况。表明企业掌握的经济资源的数量及其分布情况,表明企业运用其经济资源的能力。

其二,披露企业某一特定日期的负债总额和构成情况。表明企业未来需要用多少资产或劳务清偿债务。

其三,披露企业某一特定日期的所有者权益总额和构成情况。表明企业所有者在资产中所占的份额,了解所有者权益的构成情况。

其四,能够通过对三个会计要素的构成及关系分析,便于分析检查企业资产、负债和所有者权益的构成是否合理;了解企业的偿债能力和支付能力;通过分析比较前后期项目变化,了解企业资金变化,资本的保值、增值情况,了解企业财务状况的变动趋势等。

二、资产负债表的结构和内容

资产负债表的格式依照基本会计等式"资产=负债+所有者权益"的平衡原理来设计排列格式及构成项目。通常采用报告式和账户式两种。

(一)报告式资产负债表

报告式资产负债表采取上下结构,垂直排列资产、负债和所有者权益三类反映财务状况的会计要素项目,上半部分列示资产项目,下半部分列示负债和所有者权益项目。具体排列形式又有两种:一是按"资产=负债+所有者权益"的原理排列;二是按"资产-负债=所有者权益"的原理排列。

(二)账户式资产负债表

账户式资产负债表,采取左右结构,平行排列资产、负债和所有者权益三类反映财务状况的会计要素项目。账户式资产负债表是按"资产=负债+所有者权益"会计等式各项目的方向和方位特征设计的,左半部分列示资产项目,右半部分列示负债和所有者权益项目,左、右方项目的金额合计数相等。账户式资产负债表具体格式内容参见表10-2。

资产负债表,无论采用报告式格式,还是账户式格式,表中的具体项目均是按其项目分类的经济性质及其流动性设计的:资产按流动性排列,流动性大的在先,流动性小的在后,分为流动资产和非流动资产。权益分为负债和所有者权益两部分,按求偿权先后顺序排列。负债则按偿还期限长短排列,分为流动负债和非流动负债;而所有者权益则按永久程度的高低排列,永久程度高的在先,低的在后,分为实收资本(股本)、资本公积、盈余公积和未分配利润。

三、资产负债表的编制

(一)资产负债表中的"上年年末余额"和"期末余额"

《企业财务会计报告条例》规定,年度、半年度会计报表至少应当反映两个年度或者相关两个期间的比较数据。为此,企业需要提供比较资产负债表,所以,资产负债表各项目需要分为"上年年末余额"和"期末余额"两栏分别填列。

具体填列时,资产负债表根据试算平衡表或者总账各科目及其明细科目余额分类归集编制。资产负债表各项目要按照上年年末余额和期末余额作两列数据列示,应在查对和分析资产、负债和所有者权益类科目及有关明细科目的上期期末余额和本期期末余额,以及其他有关数据的基础上编制。

表中"上年年末余额"栏内各项目数字,应根据上年年末资产负债表"期末余额"栏内所列数字填列。如果本年度资产负债表规定的各个项目的名称和内容同上年度不相一致,应对上年年末资产负债表各项目的名称和数字按本年度的规定进行调整,按调整后的数字填入本表"上年年末余额"栏内。

表中"期末余额"是指某一会计期末的数字,即月末、季末、半年末和年末的数字。资产负债表各项目"期末余额"栏内的数字可通过以下几种方式取得:

(1) 根据总账科目余额直接填列,如"短期借款""应收股利"等项目。

(2) 根据总账科目余额直接计算填列,如"货币资金"项目,需要根据"库存现金""银行存款""其他货币资金"科目的期末余额合计数填列。

(3) 根据明细科目余额计算填列,如"应付账款"项目,需要根据"应付账款""预付账款"账户所属相关明细科目的期末贷方余额计算填列。

(4) 根据总账科目和明细科目余额分析计算填列,如"长期借款"项目,需要根据"长期借款"总账科目期末余额,扣除"长期借款"总账科目所属明细科目中反映的、将于1年内到期的长期借款部分,分析计算填列。

(5) 根据有关项目数字抵销计算填列,以反映其净额,如"固定资产"项目是用"固定资产"科目余额减去"累计折旧"科目余额和"固定资产减值准备"科目余额的净额填列。

(二) 资产负债表中各项目的填列方法

(1) "货币资金"项目,反映企业库存现金、银行存款、外埠存款、银行汇票存款、银行本票存款、信用证保证金存款等的合计数。本项目应根据"库存现金""银行存款""其他货币资金"科目的期末余额合计填列。

(2) "交易性金融资产"项目,反映企业购入的各种能随时变现、并准备随时变现的股票、债券和基金投资。本项目应根据"交易性金融资产"科目的期末余额填列。

(3) "衍生金融资产"项目,反映资产负债表日企业持有衍生金融工具形成的金融资产。该项目应根据"衍生金融资产"科目期末余额填列。

(4) "应收票据"项目,反映企业收到的未到期也未向银行贴现的应收票据(包括商业承兑汇票和银行承兑汇票)。本项目应根据"应收票据"科目的期末余额填列。

(5) "应收账款"项目,反映企业因销售商品、产品和提供劳务等而应向购买单位收取的各种款项,减去已计提的坏账准备后的净额。本项目应根据"应收账款"科目所属各明细科目的期末借方余额合计,减去"坏账准备"科目中有关应收账款计提的坏账准备期末余额后的金额填列。如"应收账款"科目所属明细科目期末有贷方余额,应在本表"预收款项"项目内填列。

(6) "预付款项"项目,反映企业预付给供应单位的款项。本项目应根据"预付账款"科目所属各明细科目的期末借方余额合计填列。如"预付账款"科目所属有关明细科目期末有贷方余额的,应在本表"应付账款"项目内填列。如"应付账款"科目所属明细科目有借方余额的,也应包括在本项目内。

(7) "其他应收款"项目,反映企业对其他单位和个人的应收和暂付的款项,减去已计提的坏账准备后的净额。本项目应根据"其他应收款"科目的期末余额,减去"坏账准备"科目中其他应收款计提的坏账准备期末余额后的金额填列。

(8) "存货"项目,反映企业期末库存、在途和加工中的各项存货的价值,包括各种材料、商品、在产品、半成品、包装物、低值易耗品等。本项目应根据"在途物资"(或"材料采购""原材料""低值易耗品""库存商品""包装物""委托加工物资""生产成本"等)科目的期末余额合计,减去"存货跌价准备"科目期末余额后的金额填列。材料采用计划成本核算,以及库存商品采用计划成本核算的企业,还应按加或减材料成本差异后的金额填列。

(9)"合同资产"项目,反映企业已向客户转让商品而有权收取对价的权利数量。本项目应根据"合同资产"科目的相关明细科目期末余额分析填列。

(10)"持有待售资产"项目,反映企业资产负债表日划分为持有待售类别的非流动资产及划分为流动资产及划分为持有待售类别的处置组中的流动资产和非流动资产的期末账面价值。本项目应根据在资产负债表日"持有待售资产"科目的期末余额,减去"持有待售资产减值准备"科目的期末余额后的金额填列。

(11)"一年内到期的非流动资产"项目,反映企业拥有的各项"一年内到期的非流动资产"的数量。本项目根据企业拥有各项1年内到期的非流动资产的数量计算填列。

(12)"其他流动资产"项目,反映企业除以上流动资产项目以外的其他流动资产。本项目应根据有关科目的期末余额填列。如其他流动资产价值较大的,应在会计报表附注中披露其内容和金额。

(13)"债权投资"项目,反映资产负债表日企业以摊余成本计量的长期债权投资的期末账面价值。本项目应根据"债权投资"科目的相关明细科目期末余额,减去"债权投资减值准备"科目中相关减值准备的期末余额的金额分析填列。

(14)"其他债权投资"项目,反映资产负债表日企业分类为以公允价值计量且其变动计入其他综合收益的长期债权投资的期末账面价值。本项目根据"其他债权投资"科目的相关明细科目期末余额的金额分析填列。

(15)"长期应收款"项目,反映企业不准备在1年内(含1年)收回的各种应收款项。本项目应根据"长期应收款"科目的期末余额,减去"长期应收款减值准备"科目余额后的金额填列。

(16)"长期股权投资"项目,反映企业不准备在1年内(含1年)变现的各种股权性质的投资的可收回金额。本项目应根据"长期股权投资"科目的期末余额,减去"长期股权投资减值准备"科目余额后的金额填列。

(17)"其他权益工具投资"项目,反映资产负债表日企业指定为以公允价值计量且其变动计入其他综合收益的非交易性权益工具投资的期末账面价值。本项目应根据"其他权益工具投资"科目的期末余额填列。

(18)"其他非流动金融资产"项目,反映企业自资产负债表日起超过1年到期且预期持有超过1年的以公允价值计量且变动计入当期损益的非流动金融资产的期末账面价值。本项目根据"其他非流动金融资产"科目的期末余额填列。

(19)"投资性房地产"项目,反映企业为赚取租金或资本增值而持有的各种房地产的净值。本项目应根据"投资性房地产"科目余额减去"累计折旧"科目和"投资性房地产减值准备"科目余额后的金额填列。

(20)"固定资产"项目,反映企业的各种固定资产的净值。融资租入的固定资产,其原价及已提折旧也包括在内。融资租入的固定资产原价应在会计报表附注中另行反映。本项目应根据"固定资产"科目余额减去"累计折旧"科目和"固定资产减值准备"科目余额后的金额填列。

(21)"在建工程"项目,反映企业期末各项未完工程的实际支出,包括交付安装的设备价值,未完建筑安装工程已经耗用的材料、工资和费用支出,预付出包工程的价款,已经建筑安装完毕但尚未交付使用的工程等的可收回金额。本项目应根据"在建工程"科目的期末余额减去"在建工程减值准备"科目期末余额后的金额填列。

(22)"生产性生物资产"项目,反映企业为将来能生产产品而持有的生物资产的净值。本项目应根据"生产性生物资产"科目余额减去"累计折旧"科目和"生产性生物资产减值准备"科目余额后的金额填列。

(23)"油气资产"项目,反映油气开采企业拥有的油气井及相关设施资产及矿区权益的净值。本项目应根据"油气资产"科目余额减去"累计折旧"科目和"油气资产减值准备"科目余额后的金额填列。

(24)"使用权资产"项目,反映资产负债表日承租人企业持有的使用权资产的期末账面价值。本项目应根据"使用权资产"科目的期末余额,减去"使用权累计折旧""使用权资产准备"科目的期末余额后的金额填列。

(25)"无形资产"项目,反映企业各项无形资产的期末可收回金额。本项目应根据"无形资产"科目的期末余额减去"无形资产减值准备"科目期末余额后的金额填列。

(26)"开发支出"项目,反映企业自行研究开发无形资产在期末尚未完成开发阶段的无形资产的价值。本项目应根据"开发支出"科目的期末余额填列。

(27)"商誉"项目,反映企业拥有的商誉资产净值。本项目应根据"商誉"科目的期末余额,减去"商誉减值准备"科目余额后的金额填列。

(28)"长期待摊费用"项目,反映企业尚未摊销的摊销期限在1年以上(不含1年)的各种费用,如租入固定资产改良支出、摊销期限在1年以上(不含1年)的其他待摊费用。长期待摊费用中在1年以内(含1年)摊销的部分,应在本表"待摊费用"项目列报。本项目应根据"长期待摊费用"科目的期末余额减去1年应内(含1年)摊销的数额后的金额填列。

(29)"递延所得税资产"项目,反映企业未来预计可以用来抵税的资产的数量。本项目应根据"递延所得税资产"科目的期末余额,减去"递延所得税资产减值准备"科目余额后的金额填列。

(30)"其他非流动资产"项目,反映企业除以上资产以外的其他长期资产。本项目应根据有关科目的期末余额填列。如其他长期资产价值较大的,应在会计报表附注中披露其内容和金额。

(31)"短期借款"项目,反映企业借入尚未归还的1年期以内(含1年)的借款。本项目应根据"短期借款"科目的期末余额填列。

(32)"交易性金融负债"项目,反映资产负债表日企业承担的交易性金融负债,以及企业持有的直接指定为以公允价值计量且其变动计入当期损益的金融负债的期末账面价值。本项目应根据"交易性金融负债"科目的相关明细科目的期末余额分析填列。

(33)"衍生金融负债"项目,反映资产负债表日企业承担衍生金融工具形成的金融负债。本项目应根据"衍生金融负债"科目的期末余额填列。

(34)"应付票据"项目,反映企业为了抵付货款等而开出、承兑的尚未到期付款的应付票据,包括银行承兑汇票和商业承兑汇票。本项目应根据"应付票据"科目的期末余额填列。

(35)"应付账款"项目,反映企业购买原材料、商品和接受劳务供应等而应付给供应单位的款项。本项目应根据"应付账款"科目所属各有关明细科目的期末贷方余额合计填列。如"应付账款"科目所属各有关明细科目的期末有借方余额,应在本表"预付款项"项目内填列。

(36)"预收款项"项目,反映企业预收购买单位的账款。本项目应根据"预收款项"科目所属各有关明细科目的期末贷方余额合计填列。如"预收款项"科目所属有关明细科目有借方余额的,应在本表余额"应收账款"项目内填列。如"应收账款"科目所属明细科目有贷方余额的,也应包括在本项目内。

(37)"合同负债"项目,反映企业履行履约义务与客户之间关系在资产负债表中列示的合同负债数量。本项目应根据"合同负债"科目的相关明细科目的期末余额分析填列。

(38)"应付职工薪酬"项目,反映企业应付未付的职工薪酬。应付职工薪酬包括应付职工的工资、奖金、津贴和补贴、职工福利费和医疗保险费、养老保险费等各种保险费以及住房公积金等。本项目应根据"应付职工薪酬"科目的期末贷方余额填列。如"应付职工薪酬"科目期末有借方余额,以"一"号填列。

(39)"应交税费"项目,反映企业期末未交、多交或未抵扣的各种税金和其他费用。本项目应根据"应交税费"科目的期末贷方余额填列。如"应交税费"科目期末为借方余额,应以"一"号填列。

(40)"其他应付款"项目,反映企业所有应付和暂收其他单位和个人的款项。本项目应根据"其他应付款"科目的期末余额填列。

(41)"持有待售负债"项目,反映企业资产负债表日处置组中与划分为持有待售类别的资产直接相关的负债的期末账面价值。本项目应根据"持有待售负债"科目的期末余额填列。

(42)"一年内到期的非流动负债"项目,反映企业承担的各项1年内到期的非流动负债的数量。本项目应根据企业承担各项1年内到期的非流动负债的数量计算填列。

(43)"其他流动负债"项目,反映企业除以上流动负债以外的其他流动负债。本项目应根据有关科目的期末余额填列。如其他流动负债价格较大的,应在会计报表附注中披露其内容及金额。

(44)"长期借款"项目,反映企业借入尚未归还的1年期以上(不含1年)的借款本息。本项目应根据"长期借款"科目的期末余额填列。

(45)"应付债券"项目,反映企业发行的尚未偿还的各种长期债券的本息。本项目应根据"应付债券"科目的期末余额填列。

(46)"租赁负债"项目,反映资产负债表日承租人企业尚未支付的租赁付款额的期末账面价值。本项目应根据"租赁负债"科目的期末余额填列。

(47)"长期应付款"项目,反映企业不准备在1年内(含1年)偿付的各种应付款项。本项目应根据"长期应付款"科目的期末余额填列。

(48)"预计负债"项目,反映企业预计负债的期末余额。本项目应根据"预计负债"科目的期末余额填列。

(49)"递延收益"项目,反映企业尚待确认的收入或收益。本项目应根据"递延收益"科目的期末余额填列。

(50)"递延所得税负债"项目,反映企业采用债务法核算时,时间性差异的预计纳税影响作为未来的负债。本项目反映期末企业确认的递延所得税负债的金额。本项目应根据

"递延所得税负债"科目的期末余额填列。

(51)"其他非流动负债"项目,反映企业除以上非流动负债项目以外的其他非流动负债。本项目应根据有关科目的期末余额填列。如其他非流动负债价值较大的,应在会计报表附注中披露其内容和金额。上述非流动负债各项目中将于1年内(含1年)到期的非流动负债,应在"一年内到期的非流动负债"项目内单独反映。上述非流动负债各项目均应根据有关科目期末余额减去将于1年内(含1年)到期的非流动负债后的金额填列。

(52)"实收资本(或股本)"项目,反映企业各投资者实际投入的资本(或股本)总额。本项目应根据"实收资本(或股本)"科目的期末余额填列。

(53)"其他权益工具"项目,反映企业发行的除普通股以外分类为权益工具的金融工具的账面价值。本项目应分为"优先股"和"永续债",分别填列企业发行的分类为权益工具的优先股和永续债的账面价值。

(54)"资本公积"项目,反映企业资本公积的期末余额。本项目应根据"资本公积"科目的期末余额填列。

(55)"其他综合收益"项目,反映企业根据《企业会计准则》的规定未在损益中确认的各种利得和损失扣除所得税影响后的净额。本项目应根据"其他综合收益"科目的期末余额填列。

(56)"专项储备"项目,反映高危行业企业按照国家规定提取的安全生产费的期末账面价值。本项目应根据"专项储备"科目的期末余额填列。

(57)"盈余公积"项目,反映企业盈余公积的期末余额。本项目应根据"盈余公积"科目的期末余额填列。

(58)"未分配利润"项目,反映企业尚未分配的利润。本项目应根据"本年利润"科目和"利润分配"科目的期末余额计算填列。未弥补的亏损,在本项目内以"一"号填列。

(三) 资产负债表编制举例

【例10-1】 2023年3月31日,天河公司相关账户余额见表10-1。根据表10-1编制天河公司2023年第一季度的资产负债表(见表10-2)。

表10-1　　　　　　　　　账户余额表
编报单位:天河公司　　　　2023年3月31日　　　　　　　　单位:元

账户名称	借方余额	贷方余额
库存现金	65 000.00	
银行存款	2 605 753.55	
交易性金融资产	28 656.00	
应收票据	105 338.58	
应收账款	630 032.68	
预付款项	24 350.00	
其他应收款	1 536.80	
材料采购	55 000.00	
原材料	758 035.00	

(续表)

账户名称	借方余额	贷方余额
生产成本	4 555 000.00	
库存商品	3 225 136.00	
长期股权投资	850 000.00	
固定资产	35 560 310.00	
累计折旧		17 766.00
固定资产减值准备		25 124.50
无形资产	16 405.20	
长期待摊费用	20 302.14	
短期借款		6 508 000.00
应付票据		271 000.00
应付账款		860 210.00
应付职工薪酬		260 000.00
应交税费		320 100.45
长期借款		5 600 655.00
实收资本(或股本)		33 000 000.00
资本公积		630 000.00
盈余公积		350 000.00
未分配利润		658 000.00
合　计	48 500 855.95	48 500 855.95

表 10-2　　　　　　　　　　　资 产 负 债 表

会企 01 表

编报单位:天河公司　　　　　　2023 年 3 月 31 日　　　　　　　　单位:元

资　产	期末余额	上年年末余额	负债和所有者权益(或股东权益)	期末余额	上年年末余额
流动资产:		（略）	流动负债:		（略）
货币资金	2 670 753.55		短期借款	6 508 000.00	
交易性金融资产	28 656.00		交易性金融负债		
衍生金融资产			衍生金融负债		
应收票据	105 338.58		应付票据	271 000.00	
应收账款	630 032.68		应付账款	860 210.00	
应收款项融资			预收款项		

(续表)

资产	期末余额	上年年末余额	负债和所有者权益（或股东权益）	期末余额	上年年末余额
预付款项	24 350.00		合同负债		
其他应收款	1 536.80		应付职工薪酬	260 000.00	
存货	8 593 171.00		应交税费	320 100.45	
合同资产			其他应付款		
持有待售资产			持有待售负债		
一年内到期的非流动资产			一年内到期的非流动负债		
其他流动资产			其他流动负债		
流动资产合计	12 053 838.61		流动负债合计	8 219 310.45	
非流动资产：			非流动负债：		
债权投资			长期借款	5 600 655.00	
其他债权投资			应付债券		
长期应收款			其中：优先股		
长期股权投资	850 000.00		永续债		
其他权益工具投资			租赁负债		
其他非流动金融资产			长期应付款		
投资性房地产			预计负债		
固定资产	35 517 419.50		递延收益		
在建工程			递延所得税负债		
生产性生物资产			其他非流动负债		
油气资产			非流动负债合计		
使用权资产			负债合计	13 819 965.45	
无形资产	16 405.20		所有者权益（或股东权益）：		
开发支出			实收资本（或股本）	33 000 000.00	
商誉			其他权益工具		
长期待摊费用	20 302.14		其中：优先股		
递延所得税资产			永续债		
其他非流动资产			资本公积	630 000.00	
非流动资产合计	36 404 126.84		减：库存股		
			其他综合收益		
			专项储备		

(续表)

资产	期末余额	上年年末余额	负债和所有者权益（或股东权益）	期末余额	上年年末余额
			盈余公积	350 000.00	
			未分配利润	658 000.00	
			所有者权益（或股东权益）合计	34 638 000.00	
资产总计	48 457 965.45		负债和所有者权益（或股东权益总计）	48 457 965.45	

第三节 利润表

一、利润表的意义和作用

利润表是反映企业在一定会计期间经营成果的会计报表。经营成果是指一个企业在一定时期的营业收入、营业费用和经过配比而计算出来的净收益，它说明企业在某一时期的净收益数额及其形成情况，据以分析企业的经济效益及盈利能力，评价企业的经营管理绩效，判断资本保值、增值情况。利润表是根据收入确认原则和配比原则编制的。

利润表的具体作用主要表现在以下几个方面：

其一，可以总括反映企业在一定会计期间的收入实现情况和费用耗费情况。

其二，可以总括反映企业在一定会计期间的营业利润、利润总额和净利润的构成要素情况。

其三，报表使用者可根据该表所提供的具体内容，分析评价企业的经营成果，考核利润计划的完成情况，评价投资者投资的价值和报酬。

其四，为财务管理人员及领导者提供财务预测资料，可以对企业未来的经营状况、获利能力及潜力进行预测，了解企业在未来一定时期的盈利趋势。

二、利润表的格式和内容

利润表的基本结构是根据"收入－费用＝利润"平衡公式设计的。按照利润表各具体项目内容排列方式的不同，利润表的格式在国际上通常采用单步式和多步式两种。

单步式利润表通常采用左右对照的账户式结构，即把表格分为左、右两个部分：左边反映企业各种收入、收益类项目，右边列示各种费用、支出类项目，左边总额减去右边总额即为企业利润数额。有时，单步式利润表也可垂直式列示，即将收入、收益项目列在上半部分，费用及支出项目列在下半部分。

多步式利润表一般采用上下加减的报告式结构，利润数额的计算采取多个步骤逐项列示。多步式利润表的优点是注意收入与费用支出配比的层次性，明确揭示了利润各构成要素之间的内在联系。因此,我国《企业会计准则》规定,企业的利润表采用多步式的格式。多步式利润表的具体内容与格式见表10-4。

三、利润表的编制方法

(一)利润表中的"本期金额"和"上期金额"

《企业财务会计报告条例》规定:年度、半年度会计报表至少应当反映两个年度或者相关两个期间的比较数据。也就是说,企业需要提供比较利润表。所以,利润表各项目需要分为"本期金额"和"上期金额"两栏分别填列。

利润表中的"本期金额"栏反映各项目的本月实际发生数。在编报中期财务会计报告时,填列上年同期累计实际发生数;在编报年度财务会计报告时,填列上年全年累计实际发生数。如果上年度利润表与本年度利润表的项目名称和内容不相一致,应对上年度利润表项目的名称和数字按本年度的规定进行调整,填入本表"上期金额"栏。在中期和年度财务会计报告时,应将"本期金额"栏改成"上期金额"栏。

利润表中的"上期金额"栏反映各项目自年初起至报告期末止的累计实际发生数。

(二)利润表中各项目的填列方法

利润表中各项目的金额,一般是根据有关账户的本期发生额来填列的。"本期金额"栏内各项数字,根据以下方法填列:

(1)"营业收入"项目,反映企业经营业务所取得的收入总额。本项目应根据"主营业务收入"科目和"其他业务收入"科目的发生额合计填列。

(2)"营业成本"项目,反映企业经营业务发生的实际成本。本项目应根据"主营业务成本"科目和"其他业务成本"科目的发生额合计填列。

(3)"税金及附加"项目,反映企业经营业务应负担的增值税、消费税、城市维护建设税、资源税、土地增值税和教育费附加等。本项目应根据"税金及附加"科目的发生额分析填列。

(4)"销售费用"项目,反映企业在销售商品和商品流通企业在购入商品等过程中发生的费用。本项目应根据"销售费用"科目的发生额分析填列。

(5)"管理费用"项目,反映企业发生的管理费用。本项目应根据"管理费用"科目的发生额分析填列。

(6)"研发费用"项目,反映企业发生的研发费用。本项目应根据"研发费用"科目的发生额分析填列。

(7)"财务费用"项目,反映企业发生的财务费用。本项目应根据"财务费用"科目的发生额分析填列。

(8)"其他收益"项目,反映企业计入其他收益的政府补贴等。本项目应根据"其他收益"科目的发生额分析填列。

(9)"投资收益"项目,反映企业以各种方式对外投资所取得的收益。本项目应根据"投资收益"科目的发生额分析填列。如为投资损失,以"一"号填列。

(10)"净敞口套期收益"项目,反映企业净敞口套期下被套期项目累计公允价值变动转入当期损益的金额或现金流量套期储备转入当期损益的金额。本项目应根据"净敞口套期收益"科目的发生额分析填列。如为套期损失,以"一"号填列。

(11)"公允价值变动收益"项目,反映企业资产因公允价值变动而发生的收益。本项目应根据"公允价值变动损益"科目的发生额分析填列。

(12)"信用减值损失"项目,反映企业按要求计提的各项金融工具减值准备所形成的预期信用损失。本项目应根据"信用减值损失"科目的发生额分析填列。

(13)"资产减值损失"项目,反映企业因资产减值而发生的损失。本项目应根据"资产减值损失"科目的发生额分析填列。

(14)"资产处置收益"项目,反映企业出售划分为持有待售的非流动资产(金融工具、长期股权投资和投资性房地产除外)或处置组时确认的利得或损失,以及处置未划分持有待售的固定资产、在建工程、生产性生物资产及无形资产而产生的利得或损失。债务重组中因处置非流动资产产生的利得或损失和非货币性资产交换产生的利得或损失也包括在本项目内。本项目应根据"资产处置收益"科目的发生额分析填列。如为处置损失,以"—"号填列。

(15)"营业外收入"项目,反映企业发生的营业利润以外的收益,主要包括债务重组利得、与企业日常活动无关的政府补贴、盘盈利得、捐赠利得等。本项目应根据"营业外收入"科目的发生额分析填列。

(16)"营业外支出"项目,反映企业发生的营业利润以外的支出,主要包括债务重组损失、公益性捐赠支出、非常损失、盘亏损失、非流动资产毁损报废损失等。本项目应根据"营业外支出"科目的发生额分析填列。

(17)"所得税费用"项目,反映企业按规定从本期损益中减去的所得税。本项目应根据"所得税费用"科目的发生额分析填列。

(18)"净利润"项目,反映企业实现的净利润。如为净亏损,以"—"号填列。其中,"持续经营净利润"项目和"终止经营净利润"项目,分别反映净利润中与持续经营相关的净利润和与终止经营相关的净利润;如为净亏损,以"—"号填列。该两个项目应依据《企业会计准则第42号——持有待售的非流动资产、处置组和终止经营》的相关规定分别填列。

(19)"其他综合收益的税后净额"中的相关项目:

A."其他权益工具投资公允价值变动"项目,反映企业指定为公允价值计量且其变动计入其他综合收益的非交易性权益工具投资发生的公允价值变动。本项目应根据"其他综合收益"科目的相关明细科目的发生额分析填列。

B."企业自身信用风险公允价值变动"项目,反映企业指定为公允价值计量且其变动计入当期损益的金融负债,由企业自身信用风险变动而计入其他综合收益的金额。本项目应根据"其他综合收益"科目的相关明细科目的发生额分析填列。

C."其他债权投资公允价值变动"项目,反映企业分类为以公允价值计量且其变动计入其他综合收益的债权投资发生的公允价值变动。企业将一项以公允价值计量且其变动计入其他综合收益的金融资产重分类为以摊余成本计量的金融资产,或重分类为以公允价值计量且其变动计入当期损益的金融资产时,之前计入其他综合收益的累计利得或损失从其他综合收益中转出的金额作为该项目的减项。本项目应根据"其他综合收益"科目的相关明细科目的发生额分析填列。

D."金融资产重分类计入其他综合收益的金额"项目,反映企业将一项摊余成本计量金融资产重分类为以公允价值计量且其变动计入其他综合收益的金融资产时,计入其他综合收益的原账面价值与公允价值之间的差额。本项目应根据"其他综合收益"科目的相关明细科目的发生额分析填列。

E."其他债权投资信用减值准备"项目,反映企业分类为以公允价值计量且其变动计入其他综合收益的金融资产的损失准备。本项目应根据"其他综合收益"科目下的"信用减值准备"明细科目的发生额分析填列。

F."现金流量套期储备"项目,反映企业套期工具产生的利得或损失中属于套期有效的部分。本项目应根据"其他综合收益"科目下的"套期准备"明细科目的发生额分析填列。

(20)"综合收益总额"项目,应根据净利润加上其他综合收益的税后净额进行计算后填列。

(21)"基本每股收益"项目和"稀释每股收益"项目,反映企业根据《企业会计准则第34号——每股收益》计算的两种每股收益指标的金额。

(三)利润表编制举例

【例10-2】 2023年3月31日,天河公司相关损益类科目余额见表10-3。根据表10-3编制天河公司2023年3月的利润表(见表10-4)。

表10-3　　　　　　　　　　　　损益类科目余额表

编报单位:天河公司　　　　　　　　2023年3月31日　　　　　　　　　　单位:元

科目名称	借方余额	贷方余额
主营业务收入		33 850 000.00
主营业务成本	12 403 553.35	
税金及附加	4 054 500.00	
销售费用	640 035.65	
管理费用	8 155 335.50	
财务费用	72 850.00	
资产减值损失	65 536.00	
投资收益		1 530 000.00
营业外收入		580 545.00
营业外支出	556 000.00	
所得税费用	2 503 183.63	

表10-4　　　　　　　　　　　　　利　润　表　　　　　　　　　　　　会企02表

编报单位:天河公司　　　　　　　　2023年3月　　　　　　　　　　　　单位:元

项　目	本期金额	上期金额
一、营业收入	33 850 000.00	(略)
减:营业成本	12 403 553.35	
税金及附加	4 054 500.00	
销售费用	640 035.65	

(续表)

项　目	本期金额	上期金额
管理费用	8 155 335.50	
研发费用		
财务费用	72 850.00	
其中:利息费用	72 850.00	
利息收入		
加:其他收益		
投资收益(损失以"－"号填列)	1 530 000.00	
其中:对联营企业和合营企业的投资收益		
以摊余成本计量的金融资产终止确认收益(损失以"－"号填列)		
净敞口套期收益(损失以"－"号填列)		
公允价值变动收益(损失以"－"号填列)		
信用减值损失(损失以"－"号填列)		
资产减值损失(损失以"－"号填列)	－65 536.00	
资产处置收益(损失以"－"号填列)		
二、营业利润(亏损以"－"号填列)	9 988 189.50	
加:营业外收入	580 545.00	
减:营业外支出	556 000.00	
三、利润总额(损失总额以"－"号填列)	10 012 734.50	
减:所得税费用	2 503 183.63	
四、净利润(净亏损以"－"号填列)	7 509 550.87	
(一)持续经营净利润(净亏损以"－"号填列)		
(二)终止经营净利润(净亏损以"－"号填列)		
五、其他综合收益的税后净额		
(一)不能重分类进损益的其他综合收益		
1. 重新计量设定受益计划变动额		
2. 权益法下不能转损益的其他综合收益		
3. 其他权益工具投资公允价值变动		
4. 企业自身信用风险公允价值变动		
……		
(二)将重分类进损益的其他综合收益		
1. 权益法下可转损益的其他综合收益		

(续表)

项　目	本期金额	上期金额
2. 其他债权投资公允价值变动		
3. 金融资产重分类计入其他综合收益的金额		
4. 其他债权投资信用减值准备		
5. 现金流量套期储备		
6. 外币财务报表折算差额		
……		
六、综合收益总额	7 509 550.87	
七、每股收益：		
（一）基本每股收益		
（二）稀释每股收益		

第四节　现金流量表

一、现金流量表的意义和作用

现金流量表是反映企业一定会计期间现金和现金等价物流入和流出的会计报表。现金流量表是以现金为基础编制的财务状况变动表，它以现金的流入和流出反映企业在一定期间内的经营活动、投资活动和筹资活动的动态情况；反映企业现金流入和流出的全貌，表明企业获取现金和现金等价物的能力。

现金流量表对会计信息使用者的作用在于：

其一，能说明企业一定期间内现金流入和流出的原因。

其二，能说明和评价企业支付能力、偿债能力和周转能力。

其三，能分析企业未来获取现金的能力。

其四，能分析企业投资和理财活动对经营成果和财务状况的影响，可以从现金流量的角度了解净利润的质量，据以预测企业未来现金流量，为分析和判断企业的财务前景提供信息。

二、现金流量表的编制基础

编制现金流量表的基础是现金及现金等价物。按照收付实现制的原则编制，将权责发生制下的盈利信息调整为收付实现制下的现金流量信息。

现金是指企业库存现金和可以随时用于支付的存款，主要包括库存现金、银行存款、其他货币资金。

现金等价物是指企业持有的期限短、流动性强、易于转换为已知金额现金、价值变动风险很小的投资。现金等价物虽然不是现金,但其支付能力和变现能力与现金的差别不大,可视为现金。

现金流量表中所称的现金流量,是指某一段时期内企业现金流入、流出的数量。现金流量从产生的原因上看,分为经营活动、投资活动和筹资活动引起的数量。

经营活动是指企业投资活动和筹资活动以外的所有交易或者事项。各类企业由于行业特点不同,对经营活动的认定存在一定差异。工商企业经营活动主要包括销售商品、提供劳务、购买商品、接受劳务、支付税费等;银行类金融企业的经营活动主要包括吸收存款、发放贷款、同业存放、同业拆借等;证券类金融企业的经营活动主要包括自营证券、代理承销证券、代理兑付证券、代理买卖证券等。通过经营活动产生的现金流量,可以说明企业经营活动对现金流入和流出的影响程度,判断企业在不动用对外筹资情况下,是否能够维持生产经营、债务偿还、支付股利等。

投资活动是指企业长期资产的购建和不包括在现金等价物范围内的投资及其处理活动。投资活动既包括实物资产投资,也包括金融资产投资。企业长期资产是指固定资产、无形资产、在建工程、其他资产等持有期限在1年或者一个经营周期以上的资产。投资活动具体包括取得或者收回投资、构建和处置固定资产、无形资产和其他长期资产等。通过投资活动产生的现金流量,可以分析企业通过投资活动获得现金的能力,以及投资产生的现金流量对企业现金流量净额的影响程度。

筹资活动是指导致企业资本及债务规模和构成发生变化的活动。筹资活动包括吸收投资、发行股票、分配利润、取得和偿还银行贷款、发行和偿还公司债券等。通过筹资活动产生的现金流量,可以分析企业通过筹资获取现金的能力,判断筹资活动对企业现金流量净额的影响程度。

三、现金流量表的格式和内容

在通常情况下,现金流量表应当分别按照现金流入和现金流出项目总额列报,从而全面揭示企业现金流量的方向、规模和结构。按我国《企业会计准则第31号——现金流量表》的规定,现行的现金流量表为报告式格式。其具体格式见表10-5。

表10-5 　　　　　　　　　　　现 金 流 量 表　　　　　　　　　会企03表
编制单位:　　　　　　　　　　　　年　月　　　　　　　　　　　单位:元

项　目	本 期 金 额	上 期 金 额
一、经营活动产生的现金流量:		
销售商品、提供劳务收到的现金		
收到的税费返还		
收到其他与经营活动有关的现金		
经营活动现金流入小计		
购买商品、接受劳务支付的现金		
支付给职工以及为职工支付的现金		

(续表)

项　目	本　期　金　额	上　期　金　额
支付的各项税费		
支付其他与经营活动有关的现金		
经营活动现金流出小计		
经营活动产生的现金流量净额		
二、投资活动产生的现金流量：		
收回投资收到的现金		
取得投资收益收到的现金		
处置固定资产、无形资产和其他长期资产收回的现金净额		
处置子公司及其他营业单位收到的现金净额		
收到其他与投资活动有关的现金		
投资活动现金流入小计		
购建固定资产、无形资产和其他长期资产支付的现金		
投资支付的现金		
取得子公司及其他营业单位支付的现金净额		
支付其他与投资活动有关的现金		
投资活动现金流出小计		
投资活动产生的现金流量净额		
三、筹资活动产生的现金流量：		
吸收投资收到的现金		
取得借款收到的现金		
收到其他与筹资活动有关的现金		
筹资活动现金流入小计		
偿还债务支付的现金		
分配股利、利润或偿付利息支付的现金		
支付其他与筹资活动有关的现金		
筹资活动现金流出小计		
筹资活动产生的现金流量净额		
四、汇率变动对现金及现金等价物的影响		
五、现金及现金等价物净增加额		
加：期初现金及现金等价物余额		
六、期末现金及现金等价物余额		

四、现金流量表的编制方法

（一）直接法和间接法

直接法是指按现金收入和现金支出的主要类别直接反映企业经营活动产生的现金流量,如销售商品、提供劳务收到的现金,购买商品、接受劳务支付的现金等就是按现金收入和支出的类别直接反映的。在直接法下,一般是以利润表中的营业收入为起算点,调节与经营活动有关的项目增减变动,然后计算出经营活动产生的现金流量。

间接法是指以净利润为起算点,调整不涉及现金的收入、费用、营业外收支等有关项目,剔除投资活动、筹资活动对现金流量的影响,据此计算出经营活动产生的现金流量。由于净利润是按照权责发生制原则确定的,且包括了与投资活动和筹资活动相关的收益和费用,将净利润调节为经营活动现金流量,实际上就是将按权责发生制原则确定的净利润调整为现金净流入,并剔除投资活动和筹资活动对现金流量的影响。

采用直接法编制现金流量表,便于分析企业经营活动产生的现金流量的来源和用途,预测企业现金流量的未来前景;采用间接法编制现金流量表,便于将净利润与经营活动所产生的现金流量净额进行比较,了解净利润与经营活动产生的现金流量差异的原因,从现金流量的角度分析净利润的质量。所以,《企业会计准则第31号——现金流量表》规定企业应当采用直接法编报现金流量表,同时,要求在附注中提供以净利润为基础调节到经营活动现金流量的信息。

（二）工作底稿法和T形账户法

1. 工作底稿法

工作底稿法编制现金流量表,是以工作底稿为手段,以资产负债表和利润表数据为基础,对每一项目进行分析并编制调整分录,从而编制现金流量表。其基本程序如下:

第一步,将资产负债表的期初余额和期末余额过入工作底稿的期初余额和期末余额栏。

第二步,对当期业务进行分析编制调整分录。编制调整分录时,要以利润表项目为基础,从"营业收入"开始,结合资产负债表项目逐一进行分析。在调整分录中,有关现金和现金等价物的事项,并不直接借记或者贷记"库存现金"项目,而是分别记入"经营活动产生的现金流量""投资活动所产生的现金流量""筹资活动所产生的现金流量"等有关项目。

第三步,将调整分录过入工作底稿中的相应部分。

第四步,核对调整分录,借方、贷方合计数均已经相等,资产负债表项目期初余额加减调整分录中的借贷金额以后,也等于期末余额。

第五步,根据工作底稿中的现金流量表项目部分,编制正式的现金流量表。

2. T形账户法

采用T形账户法编制现金流量表,是以T形账户为手段,以资产负债表和利润表数据为基础,对每一项目进行分析并编制调整分录,从而编制现金流量表。其基本程序如下:

第一步,为所有的非现金项目(包括资产负债表项目和利润表项目)分别开设T形账户,并将各自的期末、期初变动数过入各相关账户。如果项目的期末余额大于期初余额,则将差额过入和项目余额相同的方向;反之,过入相反的方向。

第二步,开设一个大的"现金及现金等价物"T形账户,每边分为经营活动、投资活动和筹资活动三个部分,左边记现金流入,右边记现金流出。与其他账户一样,过入期末、期初变动数。

第三步,以利润表项目为基础,结合资产负债表分析每一个非现金项目的增减变动,并据此编制调整分录。

第四步,将调整分录过入各T形账户,并进行核对,该账户借、贷相抵后的余额与原先过入的期末、期初变动数应当一致。

第五步,根据大的"现金及现金等价物"T形账户编制正式的现金流量表。

五、现金流量表附注

为了更全面反映企业现金流量变动情况,还要求企业通过现金流量表附注披露现金流量的更详细的信息。现金流量表附注包括现金流量表补充资料披露、当期取得或者处置子公司及其他营业单位的有关信息,以及企业还需披露的现金和现金等价物的相关信息等。

第五节 所有者权益变动表

一、所有者权益变动表的意义和作用

所有者权益变动表又称股东权益变动表,是反映构成所有者权益各组成部分当期增减变动情况的会计报表。

编制所有者权益变动表的作用主要在于:

其一,能够全面反映一定会计期间所有者权益变动的情况,不仅反映所有者权益总量的增减变动信息,还反映所有者权益增量变动的重要结构性信息,特别是能够反映直接计入所有者权益的利得和损失。

其二,所有者权益变动表在一定程度上体现了企业综合收益,便于报表使用者准确、全面地了解一定时期所有者权益增减变动的根源。

二、所有者权益变动表的结构和内容

所有者权益变动表一方面列示全面导致所有者权益变动的交易或事项;另一方面按照所有者权益各组成部分及其总额列示交易或者事项对所有者权益的影响。此外,还需要提供比较所有者权益变动表,并按照"本年金额"和"上年金额"两栏分别填列。

所有者权益变动表至少应当单独列示反映如下信息项目:①净利润。②直接计入所有者权益的利得和损失项目及其总额。③会计政策变更和差错更正的累积影响金额。④所有者投入资本和向所有者分配利润等。⑤按规定提取的盈余公积。⑥实收资本(或股本)、其他权益工具、资本公积、库存股、其他综合收益、专项储备、盈余公积、未分配利润的本年、上年金额及其调节情况。

三、所有者权益变动表的格式

所有者权益变动表的格式见表10-6。

表 10-6

所有者权益变动表

编制单位： 年度 会企04表 单位：元

项目	本年金额										上年金额									
	实收资本(或股本)	其他权益工具			资本公积	减:库存股	其他综合收益	专项储备	盈余公积	未分配利润	所有者权益合计	实收资本(或股本)	其他权益工具			资本公积	减:库存股	其他综合收益	专项储备	盈余公积	未分配利润	所有者权益合计
		优先股	永续债	其他									优先股	永续债	其他							
一、上年年末余额																						
加:会计政策变更																						
前期差错更正																						
其他																						
二、本年年初余额																						
三、本年增减变动金额（减少以"-"号填列）																						
（一）综合收益总额																						
（二）所有者投入和减少资本																						
1. 所有者投入的普通股																						
2. 其他权益工具持有者投入资本																						
3. 股份支付计入所有者权益的金额																						
4. 其他																						

(续表)

项 目	本年金额											上年金额										
	实收资本(或股本)	其他权益工具			资本公积	减:库存股	其他综合收益	专项储备	盈余公积	未分配利润	所有者权益合计	实收资本(或股本)	其他权益工具			资本公积	减:库存股	其他综合收益	专项储备	盈余公积	未分配利润	所有者权益合计
		优先股	永续债	其他									优先股	永续债	其他							
(三)利润分配																						
1. 提取盈余公积																						
2. 对所有者(或股东)的分配																						
3. 其他																						
(四)所有者权益内部结转																						
1. 资本公积转增资本(或股本)																						
2. 盈余公积转增资本(或股本)																						
3. 盈余公积弥补亏损																						
4. 设定受益计划变动额结转留存收益																						
5. 其他综合收益结转留存收益																						
6. 其他																						
四、本年末金额																						

第六节 会计报表附注

一、会计报表附注的意义及披露要求

会计报表附注是指对在会计报表中列示项目所作的进一步说明,以及对未能在这些报表中列示项目的说明等。

会计报表附注是财务会计报告不可或缺的组成部分。会计报表中的数字是经过分类与汇总后的结果,是对企业财务状况和经营成果的高度浓缩和简化的数字,如果没有形成这些数字的会计政策说明和理解这些数字的附注说明,会计报表就不可能发挥应有的作用。因此,报表使用者要读懂相关报表,了解企业财务状况、经营成果和现金流量,还必须阅读会计报表附注。

会计报表附注的披露要求应包括:①附注披露的信息应是定量、定性信息的结合,能从定量和定性两个角度完整地反映企业的经济业务,从而满足信息使用者的决策需求。②附注应当按照一定的结构进行系统、合理的排列和分类,有序地披露信息,以便使用者理解和掌握,更好地实现会计报表的可比性。③附注披露的相关信息应当与报表中列示的项目相互照应,以便使用者通过相关联的信息,更好地从整体上理解会计报表。

二、会计报表附注的披露内容

会计报表附注包括以下披露内容:

(1) 企业的基本情况。其具体包括:①企业注册地、组织形式和总部地址。②企业的业务性质和主要经营活动。③母公司及集团最终母公司的名称。④财务会计报告批准报出者和财务会计报告批准报出日等。

(2) 会计报表的编制基础。

(3) 遵循企业会计准则的声明。

(4) 重要会计政策的说明。它包括会计报表项目的计量基础和会计政策的确定依据。

(5) 重要会计估计的说明。它包括下一会计期间内很可能导致资产、负债账面价值重大调整的会计估计等。

(6) 会计政策、会计估计变更和差错更正的说明。

(7) 重要报表项目的进一步说明。

(8) 其他需要说明的重要事项。

【关键术语】

财务会计报告　会计报表　会计报表附注　资产负债表　利润表　现金流量表

【问题思考】

1. 什么是财务会计报告？其构成内容如何？应如何对其进行分类？
2. 财务会计报告的编报要求有哪些？
3. 什么是资产负债表？其格式要素和编制方法如何？
4. 什么是利润表？其格式要素和编制方法如何？
5. 什么是现金流量表？其作用和编制基础如何？

【思政语录】

1. 因天下之力，以生天下之财；取天下之财，以供天下之费。 ——（宋）王安石
2. 英雄不问出处，富贵当思原由。 ——（明）杨基

练 习 题

姓名_____
学号_____
分数_____

扫二维码获得更多
本章习题及案例

一、单项选择题

1. (　　)是企业在编制财务会计报告时最基本的质量要求。
   A. 真实可靠　　　　　　　　　　B. 全面完整
   C. 编报及时　　　　　　　　　　D. 相关可比
2. 季度财务会计报告应当于季度终了后(　　)天内对外提供。
   A. 5　　　　B. 6　　　　C. 10　　　　D. 15
3. 年度财务会计报告应当于年度终了后(　　)内对外提供。
   A. 15天　　　B. 60天　　　C. 2个月　　　D. 4个月
4. 资产负债表是根据(　　)会计要素的平衡关系编制的。
   A. 资产、负债、所有者权益三个
   B. 收入、费用、利润三个
   C. 资产、负债、所有者权益、收入、费用五个
   D. 资产、负债、所有者权益、收入、费用、利润六个
5. 资产负债表内的相关项目是根据(　　)排列,按期末余额填列的。
   A. 效益性　　　B. 流动性　　　C. 安全性　　　D. 稳定性
6. 目前,我国资产负债表一般采用(　　)格式编列。
   A. 报告式　　　B. 账户式　　　C. 单步式　　　D. 多步式
7. 目前,我国利润表采用(　　)格式编列。
   A. 报告式　　　　　　　　　　　B. 账户式
   C. 单步式　　　　　　　　　　　D. 多步式
8. 多步式利润表一般采用(　　)结构,利润数额的计算采取多个步骤逐项列示。
   A. 左右对照的账户式　　　　　　B. 上下加减的报告式
   C. 效益性多步式　　　　　　　　D. 流动性多步式
9. 现金流量表是反映企业一定会计期间(　　)流入和流出的报表。
   A. 现金　　　　　　　　　　　　B. 现金和银行存款
   C. 现金和现金等价物　　　　　　D. 现金等价物
10. 现金流量表中所指的现金是指(　　)。
    A. 库存现金　　　　　　　　　　B. 库存现金及可随时支用的存款
    C. 库存现金和在中央银行存款　　D. 现金及全部存款

二、多项选择题

1. 财务会计报告由(　　)三部分组成。

A. 会计报表 B. 报表附注
C. 财务状况说明书
D. 其他应当在财务会计报告中披露的相关信息和资料
2. 资产负债表属于（　　）。
A. 静态报表 B. 动态报表
C. 时点报表 D. 期间报表
3. 企业在编报财务会计报告时，应满足的基本要求包括（　　）。
A. 真实可靠 B. 全面完整
C. 权责发生制 D. 相关可比
4. 资产负债表各项目"期末余额"栏内的数字可以根据（　　）取得。
A. 总账余额直接填列
B. 总账余额直接计算填列
C. 明细账余额计算填列
D. 登记簿余额计算填列
5. 现金流量从产生的原因上看，分为（　　）产生的现金流量。
A. 经营活动　　B. 投资活动　　　C. 筹资活动　　　　D. 理财活动

三、判断题

1. 财务会计报告是企业对外提供的会计信息的文件。（　　）
2. 财务会计报告的组成部分必须包括财务状况说明书。（　　）
3. 资产负债表是反映会计主体某一特定时点的静态报表。（　　）
4. 资产负债表中的权益是按照求偿权的先后顺序排列的。（　　）
5. 利润表是根据配比原则编制的。（　　）

【实训案例】

业务实训一

1. 资料

天河公司2023年6月30日相关账户余额如表10-7所示。

表10-7　　　　　　　　　　天河公司账户余额表

编报单位：天河公司　　　　　　2023年6月30日　　　　　　　　　　单位：元

账户名称	借方余额	贷方余额
库存现金	55 000.00	
银行存款	3 335 555.00	
交易性金融资产	45 556.00	
应收票据	215 158.00	
应收账款	65 000.00	
预付款项	25 250.00	

(续表)

账户名称	借方余额	贷方余额
其他应收款	2 586.00	
材料采购	55 500.00	
原材料	858 355.00	
生产成本	10 555 000.00	
库存商品	14 225 139.00	
长期股权投资	655 000.00	
固定资产	25 360 390.00	
累计折旧		15 500.00
固定资产减值准备		25 100.00
无形资产	56 555.00	
长期待摊费用	25 456.00	
短期借款		9 504 000.00
应付票据		571 000.00
应付账款		864 200.00
应付职工薪酬		560 000.00
应交税金		580 100.00
长期借款		8 680 600.00
实收资本(或股本)		33 000 000.00
资本公积		730 000.00
盈余公积		350 000.00
未分配利润		655 000.00
合计	55 535 500.00	55 535 500.00

2. 要求

根据天河公司 2023 年 6 月 30 日账户余额表，编制天河公司 2023 年 6 月 30 日的资产负债表。

业务实训二

1. 资料

天河公司 2023 年 6 月 30 日，相关损益类账户余额如表 10-8 所示。

表 10-8　　　　　　　　损益类账户余额表
编报单位：天河公司　　　　2023 年 6 月 30 日　　　　　　　　单位：元

账户名称	借方余额	贷方余额
主营业务收入		35 556 000.00

(续表)

账户名称	借方余额	贷方余额
主营业务成本	15 453 553.00	
税及附加	3 052 200.00	
销售费用	440 535.00	
管理费用	6 111 425.00	
财务费用	82 650.00	
资产减值损失	55 435.00	
投资收益		1 836 000.00
营业外收入		680 565.00
营业外支出	582 000.00	
所得税费用	3 073 691.75	

2. 要求

根据天河公司 2023 年 6 月 30 日损益类账户余额表,编制天河公司 2023 年第一季度的利润表。

第十一章 会计工作组织

教学目标

本章主要介绍了会计法规和会计准则、会计工作管理体制、会计人员及职业道德、会计档案管理和会计信息化发展等内容。

通过学习,学生应了解会计准则的含义和发展过程;掌握我国会计准则的体系结构;了解我国会计工作管理体制的分工;掌握单位会计工作管理的主要内容;掌握会计职业道德的构成;了解会计档案的管理要求;了解会计信息化发展对会计工作的影响。

第一节 会计法律制度和会计准则

一、中国会计法律制度体系

会计法律制度是国家权力机关和行政机关制定的,用来调整会计关系的各种法律、法规、规章和规范性文件的总称,是调整会计关系的法律规范。会计机构和会计在办理会计事务过程中,以及国家在管理会计工作过程中发生的经济关系统称为会计关系,处理这些关系,就需要用会计法律制度来规范。根据我国的法律、法规体系架构,目前我国会计法律制度主要由会计法律、会计行政法规、会计部门规章和地方性会计法规构成。

(一)会计法律

会计法律包括《中华人民共和国会计法》(以下简称《会计法》)和《中华人民共和国注册会计师法》(以下简称《注册会计师法》)。前者于 1985 年 1 月 21 日第六届全国人大常委会第九次会议通过,1993 年 12 月 29 日第八届全国人民代表大会常务委员会第五次会议进行了第一次修正,1999 年 10 月 31 日第九届全国人民代表大会常务委员会第十二次会议进行了修订,2017 年 11 月 4 日第十二届全国人民代表大会常务委员会第三十次会议进行了第二次修正;后者由中华人民共和国第八届全国人民代表大会常务委员会第四次会议于 1993 年 10 月 31 日通过,自 1994 年 1 月 1 日起施行,2014 年 8 月 31 日第十二届全国人民代表大会常务委员会第十次会议进行了修正。

《会计法》制定的目的是规范和加强会计工作,保障会计人员依法行使职权,发挥会计工作在维护社会主义市场经济秩序、加强经济管理、提高经济效益中的作用。全文共七章、五十二条,分别为:总则,会计核算,公司、企业会计核算的特别规定,会计监督,会计机构和会计人员,法律责任,附则。

《注册会计师法》规定了注册会计师的考试和注册、业务范围和规则、会计师事务所、注册会计师协会、法律责任等内容,是注册会计师及其行业行为规范的最高准则。

(二) 会计行政法规

会计行政法规指由国务院制定并发布,或者由国务院有关部门拟订并经国务院批准发布,调整经济生活中某些方面会计关系的法律规范,会计行政法规的制定依据是《会计法》,目前实施的行政法规主要包括《总会计师条例》和《企业财务会计报告条例》两部。

《企业财务会计报告条例》由国务院于 2000 年 6 月 21 日以第 287 号令颁布并于 2001 年 1 月 1 日起实施,规定了企业财务会计报告的构成、编制、对外提供、法律责任等内容。

《总会计师条例》是国务院于 1990 年 12 月 31 日以第 72 号令发布并自发布之日起实施,于 2011 年 1 月 8 日进行了修订,对总会计师的地位、作用、职责、权限、任免与奖惩等进行了规范,特别规定了全民所有制大、中型企业要设置总会计师。总会计师是单位行政领导成员,凡设置总会计师的单位,在单位行政领导成员中,不设与总会计师职权重叠的副职。

(三) 会计部门规章

会计部门规章是指国家主管会计工作的行政部门即财政部,以及其他相关部委,根据法律和国务院的行政法规、决定、命令,在本部门的权限范围内制定的、调整会计工作中某些方面内容的国家统一的会计准则、制度和规范性文件,包括会计核算和监督制度、会计机构和会计人员管理制度,以及会计工作管理制度三大类。

会计核算和监督制度主要包括《企业会计准则》《企业会计准则应用指南》《企业会计制度》《行政单位会计制度》《小企业会计制度》等。

会计机构和会计人员管理制度主要包括《代理记账管理办法》《会计人员继续教育规定》等。

会计工作管理制度主要包括《会计基础工作规范》《会计档案管理办法》《会计电算化工作规范》和《会计电算化管理办法》等。

(四) 地方性会计法规

地方性会计法规是指由省、自治区、直辖市人民代表大会或者常务委员会,在与《宪法》、会计法律、行政法规和国家统一的会计准则、制度不相抵触的前提下,根据本地区情况制定发布的,关于会计核算、会计监督、会计机构和会计人员,以及会计工作管理的规范性文件。

二、会计准则的概念与发展

(一) 会计准则的含义

关于会计准则的概念,在理论界有着较多的争议,尚缺乏统一的意见。本书采用葛家澍教授的界定,即会计准则是在财务会计处理和编制财务报表时,用来作为标准,要求会计人员和报表提供者自觉遵守的规则。财务会计准则产生于美国,早期的会计准则被称为"公认会计原则"(Generally Accepted Accounting Principle,GAAP)。1972年3月,美国注册会计师协会(AICPA)下述的"惠特委员会"提出了一份题为《财务会计准则的制定》的研究报告,该报告用"会计准则"替代了"会计原则",同时该报告建议成立新的独立于AICPA的会计准则机构。因此,1973年,AICPA所属的会计原则委员会(APB)被财务会计准则委员会(FASB)所取代,并开始发布"财务会计准则报告(SFAS)"。受美国的影响,英国也由"财务报告准则"取代"会计原则",日本和澳大利亚等国家也纷纷制定本国的会计准则。

(二) 会计准则的产生

会计准则的产生与20世纪以来市场经济快速发展的背景密切相关,股份制公司大量涌现成为会计准则产生的前提,而经济危机治理需求则是会计准则产生的催化剂。

市场经济发展到一定阶段,企业组织形式发生了巨大的变化,由单一的独资企业和有限责任公司发展到股份分散、资本主要从社会筹集的股份有限公司,由此导致所有权和经营权的分离。而在资本市场中,由于股份的极度分散,企业监督的社会成本高昂,导致中小股东无法承受,转而只能通过公开披露的财务会计报告对公司进行了解,在公司发展不利的预期下则通过"用脚投票"的方式规避风险,从而间接约束经营者。这种对会计信息的社会需求,强化了对报表可比性的要求,进而促进了会计准则的产生。

经济的快速发展则使投资急剧增长,甚至出现了严重的投机行为,由于缺乏行之有效的法律,使得许多公司提供虚假的会计报表,通过从资本中支付股利来吸引投资者,从而导致了1929—1933年的经济危机。危机使人们更加认识到会计信息真实性、相关性和可比性的重要,美国国会于1933年和1934年分别通过了《证券法》和《证券交易法》,并成立了证券交易委员会(SEC)来负责上市证券公司的监管,同时国会责成SEC进行会计准则的制定。所以,"准则的制定可被视为是对资本市场上失败的信息提供做出的反应。"(Scott)

(三) 会计准则的发展

1. 美国的发展情况

会计准则产生于美国,并在美国得到了有效发展。其发展大致经历了三个阶段:一是20世纪30年代初到50年代末的研究形成阶段;二是20世纪50年代末到70年代初的公认阶段;三是20世纪70年代至今的完善与提高阶段。在这一过程中,FASB作为一个相对独立的民间组织,成为美国公认会计原则的正式制定机构,其所制定的会计准则在美国上市公司中得到普遍应用,并对其他国家和国际化组织产生广泛的影响,其数量和质量均被认为是世界首位。

2. 其他国家和地区的发展

20世纪40年代以后,一些经济发达的资本主义国家(如英国、加拿大和澳大利亚等)均根据自己国家的情况,相继成立了会计准则制定机构,制定和发布会计准则,以指导和规范本国的会计实务,确保企业向会计信息使用者提供相对统一、可比的会计信息。

20世纪70年代以来,世界经济一体化成为必然趋势,为适应这一发展,1973年由美国、英国、澳大利亚、加拿大、法国、德国、日本、荷兰和墨西哥9国的16个主要会计职业团体,在伦敦共同发起成立了国际会计准则委员会(IASC),由其制定和发布国际会计准则(IAS),以协调世界各国会计准则之间的差异。在IASC成立的40多年时间里,国际会计准则经历了协调、制定和国际化三个发展阶段,取得了十分显著的成果。2000年年底,IASC改组为国际会计准则理事会(IASB),成为一个吸收金融界、证券界广泛参与、有独立基金支持的法人团体,增加了准则制定的透明度和公开性。

迄今为止,IASB及其前身发布的各项准则被许多国家基本或者完全采用,还有一些国家参照后制定本国的会计准则,如欧盟(EU)、英国、澳大利亚、新西兰和俄罗斯等国家和组织,均积极表态支持与国际财务报告准则接轨,并以实际行动加以证明。

三、我国会计准则体系的建设

我国在20世纪80年代初期引入了"会计准则""会计标准""会计原则"等术语,当时学术界较多地使用"会计原则"的概念。1989年年初,中国会计学会"会计原则与基本会计理论研究组"在上海召开了我国第一次会计准则会议。这次会议达成了一个共识:会计原则和会计准则的内容、作用大致相近,建议以后使用"会计准则"一词,同时该研究组也改名为"会计理论与会计准则组"。

1992年11月,财政部发布了第一个《企业会计准则》,以后经过了十几年的反复,到2006年2月15日,修订发布《企业会计准则——基本准则》和38条具体会计准则,2006年10月30日发布了《企业会计准则——应用指南2006》,规定这些准则从2007年起先在股份有限公司施行,标志着我国会计准则体系正式建立。制定和实施会计准则是社会主义市场经济建设的根本要求,也是企业扩大改革、建立现代企业制度的需要,更重要的是我国会计开始从默默无闻转向在世界舞台崭露头角。

从1997年财政部发布第一个具体会计准则《关联方关系及其交易的披露》开始,到2006年发布完整的会计准则体系,共经历了10年时间,中间还零星出台了16条具体会计准则,有些会计准则更经历了两次修订。总体上说,我国制定和实施会计准则的经验在逐步积累,成果也越来越引人注目。作为一个重要的发展中国家,中国会计准则建设的成就举世瞩目,2006年的会计准则得到了国内外的广泛关注。"这标志着适应我国市场经济发展进程、与国际财务报告准则趋同的企业会计准则体系正式建立。企业会计准则体系的发布是改革开放20多年以来我国会计改革的经验总结和升华。"(刘玉廷)财政部会计司为检验新会计准则的实施效果,曾在2008年对上市公司2007年年报进行了专项分析,认为"企业会计准则体系较好地实现了新旧转换和平稳实施"。

自2011年来,国际会计准则理事会先后发布、修订了公允价值计量、合并财务报表等一系列准则,发起了国际财务报告准则的新一轮变革。为保持我国会计准则与国际财务报告准则的持续趋同,适应我国社会主义市场经济发展,2014年伊始,财政部修订了《企业会计准则——基本准则》《企业会计准则第2号——长期股权投资》《企业会计准则第9号——职工薪酬》《企业会计准则第30号——财务报表列报》《企业会计准则第33号——合并财务报表》《企业会计准则第37号——金融工具列报》等,发布了《企业会计准则第39号——公允价值计量》《企业会计准则第40号——合营安排》《企业会计准则第41号——在其他主体中权益的披露》《企业会计准则第42号——持有待售的非流动资产、处置组和终止经营》等准则。截至2018年,我国已累计颁布了42条具体会计准则,在不断丰富和完善企业会计准则体系的同时,提高了我国企业财务报表列报质量和会计信息透明度。

我国会计准则体系的基本架构见图 11-1。

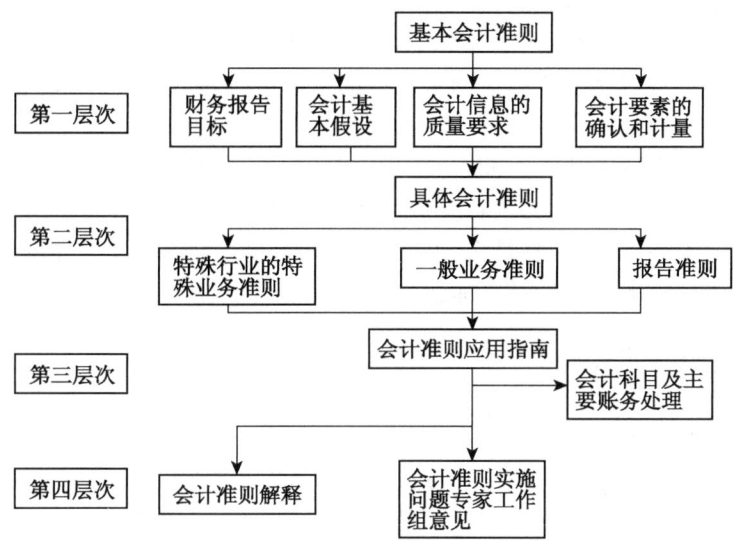

图 11-1　我国会计准则体系的基本架构

【知识链接】

"会 计 风 暴"

1993年7月1日,在我国实行了40多年的会计方程式"资金来源＝资金占用"将被"资产＝负债＋所有者权益"取代。尽管这次改革所包含的内容远比一个方程式的变化来得深远,可是这等号两边内容的变化,涉及的却绝不仅仅是单纯的会计核算问题,它意味着我国传统的会计制度向现代化会计制度的根本变革、向国际惯例的迈进。

中国会计学会副会长、中国人民大学会计系教授、博士生导师阎达五认为,这次会计改革被称为中国的"第三次会计革命"。财政部会计司会计准则组李军说,实施新的制度,把经营自主权、理财自主权下放给企业,促进了企业经营机制的转换,增强了企业活力,由企业向整个社会辐射的影响将难以估计。新的管理制度下,会计人员的地位将显著提高,他们的工作不再是算账、报账,而是一个综合分析的过程,对管理者的决策有举足轻重的影响,一方面,管理者要认识到会计工作的重要性;另一方面,会计人员自身也要"进入角色"。

资料来源:孙一曲,冷智宏."会计风暴"即将来临[N].经济日报,1993-4-28.

第二节　会计工作管理体制

一、会计工作管理体制的分工

会计工作管理体制是国家划分会计工作管理权限的制度,我国目前实行三级管理体制,即行政管理、自律管理和单位会计工作管理。

我国会计工作行政管理体制实行统一领导、分级管理的原则，其中"国务院财政部门主管全国的会计工作，县级以上地方各级人民政府财政部门管理本行政区域内的会计工作"（《会计法》第七条）。其内容包括制定国家统一的会计准则制度、会计市场管理、会计专业人才评价和会计监督检查。

会计工作的自律管理包括两方面：一是指1988年11月成立的中国注册会计师协会，依据《注册会计师法》对中国注册会计师进行管理和指导的行业管理；二是指创建于1980年、所属于财政部的中国会计学会，它是由全国会计领域各类专业组织、会计理论界和实务界会计工作者自愿结成的学术性、专业性、非营利性的社会组织。

二、单位会计工作管理

（一）单位负责人的职责

单位负责人是单位法定代表人或者法律、行政法规规定代表单位行使职权的主要负责人。由于会计工作本身与经济利益密切相关，而单位负责人有权任命、聘用或者解聘会计机构负责人（会计主管人员），两者是领导和被领导的关系、聘任与被聘任的关系。所以在实务中，会计工作人员的工作处理常常与负责人的个人利益产生冲突，进而给会计工作人员带来工作障碍，甚至因此产生单位负责人对会计人员的打击报复。而如果本单位的会计工作出现作假和违规行为，相关会计人员固然有责任，单位负责人对相应的法律责任也难辞其咎。

为强化单位负责人的法律责任，提高单位负责人遵守相关会计制度的意识，《会计法》特别赋予了单位负责人在单位内部会计工作管理中的权利和责任，规定"单位负责人对本单位的会计工作和会计资料的真实性、完整性负责；应当保证财务会计报告真实、完整；应当保证会计机构和会计人员依法履行职责，不得授意、指使、强令会计机构和会计人员违法办理会计事项。"

如果单位负责人违反《会计法》相关规定，对依法履行职责、抵制违反法律规定行为的会计人员，以降级、撤职、调离工作岗位、解聘或者开除等方式实行打击报复，构成犯罪的，依法追究刑事责任；尚不构成犯罪的，由其所在单位或者有关单位依法给予行政处分。其中构成"打击报复会计人员罪"的，可以处3年以下有期徒刑或者拘役。

（二）会计人员的选拔任用

会计人员隶属于所在单位，会计人员的任免、轮岗、提拔和调用，都由所在单位负责，由所在单位进行考核奖惩。单位应对认真执行会计法律制度、忠于职守，坚持原则，作出显著成绩的会计人员，给予精神或者物质奖励。

（三）会计机构的设置

各单位是否设置会计机构，应当根据会计业务的需要而定，即各单位可以根据本单位规模的大小、经济业务和财务收支的简繁、经济管理的需求而定。《会计法》第三十六条规定，"各单位应当根据会计业务的需要，设置会计机构，或者在有关机构中设置会计人员并指定会计主管人员；不具备设置条件的，应当委托经批准设立从事会计代理记账业务的中介机构代理记账。"委托中介机构代理记账的，应当在签订的书面委托合同中，明确会计档案的管理要求及相应责任。

通常而言，大、中型企业和具有一定规模的行政事业单位，以及财务收支数额较大、会计业务较多的社会团体和其他经济组织,应单独设置会计机构;规模较小、业务和人员都不多的单位,可以不单独设置会计机构,而将会计业务并入其他机构,或者委托中介机构代理记账。如果单位不设置会计机构,则应设置会计人员并指定会计主管人员,负责组织管理会计事务,行使会计机构负责人职权。

(四) 会计人员回避制度

在会计工作中,由于亲情关系与工作所固有的牵制要求相抵触,所以需要在会计工作中实行人员回避制度,即为了保证执法或者执业的公正性,对可能影响其公正执法或者执业的人员,实行职务回避和业务回避的一种制度。根据此原则,在国家机关、国有企业、事业单位任用会计人员时,应当实行回避制度。

《会计基础工作规范》从会计工作的特殊性出发,从两方面对会计人员的回避问题作出了规定,一是单位负责人的直系亲属,不得担任本单位的会计机构负责人、会计主管人员;二是会计机构负责人、会计主管人员的直系亲属,不得在本单位会计机构中担任出纳工作。直系亲属包括夫妻关系、直系血亲关系、三代以内旁系血亲和近姻亲关系。

(五) 会计工作交接

会计工作交接是指因工作内容调整、调动工作等原因,使得会计工作需要变换人员时,按照相关规定和程序办理有效的工作交接。

1. 交接前的准备工作

会计人员在办理会计工作交接前,必须做好以下准备工作:

(1) 已经受理的经济业务尚未填制会计凭证的应当填制完毕。

(2) 尚未登记的账目应当登记完毕,结出余额,并在最后一笔余额后加盖经办人印章。

(3) 整理好应该移交的各项资料,对未了事项和遗留问题要写出书面说明材料。

(4) 编制移交清册,列明应该移交的会计凭证、会计账簿、财务会计报告、公章、现金、有价证券、支票簿、发票、文件、其他会计资料和物品等内容;实行会计电算化的单位,从事该项工作的移交人员应在移交清册上列明会计软件及密码、会计软件数据盘、磁带等内容。

(5) 会计机构负责人(会计主管人员)移交时,应将财务会计工作、重大财务收支问题和会计人员的情况等向接替人员介绍清楚。

2. 移交点收

移交人员离职前,必须将本人经管的会计工作,在规定的期限内,全部向接管人员移交清楚。接管人员应认真按照移交清册逐项点收。

移交点收的具体要求包括以下几个方面:

(1) 现金要根据会计账簿记录余额进行当面点交,不得短缺,接替人员发现不一致或者"白条抵库"现象时,移交人员在规定期限内负责查清处理。

(2) 有价证券的数量要与会计账簿记录一致,有价证券面额与发行价不一致时,按照会计账簿余额交接。

(3) 会计凭证、会计账簿、财务会计报告和其他会计资料必须完整无缺,不得遗漏。如有短缺,必须查清原因,并在移交清册中加以说明,由移交人负责。

(4) "银行存款"账户余额要与银行对账单核对相符,如有未达账项,应编制银行存款余额调节表以调节相符;各种财产物资和债权债务的明细账户余额要与总账有关账户的余额核对相符。对重要实物要实地盘点,对余额较大的往来账户要与往来单位、个人核对。

(5)公章、收据、空白支票、发票、科目印章和其他物品等必须交接清楚。

(6)实行会计电算化的单位,交接双方应在电子计算机上对有关数据进行实际操作,确认有关数字正确无误后,方可交接。

3. 专人负责监交

为了明确责任,会计人员办理工作交接时,必须有专人负责监交。通过监交,保证双方都按照国家有关规定认真办理交接手续,防止流于形式;保证会计工作不因人员变动而受影响;保证交接双方处在平等的法律地位上享有权利和承担义务,不允许任何一方以大压小,以强凌弱,或采取非法手段进行威胁。

监交人还应当对移交清册进行审查,并签名、盖章,作为交接双方明确责任的证件。

监交的具体要求包括:①一般会计人员办理交接手续,由会计机构负责人(会计主管人员)监交。②会计机构负责人(会计主管人员)办理交接手续,由单位负责人监交,必要时主管单位可以派人会同监交。

所谓必要时由主管部门派人会同监交,是指有些交接需要主管单位监交或者主管单位认为需要参与监交。通常包括三种情况:一是所属单位负责人不能监交,需要由主管单位派人代表主管单位监交,如因单位撤并而办理交接手续等。二是所属单位负责人不能尽快监交,需要由主管单位派人督促监交。例如,主管单位责成所属单位撤换不合格的会计机构负责人(会计主管人员),所属单位负责人却以种种借口拖延不办交接手续时,主管单位就应派人督促会同监交等。三是不宜由所属单位负责人单独监交,而需要主管单位会同监交。例如,所属单位负责人与办理交接手续的会计机构负责人(会计主管人员)有矛盾,交接时需要主管单位派人会同监交,以防可能发生单位负责人借机刁难等。此外,主管单位认为交接中存在某种问题需要派人监交时,也可派人会同监交。

4. 交接后的有关事宜

(1)会计工作交接完毕后,交接双方和监交人在移交清册上签名或盖章,并应在移交清册上注明:单位名称,交接日期,交接双方和监交人的职务、姓名,移交清册页数,以及需要说明的问题和意见等。

(2)接管人员应继续使用移交前的账簿,不得擅自另立账簿,以保证会计记录前后衔接,内容完整。

(3)移交清册一般应填制一式三份,交接双方各执一份,存档一份。

第三节 会计人员和职业道德

一、会计人员

(一)会计人员的划分

1. 会计人员的设置

会计人员是具备从业资格、直接从事会计工作的人员。各单位应建立健全会计机构,配备数量和素质都相当的、具备从业资格的会计人员,这是各单位做好会计工作,充分发挥会计职能作用的重要保证。会计人员的构成和工作内容与单位的会计岗位设置密切相关。

在单位内部,无论是否有单独的会计机构,都需要指定会计负责人(也称会计主管人员,是一个单位内具体负责会计工作的中层领导人员)。在单位负责人的领导下,会计机构负责人(会计主管人员)负有组织、管理本单位所有会计工作的责任。

各类单位会计人员的配备与会计工作岗位密切相关,各单位配备的会计人员数量和类别,取决于单位特点、规模、业务简繁、管理需要及核算组织形式等因素,会计人员的工作素养则依据单位经济业务的复杂程度,在单位内部人员管理和配置方面,将各类不同任职条件的会计人员进行有机组合,既要满足工作内容的需要,又要避免出现高职低就,形成人才浪费。

2. 会计岗位情况

根据财政部发布的《会计基础工作规范》和有关制度的要求,会计工作岗位一般分为:总会计师(或行使总会计师职权)岗位;会计机构负责人(会计主管人员)岗位;出纳岗位;稽核岗位;资本、基金核算岗位;收入、支出、债权债务核算岗位;工资核算、成本核算、财务成果核算岗位;财产物资的收发、增减核算岗位;总账岗位;对外财务会计报告编制岗位;会计电算化岗位;会计档案管理岗位等。

对于会计档案管理岗位,在会计档案正式移交之前,属于会计岗位;正式移交档案管理部门后,不再属于会计岗位。

需要注意的是,下列岗位虽然与财会工作联系密切,但不属于会计岗位:医院门诊收费员、住院处收费员、药房收费员、药品库房记账员、商场收款(银)员;单位内部审计、社会审计、政府审计工作等岗位。

3. 会计职责和权限

根据《会计基础工作规范》要求,会计职责和权限分别由如下内容构成。

(1) 会计职责:①进行会计核算。②实行会计监督。③拟订本单位会计事务处理的具体办法。④参与拟订经济计划、业务计划,考核、分析预算、财务计划执行情况。⑤办理其他相关的会计业务。

(2) 会计权限:①会计人员有权要求本单位有关部门、人员认真执行国家批准的计划、预算,遵守国家财经纪律和财务会计制度;如有违反,有权拒绝付款、拒绝报销或执行,并向本单位领导或上级有关部门报告。②会计人员有权参与本单位制定定额、对外签订经济合同,参加有关生产、经营管理会议和业务会议。③会计人员有权监督、检查本单位有关部门的财务收支、资金使用和财产保管、收发、计量、检验等情况。

(二) 会计专业职务、专业技术资格与从业资格

根据我国《会计法》的规定,在国家机关、社会团体、企业、事业单位和其他组织中担任会计机构负责人,或从事相关会计岗位的人员,都应具有会计从业资格。会计从业资格是会计人员进入会计职业、从事会计工作的一种法定资质,是进入会计职业的"门槛"。2017年11月4日,第十二届全国人民代表大会常务委员会第三十次会议表决通过了《关于修改会计法的决定》,正式将"从事会计工作的人员,必须取得会计从业资格证书"的规定,改为"会计人员应当具备从事会计工作所需要的专业能力。"自此,"会计证"退出历史舞台,会

计人员的从业资格改由其他方式认定,目前基本的从业资格与"初级会计师"资格对应。

1. 会计专业技术资格考试

目前,我国对会计专业职务采取的主要思路是从考试或者考评结合方式取得会计专业技术资格证书的人员中聘任,考聘分离,考取相应技术资格只是后续聘任的必要条件之一。

我国对会计人员专业技术资格的考试制度始于 20 世纪 90 年代中期,初级、中级会计专业技术资格实行全国统一考试制度,高级会计师实行考评结合。2004 年 8 月 20 日,财政部、人事部(现人力资源和社会保障部)联合发布了会计专业技术资格考试科目调整及有关问题通知,从 2005 年起,会计专业技术中级资格考试科目确定为中级会计实务、财务管理和经济法三科;初级资格考试科目为初级会计实务和经济法基础两科。其中,中级资格考试单科成绩 2 年滚动有效,初级资格须在 1 年内全部合格。考试科目全部合格者,取得相应级别的技术资格证书。

2. 会计专业职务及条件

1986 年 4 月 10 日,中央职称改革工作领导小组转发了《会计专业职务试行条例》,对会计专业职务任职条件、基本职责、会计专业职务设置和聘任作了明确规定。会计专业职务是区别会计人员业务技能的技术等级。会计专业职务由低到高,分为会计员、助理会计师、会计师和高级会计师三档四类,其中会计员和助理会计师为初级职务,会计师为中级职务,高级会计师为高级职务。

1) 会计员的基本条件

(1) 初步掌握财务会计知识和技能。

(2) 熟悉并能执行有关会计法规和财务会计制度。

(3) 能担负一个岗位的财务会计工作。

(4) 大学专科或者中等专业学校毕业,在财务会计工作岗位上见习 1 年期满。

2) 助理会计师的基本条件

(1) 掌握一般的财务会计基础理论和专业知识。

(2) 熟悉并能正确执行有关的财经方针、政策和财务会计法规、制度。

(3) 能担负一个方面或者某个岗位的财务会计工作。

(4) 取得硕士学位,或者取得第二学士学位或研究生班结业证书,具备履行助理会计师职责的能力。

(5) 大学本科毕业,在财务会计工作岗位上见习 1 年期满。

(6) 大学专科毕业并担任会计员职务 2 年以上。

(7) 中等专业学校毕业,并担任会计员职务 4 年以上。

3) 会计师的基本条件

(1) 较系统地掌握财务会计。

(2) 掌握并能正确执行有关的财经方针、政策和财务会计法规、制度。

(3) 具有一定的财务会计工作经验,能担负一个单位或者管理一个地区、一个部门、一个系统某个方面的财务会计工作。

(4) 取得博士学位,并具有履行会计师职责的能力;取得硕士学位,并担任助理会计师职务 2 年左右;取得第二学士学位或者研究班结业证书,并担任助理会计师 2~3 年;大学本科或大学专科毕业,并担任助理会计师职务 4 年以上。

(5) 掌握一门外语。

4) 高级会计师的基本条件

(1) 较系统地掌握经济、会计基础理论和专业知识。

(2) 具有较高的政策水平和丰富的财务会计工作经验,能负担一个地区、一个部门或者一个系统的财务会计管理工作。

(3) 取得博士学位,并担任会计师职务 2~3 年。

(4) 取得硕士学位、第二学士学位或者研究生班结业证书,大学本科毕业并担任会计师职务 5 年以上。

(5) 较熟练地掌握一门外语。

3. 会计专业能力与其他社会考试的对接

随着"会计证"的取消,关于会计职业能力的认定,在社会实践中出现了如下变化:

(1) 由于财政部门尚未出台正式文件,会计基本从业资格暂由"初级会计师"资格替代,也由此导致了 2018 年相关考试的报考出现井喷,由往年的不足 200 万人,跃升至 400 多万人。

(2) 社会其他会计资格与专业技术资格对接。比较引人关注的是 CPA(注册会计师)的对接认定情况。由于财政部尚未制定全国统一标准,目前主要是各省财政部门对本省的规定,如湖北省于 2018 年 6 月发文,将 CPA 与中级会计师对接,河南省于 2017 年 10 月发文,将本省的 CPA 与高级会计师对接。2018 年 8 月,深圳市财政委员会召开《关于加快我市注册会计师行业发展的实施意见》的听证会,内含"打通注册会计师执业资格与会计职称通道"的相关内容。

2018 年 9 月,财政部办公厅联合人力资源和社会保障部办公厅,发布《关于深化会计人员职称制度改革的指导意见(征求意见稿)》,探索在全国范围内进行相关的会计从业及专业技术资格认定的改革,其中两点内容尤其引人关注:一是"助理会计师的考试时间、考试频次等管理权限,根据报考人数增长趋势等因素逐步下放";二是"探索注册会计师、资产评估师等职业资格与会计人员资格考试相同或相近科目衔接的政策措施,减少重复评价,减轻会计人员负担"。

二、会计职业道德

(一) 会计职业道德的功能和作用

会计职业道德是指在会计职业活动中应当遵循的、体现会计职业特征的,调整会计职业关系的职业行为准则和规范。由于会计职业活动在整个社会经济运行中具有较高的覆盖率,因此会计职业道德具有一定的稳定性和广泛的社会性。同时,由于会计职业的特殊性,与各单位的资金活动密切联系,因而会计职业道德具有一定的强制性,并在会计职业履职的过程中,较多地关注公众利益。

道德的功能在于揭示对人自身生存、发展和完善的功效。会计职业道德具有指导、评价和教化三个主要功能。指导功能是促使会计人员资源选择有利于消除各种矛盾、调整相互关系的会计行为,改善会计领域内个人与国家、个人与单位、个人与个人之间的关系,促使会计人员协调一致,保证会计工作正常、稳定、高效的运行;评价功能是指会计职业道德能够通过"评价—命令"方式,激发会计人员的内在积极性和主动性,促进会计人员自我肯定、自我发展、自我完善,推动会计人员的会计行为从"现有行为"向"应有行为"的转化,从而实现对会计领域各种会计关系的调节;教化功能基于道德的劝善戒恶,借助舆论影响人的道德良心和情感,进而在形成会计职业道德风尚的过程中,影响会计人员的职业道德观念和行为,培养起践行会计职业道德行为的自觉性和主动性。

会计职业道德的作用主要体现以下四个方面,第一,是规范会计行为的基础。通过对会计人员工作动机的根本性引导,进而树立会计人员正确的职业观念,建立良好的职业品行,从而达到规范会计行为的目的。第二,是实现会计目标的重要保证。由于会计职业具有技术性和经济利益协调的双重特性,从而要求会计人员在实现会计目标的过程中保持中立,并坚守准则和职业操守,满足服务对象对会计信息的正确决策要求。第三,是对会计法律制度的重要补充。法律只是规定了人在特定活动中的行为准则下限,人们现实中的很多行为很难都由法律作出规定。在会计工作中,会计人员的工作热情与心态更多源于内在的道德约束,不宜上升到法律界定,所以职业道德素养将与相关法律互为补充。第四,是提高会计人员职业素养的内在要求。会计职业的专业性和技术性随着外部环境的变迁日益提升,迫使从业人员相应提升和更新自己的专业能力,而这种自我提升更需要内在职业道德素养的有力支持,更进一步加强自我修养。

(二) 会计职业道德规范的内容

会计职业道德规范是指在一定社会经济条件下,对会计职业行为及职业活动的具体要求或明文规定。我国会计职业道德规范的主要内容包括如下三个方面。

1. 坚持诚信,守法奉公

会计人员应牢固树立诚信理念,以诚立身、以信立业,严于律己、心存敬畏。学法知法守法,公私分明、克己奉公,树立良好职业形象,维护会计行业声誉。

2. 坚持准则,守责敬业

会计人员应严格执行准则制度,保证会计信息真实完整。勤勉尽责、爱岗敬业,忠于职守、敢于斗争,自觉抵制会计造假行为,维护国家财经纪律和经济秩序。

3. 坚持学习,守正创新

会计人员应始终秉持专业精神,勤于学习、锐意进取,持续提升会计专业能力。不断适应新形势新要求,与时俱进、开拓创新,努力推动会计事业高质量发展。

【知识链接】

安然公司破产案

2001年10月16日,美国安然公司公布其第三季度亏损6.38亿美元;11月29日,安然公司向美国证券交易委员会承认,自1997年以来,共虚报利润5.86亿美元。12月2日,安然公司向纽约破产法院申请破产保护,创有史以来最大宗的破产申请纪录和最快的破产速度。从会计的角度看安然事件,在美国先进会计准则要求下,此事件主要不是会计标准和会计人员的专业水平问题,而是如何坚守职业道德的问题,不论公司财务会计人员,还是社会审计人员都应坚守职业道德底线,保持职业尊严,做高尚的会计人。

第四节 会计档案管理

一、会计档案的含义

会计档案是指记录和反映经济业务事项的重要历史资料和证据,是单位在进行会计核算等过程中接收或者形成的,记录和反映单位经济业务事项的,具有保存价值的文字、图表等各种形式的会计资料,包括通过计算机等电子设备形成、传输和存储的电子会计档案。会计档案从内容看一般应当包括会计凭证、会计账簿、财务会计报告,以及其他会计资料等会计核算的专业资料。会计档案对于单位总结经济工作、指导单位的生产经营管理、查验经济财务问题、防止贪污舞弊、研究发展战略等具有重要的作用,因此各单位必须加强会计档案管理,确保会计档案资料的安全和完整,为日后的查阅和利用提供有力的保证。

会计档案的具体构成包括:①会计凭证类:原始凭证、记账凭证、汇总凭证,其他会计凭证等。②会计账簿类:总账、明细账、日记账、固定资产卡片账、辅助账簿和其他会计账簿。③财务会计报告类:月度、季度、年度财务会计报告,包括资产负债表、利润表、现金流量表和所有者权益变动表,报表附注及文字说明,其他财务会计报告。④其他会计资料:银行存款余额调节表、银行对账单、纳税申报表、会计档案移交清册、会计档案保管清册、会计档案销毁清册、会计档案鉴定意见书及其他具有保存价值的会计资料。

单位可以利用计算机、网络通信等信息技术手段管理会计档案。采用电子计算机进行会计核算的单位,应当保存打印出的纸质会计档案。具备采用磁带、磁盘、光盘、微缩胶片等磁性介质保存会计档案条件的,由国务院业务主管部门统一规定,并报财政部、国家档案局备案。根据《会计档案管理办法》第八条的要求,下列情况下的电子档案可以仅保管电子档案:①形成的电子会计资料来源真实有效,由计算机等电子设备形成和传输。②使用的会计核算系统能够准确、完整、有效接收和读取电子会计资料,能够输出符合国家标准归档格式的会计凭证、会计账簿、会计报表等会计资料,设定了经办、审核、审批等必要的审签程序。③使用的电子档案管理系统能够有效接收、管理、利用电子会计档案,符合电子档案的长期保管要求,并建立了电子会计档案与相关联的其他纸质会计档案的检索关系。④采取有效措施,防止电子会计档案被篡改。⑤建立电子会计档案备份制度,能够有效防范自然灾害、意外事故和人为破坏的影响。⑥形成的电子会计资料不属于具有永久保存价值或者其他重要保存价值的会计档案。

二、会计档案的管理要求

(一)会计档案的归档和查阅

1. 整体要求

企业每年形成的会计档案,应当由会计机构按照归档要求,负责整理立卷归档,包括由电子数据打印形成的纸质文档及电子档案本身。由于会计工作的特殊性,需要在工作中反复查阅以往业务的原始资料,所以会计档案的归档管理实行分段处置。当年形成的会计档案,在会计年度终了后,可暂由企业会计机构保管1年,期满后,应当由会计机构编制移交清册,移交本单位档案机构统一保管。因工作需要确需推迟移交的,应当经单位档案管理机构同意。单位会计管理机构临时保管会计档案最长不超过3年。临时保管期间,会计档案的保管应当符合国家档案管理的有关规定,且出纳人员不得兼管会计档案。

单位会计管理机构在办理会计档案移交时,应当编制会计档案移交清册,并按照国家档案管理的有关规定办理移交手续。纸质会计档案移交时应当保持原卷的封装。电子会计档案移交时应当将电子会计档案及其元数据一并移交,且文件格式应当符合国家档案管理的有关规定。特殊格式的电子会计档案应当与其读取平台一并移交。单位档案管理机构接收电子会计档案时,应当对电子会计档案的准确性、完整性、可用性、安全性进行检测,符合要求的才能接收。

2. 会计凭证的装订和归档

年度终了,要对年度内形成档案的会计凭证进行整理和装订,把所有应归档的会计凭证收集齐全,对各类记账凭证按序分类,同时清点凭证附件,补充遗漏资料,检查凭证中应当签章的内容是否有遗漏,对应签未签的内容找相关人员补充完整;摘除工作中临时固定用的订书钉、曲别针等金属物;最后将凭证按序号顺序排列,并按适当厚度整理成册,以备装订。装订时,要将凭证封面折叠整齐,如使用科目汇总表,应将其置于本册凭证第一张凭证之前。在实际工作中,通常在待装订凭证的左侧打眼、引线,将封面折页后用胶水靠装订线粘好。完成装订的凭证外观应当四边齐整,棱角分明,坚固完整。

凭证应当合理填写外包装信息,包括封面、卷脊。封面各记事栏是事后检索的重要依据,包括启用日期、单位名称、凭证张数、保管期限等,按实、按要求填写即可。按全部凭证册数填写"本月共××册,本册是第××册",凭证号按实际装订情况填写"自第×号至第×号"。关于记账凭证及原始凭证的总页数,要按册内凭证实际清点加计的情况准确填写。最后会计主管人员和装订人员在相应位置签章,并在装订封口处加盖骑缝章。卷脊处一般填写"××××年××月凭证",编号与封面案卷号一致,可采用分数方式标示。

装订好的凭证通常按年份统一编制流水号,卷号与记账凭证册数编号应当一致,然后加装硬质档案盒,由专人负责保管。

3. 会计账簿的装订和归档

对于不同质地的账册,在整理归档时,要进行不同的处理。订本账要检查账册的扉页是否填写完整,目录是否对应,年末封账手续是否完成;活页账在检查扉页无误后,抽掉账夹和空白页,在各账页对应位置补登总页数和分页数,补充完整目录页。依据整理、分册完成的活页账加装封面和封底,按照封面、扉页、目录、账页及封底的顺序排序后,装订成册。

装订完毕的账册需要按年顺序编号,通常为总账、现金日记账、银行存款日记账、固定资产明细账、低值易耗品明细账及其他明细账等。装订好的账册要详细填写封面和卷脊,封面包括单位名称、会计年度、账簿名称、账簿编号和起讫页次等,卷脊主要有所属年度、账簿名称、编号、保管期限等。相关人员要在档案适当位置处签章。

装订并编号完成的账册最后加装硬质档案盒,由专人负责保管。

4. 财务会计报告的整理

财务会计报告一般是按月报、季报、年报分别整理、装订和立卷,其中年终决算报告要单独立卷,季报和月报可视具体数量情况全年一卷或者多卷。月(季)度财务会计报告,由会计主管人员负责保存。年终要将全年的财务会计报告按时间顺序整理,装订成册,登记《会计档案目录》,逐项写明财务会计报告的名称、页数、归档日期等,顺序依次是封面、财务情况说明书、财务会计报告和封底。

经会计机构负责人审核盖章后,由主管财务会计报告的人员负责装入硬质档案盒归档。

5. 其他会计资料的整理

其他会计资料通常是财务部门日常工作中形成的成本、利润计划,收支计划,经济活动分析报告等,一些重要的经济合同也随同正式会计档案进行收集整理。会计档案的收集要规范化,卷脊、封面的内容按统一项目印制、填写,封面、档案盒、档案袋要统一尺寸。

(二) 会计档案的保管期限和查阅要求

1. 会计档案的保管期限

会计档案的保管期限分为永久、定期两类。定期会计档案的保管期限一般分为10年和30年。会计档案的保管期限从会计年度终了后的第一天算起。

企业和其他经济组织会计档案的保管期限见表11-1。

表11-1　　　　　企业和其他经济组织会计档案的保管期限

序号	档案名称	保管期限	备注
一	会计凭证		
1	原始凭证	30年	
2	记账凭证	30年	
二	会计账簿		
3	总账	30年	
4	明细账	30年	
5	日记账	30年	
6	固定资产卡片		固定资产报废清理后保管5年
7	其他辅助性账簿	30年	
三	财务会计报告		
8	月度、季度、半年度财务会计报告	10年	
9	年度财务会计报告	永久	
四	其他会计资料		
10	银行存款余额调节表	10年	
11	银行对账单	10年	
12	纳税申报表	10年	
13	会计档案移交清册	30年	
14	会计档案保管清册	永久	
15	会计档案销毁清册	永久	
16	会计档案鉴定意见书	永久	

2. 会计档案的查阅

根据《会计档案管理办法》的要求,"单位应当严格按照相关制度利用会计档案,在进行会计档案查阅、复制、借出时履行登记手续,严禁篡改和损坏。单位保存的会计档案一般不得对外借出。确因工作需要且根据国家有关规定必须借出的,应当严格按照规定办理相关手续。""会计档案借用单位应当妥善保管和利用借入的会计档案,确保借入会计档案的安全完整,并在规定时间内归还。"所以,各单位应当建立、健全会计档案的利用管理制度,一般应设置专门的查阅位置,阅毕归还时应认真清点,防止遗漏。

此外,《会计档案管理办法》还规定,会计档案及其复制件需要携带、寄运或者传输至境外的,应当按照国家有关规定执行。

(三) 会计档案的销毁

当会计档案达到规定期限后,就可以在审查、鉴别后,经过必要的审批程序后予以销毁。会计档案保管期满后需要销毁时,由本单位档案保管部门提出销毁意见,会同财会部门共同鉴定审查后,进入销毁程序。其中下列会计档案不得销毁:①保管未满期档案。②涉及未了结债权、债务的原始凭证。③涉及土地、房产产权转让的契约、图纸、证券、收支凭证、特殊政策证明等。④涉及外事的凭证。⑤涉及历史遗留问题,具有重要参考价值的原始凭证等。⑥项目建设期间的建设单位的满期会计档案。

电子会计档案的销毁还应当符合国家有关电子档案的规定,并由单位档案管理机构、会计管理机构和信息系统管理机构共同派员监销。

保管期满、符合销毁条件的会计档案,需经如下程序完成销毁:

(1) 由本单位档案机构会同会计机构提出销毁意见,编制会计档案销毁清册,列明销毁会计档案的名称、卷号、册数、起讫年度和档案编号、应保管期限、已保管期限、销毁时间等内容。

(2) 单位负责人在会计档案销毁清册上签署意见。

(3) 销毁会计档案时,应由档案机构和会计机构共同派员监销。此外,国家机关销毁会计档案时,应当由同级财政部门、审计部门派员参加监销;财政部门销毁会计档案时,应当由同级审计部门派员监销;各级主管部门销毁会计档案时,应由同级财政部门、审计部门派员监销。

(4) 监销人在销毁会计档案前,应当按照会计档案销毁清册所列内容清点核对所要销毁的会计档案。销毁后,应当在会计档案销毁清册上签名盖章,并将监销情况报告本单位负责人。

第五节 会计信息化发展

一、会计信息化的含义

会计作为一个以提供财务信息为主的信息系统,长期以来在企业的经营管理中起着重要作用。同时,现代会计在 100 多年的发展历程中也逐步形成了一套完整的理论体系、处理方法及流程。20世纪70年代以来,计算机技术飞速发展,其良好的性价比促使众多公司在会计工作中应用计算机。我们可以将会计信息理解为是计算机替代人工进行证、账、表的流程处理,并应用会计信息进行预、决策的过程,是计算机及网络等现代信息技术在会计中的应用。

从过去40多年的发展历程看,随着计算机软、硬件技术,特别是20世纪90年代以来网络技术的发展,企业的适应和应对能力成为其生存和发展的先决条件,而这种能力的形成又离不开对信息的应用和处理,并逐渐趋向于依托现代计算机网络技术,将财务会计、业务处理、计划管理及人力资源等构成集成化系统,从而快速进行信息分析、筛选和归纳后形成信息流,与企业的物流和资金流融合,由此对业务处理进行有效控制,为企业提供更科学、更专业的管理方式,为企业的决策提供依据,从而全面提高企业的竞争力,以应对日益激烈的国内、国际市场竞争。在这一过程中,企业必须借助现代计算机、网络及信息技术,建立和完善会计信息系统,从而有效发挥会计的管理和预、决策职能。在这一过程中,会计电算化也向着会计信息化演进。

二、信息化建设对会计工作的影响

伴随着计算机在会计工作中应用的深入,会计电算化乃至会计信息化对会计工作产生着日益深远的影响。从微观的会计工作层面看,计算机改变和提升着会计证、账、表等具体核算工作的方式和效率;从宏观的会计工作层面看,引入信息技术的会计系统使机构、控制和对企业整体的预、决策支持等方面都发生了根本的转变。

(一)数据处理方式发生变化

传统手工账务处理一般从整理、审验原始凭证开始,且在后续的账务处理过程中往往要依据内部牵制的原则,进行明细分类和总分类账的两次登记,以防止手工会计条件下可能出现的错误和舞弊,但付出的代价是财务人员的高强度工作,以及牺牲财务的工作效率。而会计电算化系统通常借助人工编制、录入记账凭证,为后续的账、表处理提供基础数据。由此会计数据的处理过程分解为输入、处理和输出三个环节,此时数据处理的重心在于输入环节,只要确保输入环节的正确合规,数据处理和输出则完全可以实现自动化。而且随着信息技术的进步,有些行业或者集团内部实现了数据联网,某些业务数据可以在系统内传递至财务,并自动确认和编制相应的记账凭证,在较高层次上实现了数据共享。

(二)账务记录的内涵有了根本转变

在手工条件下,会计账务处理通常需要根据企业规模及业务量的多寡,组织设计汇总或者非汇总的会计核算模式,并严格设置日记账、明细账及总账等相互制约的账簿体系,以实现会计信息的整理、分类和归集,并为后续的会计报表编制提供数据。在计算机环境下,由于账务处理系统采用具有特定功能的记账程序自动完成记账过程,明细数据与汇总数据同时产生,且往往生成的数据均来源于记账凭证,因而不需要一一对应的账簿体系,只要软件正确,相互间的数据必定一致,在这样的条件下,传统的账证、账账相符的制约机制也失去了应有的意义。而且随着计算机软、硬件技术的发展,计算机条件下的会计账务处理有了新的拓展,将服务于企业内部管理的往来、部门及项目等纳入辅助核算,在提升财务管理效率的同时,降低了对外账务系统的容量。

(三) 财务会计报告体系有所不同

引入信息技术后，会计工作将在三个方面对传统的财务会计报告体系产生影响。首先是报告的时效性得到增强，在计算机处理尤其是网络环境下，会计系统除提供传统的月、季、年等定期的财务会计报告外，还可以根据特定需求提供即时报告，企业发生的经济事项在经由系统生产记账凭证并确认后，便具有了即时更新系统数据的能力，即可向内部或外部信息使用者提供相关信息。其次是报告的内容和格式得到拓展。企业管理当局、投资者、债权人、政府及其机构以及社会公众等共同构成了企业会计信息的使用群体，虽然相互的目的和重心不尽相同，但传统财务会计报告基于成本和会计规范的要求，通常只提供一套内容和格式相对固定的财务会计报告，然后由使用人自行加工。信息技术的介入使得财务部门有能力根据使用人的差异提供差异化的财务会计报告，如提供基于多种计量属性的财务会计报告，提供货币信息和非货币信息相结合的财务会计报告等，而且在报告格式上也可以根据使用者的情况灵活调整。再次是报告的传送和查阅更加便捷。除传统的书面财务会计报告外，企业可以授权信息使用者或者有关部门自行通过网络和按自己的需求查阅、下载及打印报告。而且随着企业报告发布的网络化，各利益相关者获取相关信息的便利性显著提高，也在客观上增加了企业会计信息的透明度，使社会监督机制更好地发挥作用，有利于防止会计信息失真。

(四) 会计档案存储及传输体系有所不同

不同于手工账务处理过程中形成的纸质档案，在会计信息化条件下，大量的会计档案以电子数据的形式存储在磁盘、光盘等磁性介质上，因此在物理存量及后期的使用方面，较之传统的纸质档案都有着巨大的优越性。而且借助互联网技术，电子化的会计数据可以即时传输，相较于借助邮政等系统进行的传统数据传递方式，极大地提升了会计信息的时效性。针对磁性存储介质的特殊性，财务部门还需要在新的条件下，进行必要的数据备份，并根据磁盘、光盘等存储介质的差异建立有针对性的档案管理制度，确保数据的安全。实行会计电算化的单位，需要对会计档案进行纸质及电子文档的双重存储。

(五) 会计数据的查阅有所不同

在传统手工账务处理模式下，财务部门通常保有上一年度及本年度进行中的财务资料，因此在查阅的过程中如涉及以往年度，常常需要办理相关档案借阅手续，且在查阅的过程中数据的检索和筛选比较繁琐，整个过程费时费力。在电算化条件下，随着数据库及数据存储技术的发展，计算机系统内通常可以存储连续多个会计年度的数据，这样一方面相关人员可以借助计算机技术提供的检索技术快速筛选、定位相关数据，另一方面可以自如查阅过往的历史数据，之后再根据需要直接调阅相关原始资料，从而完成快速、高效的资料查阅。

三、会计信息化建设的实施

(一) 面向财务的部门级会计信息系统

这是目前多数企业在开展会计电算化的过程中选择的模式，根据企业财务管理工作的需要，围绕账务处理系统，有选择地购买或者开发若干功能相互独立又相互联系的子系统，组成一个相对完整的会计信息系统，在这种模式下，企业会计信息系统的功能结构将随着企业经营管理需求的提升而不断进步和完善。由于主要面向财务工作,与会计电算化发展之初用于规范会计核算业务、减轻会计人员工作强度的目的相类似,这种模式的应用从子系统的构成上看,主要包含账务、报表、工资、固定资产等模块,相对结构简单,其模块化的组成模式在满足不同客户需求的同时,也因其构造灵活、成本低廉而易于推广和被多数企业接受。

财务会计主要是围绕总账(账务处理),辅以电子报表、工资、固定资产、应收应付、资金管理和成本核算等模块,全面服务于企业的会计核算和财务管理。在整个系统中,账务处理子系统是会计信息系统的核心,其他子系统通过读取账务处理子系统的数据进行核算,并将处理结果汇总后传递至账务处理子系统进行最终账务处理。所以账务处理子系统起着汇总企业经济活动数据、提供综合性财务信息的作用,为报表及财务分析子系统提供基础数据。

(二)面向企业整体的企业资源计划

企业资源计划(enterprise resources planning,ERP)可以理解是一种管理模式,或者企业基于提高对用户需求的有效而相应采取的措施,其核心思想可以概括为以客户需求为中心的供应链管理,强调事前的实时控制和生产流程各个环节间的协调和统一。企业资源计划的产生和发展主要得益于经济全球化的发展背景下,企业在面对激烈的市场竞争、信息爆炸带来的海量信息处理压力,以及满足客户日益苛刻的个性需求时,企业决策者需要迅速、实时地对市场动态作出反应,进而增强企业的竞争优势。在这一外部环境的推动下,结合20世纪七八十年代以来,随着管理思想的发展和计算机引入企业管理,工业企业开始借助先进的信息技术研发制造技术和管理方法。20世纪90年代,美国的加特纳公司(Gartner Group)在总结当时企业信息系统应用现状的基础上,提出了ERP的概念。作为企业管理思想,ERP是一种新型的管理模式;作为一种管理工具,它是一套先进的信息系统,是对前期管理系统的超越。

ERP系统中的计划体系主要包括:主生产计划、物料需求计划、能力计划、采购计划、销售执行计划、利润计划、财务预算和人力资源计划等,而且这些计划功能与价值控制功能已完全集成到整个供应链系统中。而且,ERP系统通过定义事务处理(transaction)相关的会计核算科目与核算方式,以便在事务处理发生的同时自动生成会计核算分录,保证了资金流与物流的同步记录和数据的一致性,从而实现了根据财务资金现状可以追溯资金的来龙去脉,并进一步追溯所发生的相关业务活动,改变资金信息滞后于物料信息的状况,便于实现事中控制和实时作出决策。

(三)面向利益整体的供应链管理

随着经济全球化、一体化的出现,企业的经营业绩越来越受到外部环境的影响。实践表明,仅是内部成本效益达到最优并不必然取得成功,企业的成功不仅在于了解、改进和协调自身的各项职能,还需要在客户、供应商等外部利益链条的环节之间建立高效的协作关系。现代社会条件下企业间的竞争实质是企业间价值链条的竞争,由此产生了供应链管理(supply chain management,SCM)的思想。

长期以来,企业处于管理和控制的目的,对其产业上游的供应商多采用投资自建、投资控股或者兼并的"纵向一体化"管理模式,以增强核心企业的控制能力,使企业在市场竞争中掌握主动,从而实现企业整体的利益最大化,但这种发展模式需要相对稳定的外部市场环境。全球经济一体化和信息技术的快速发展,加剧了市场的竞争程度,客户的需求在不断变化,"纵向一体化"管理模式无法快速响应市场机遇的发展弊端日益显现,由此促使人们另寻方策。企业管理者开始尝试将目光移出企业,希望借助外力满足市场对自身的要求,由此出现了"横向一体化"的管理模式,SCM即是其中的典型代表。

SCM的主要目标在于提高用户的服务水平和降低总的交易成本,以各种技术为支持,围绕供应、生产作业、物流及满足需求来实施,其相关的管理软件通常由供应链关系管理、销售管理、采购管理和计划编排等部分构成,能为企业从原料供应商到客户的整个供应链提供快速的信息交流,有效管理内外资源,改善服务,减少库存,降低成本,提高企业竞争能力。20世纪80年代中期以来,工业发达国家中有近80%的企业开始放弃"纵向一体化"的管理模式,转为全球制造和全球供应链管理,SCM的实践已扩展到了一种所有加盟企业的长期合作关系,超越了最初那种基于某些业务活动而形成的短期经济关系,从一种作业性的管理工具转化为管理性的方法体系。与传统的简单化竞争不同,供应链成员之间形成共同创造新利益的合作伙伴关系,在不损害彼此利益的前提下,实现双赢的局面。

四、"大智移云"背景下的会计

早在1980年,著名未来学家托夫勒在其所著的《第三次浪潮》中就热情地将"大数据"(big data)称颂为"第三次浪潮的华彩乐章"。进入21世纪以来,社会信息技术快速发展,人们对数据的处理能力迅速增强,并对数据的价值有了全新的推进。《自然》杂志在2008年9月推出了名为"大数据"的封面专栏,"大数据"概念迅速走红。大数据是指无法在可承受的时间范围内用常规软件工具进行捕捉、管理和处理的数据集合。在维克托·迈尔—舍恩伯格及肯尼斯·库克耶编写的《大数据时代》中,大数据是指不用随机分析法(抽样调查)这样的捷径,而采用所有数据进行分析处理,大数据具有"4V"特点:volume(大量)、velocity(高速)、variety(多样)、value(价值)。大数据技术的战略意义不在于掌握庞大的数据信息,而在于对这些含有意义的数据进行专业化处理。换言之,如果把大数据比作一种产业,那么这种产业实现盈利的关键,在于提高对数据的"加工能力",通过"加工"实现数据的"增值"。

"大智移云"(大数据、智能化、移动互联网和云计算)一词则是在2013年8月中国互联网大会上提出来的,其中"智能化"包括物联网和大数据挖掘支撑的用户体验。移动互联网、物联网的结合,又使大数据的产生与收集成为可能。"大智移云"彼此又相互关联,移动互联网和物联网的应用需要云计算支撑,大数据的深入分析和挖掘反过来助推移动互联网和物联网的发展,使软硬件更加智能化。整体而言,大智移云是将大数据、云计算、物联网综合到一起,云计算、大数据等信息技术交融渗透,不仅改变着人们的生活,也有望掀起新一轮产业变革。这些信息化的技术和手段在推动社会相关业务实践发展的同时,将会彻底颠覆财务的传统模式,带来会计实务的再次飞跃。

财务处于企业信息流的关键环节,负责加工处理企业基础业务数据。大数据的出现使财务管理将不再局限于传统的财务维度,而是向销售、研发、人力资源等多个维度延伸和渗透。基于大数据技术,财务将成为企业的大数据中心,负责收集、处理、分析与企业业务有关的所有财务数据、非财务数据、结构化数据、非结构化数据,并进行深度挖掘与管理,通过高效的报表系统,实现各类业务数据的实时可视化呈报,为企业管理者提供决策依据,提升企业核心竞争力。

在"大智移云"时代下,信息系统互联互通,实现供应商系统、银行系统、合同管理系统等业务系统与财务信息系统之间的无缝衔接。随着电子发票的推广和普及,财务档案将实现完全电子化,不仅节约纸质传递成本和档案管理成本,更实现了低碳可持续发展。信息的传递与共享通过网络实现,可以预见的是,这一过程中纸质会计凭证将逐步失去以往的业务影响,甚至消失。

随着人工智能这一科技创新技术引入会计、税务、审计等财务工作中,财务标准化、流程化的工作将不可避免地逐渐被机器替代。在信息技术的发展背景下,财务信息系统和业务系统实现全面对接,数据的产生、传递、匹配、校验过程无需任何人工操作,全面实现无人值守自助报销,自动化票据采集、数据录入、凭证账簿生成、税务申报等,极大节约人力,提高工作效率。依托财务信息系统,由业务信息自动生成记账凭证、登记会计账簿、编制会计报表,实现财务核算及会计报表的自动化。同时,财务分析报表智能化,对企业经营和财务状况进行全面分析诊断,自动生成实时性、可视化报告。

目前可以预测以及已经部分实现的情况是,财务工作正朝着更加无纸化、智能化、自动化的方向发展,财务越来越多的基础化工作被计算机替代,以财务共享为主要实现方式的财务工作集约化效率显著提升,财务基础工作量大大减少。但与之相对应的是,管理会计的工作,如财务预测、财务分析、财务决策支持的需求越来越多,财务人员需要转型,来全面支撑企业的战略和经营。此外,移动互联网将使企业业务流程的"5A"模式成为可能,即任何人(anyone)可在任何时间(anytime)、任何地点(anywhere),通过任何设备(any device),接入互联网,即可以处理与业务相关的任何事情(anything)。借助于移动互联网,企业管理者及业务人员可以突破办公场所、上网条件等限制,通过智能终端就可对诸多业务进行移动管理,管理随时随地触手可及。

【关键术语】

会计法律　会计行政法规　会计准则　国际会计准则　会计工作管理　会计从业资格
会计职业道德　会计档案　会计信息化　企业资源计划　供应链管理　大数据

【问题思考】

1. 我国会计法律制度如何构成?
2. 什么是会计准则?会计准则产生的根源是什么?
3. 我国会计准则体系如何构成?
4. 我国会计工作管理体制如何分工?
5. 会计机构的设置有哪些方式?会计人员回避有哪些类型?
6. 我国会计专业职务如何分类?
7. 什么是会计职业道德?它有哪些构成内容?
8. 会计档案如何构成?会计档案管理有哪些要求?
9. 信息化建设对会计工作有什么影响?

【思政语录】

1. 善治财者,养其所自来,而收其所有余,故用之不竭,而上下交足也。　　——司马光
2. 君子爱财,取之有道。
——《增广贤文》

练　习　题

姓名＿＿＿＿
学号＿＿＿＿
分数＿＿＿＿

扫二维码获得更多
本章习题及案例

一、单项选择题

1. 按照法律层次,会计准则属于(　　)。
   A. 会计法律　　　B. 行政法规　　　C. 部门规章　　　D. 规范文件
2. 按会计法规规范的内容划分,会计准则属于(　　)。
   A. 会计核算法规　　　　　　　　B. 会计监督法规
   C. 会计机构和会计人员法规　　　D. 会计工作管理法规
3. 我国现行的《中华人民共和国会计法》是从(　　)年开始实施的。
   A. 1985　　　B. 1993　　　C. 2000　　　D. 2006
4. 我国现行的《会计法》分(　　)。
   A. 七章五十二条　　　　B. 七章四十六条
   C. 六章四十六条　　　　D. 十一章五十条
5. 我国《会计法》第七条规定,"(　　)主管全国的会计工作。"
   A. 国务院财政部门　　　B. 政府主管部门
   C. 证券监管部门　　　　D. 审计署
6. 我国《会计法》第三十六条明确规定:"(　　)必须设置总会计师。"
   A. 国有的和国有资产占控股地位或者主导地位的大、中型企业
   B. 股份制企业
   C. 外资企业
   D. 大、中型企业
7. 大、中型企业设置的总会计师属于(　　)。
   A. 专业技术职务　　　B. 会计机构负责人
   C. 会计主管　　　　　D. 财会工作的行政主管
8. 定期保管会计档案的保管期限有(　　)年和30年。
   A. 5　　　B. 10　　　C. 15　　　D. 20
9. 会计档案的保管期限,从(　　)算起。
   A. 归档的当天　　　　　B. 归档后的第一天
   C. 归档后1年　　　　　D. 会计年度终了后的第一天

二、多项选择题

1. 下列各项中,属于会计工作职责的有(　　)。
   A. 进行会计核算　　　B. 实行会计监督

C. 拟订业务计划　　　　　　　　D. 制定会计核算办法
2. 会计人员按专业技术职务可分为（　　）等。
   A. 助理会计师　　　　　　　　B. 会计师
   C. 高级会计师　　　　　　　　D. 总会计师
3. 按会计法规规范的内容分类,会计法规可分为（　　）。
   A. 会计核算法规　　　　　　　B. 会计监督法规
   C. 会计机构和会计人员法规　　D. 会计工作管理法规
4. 下列法规规范中,属于会计行政法规层次的有（　　）。
   A.《企业财务会计报告条例》　　B.《总会计师条例》
   C.《企业会计准则——基本准则》D.《企业内部控制基本规范》
5. 基本准则在会计准则体系中的地位和作用主要表现为（　　）。
   A. 是制定具体准则的基础,统驭具体准则的制定
   B. 为会计实务中出现的、具体准则尚未规范的新问题提供会计处理依据
   C. 明确财务会计目标
   D. 明确财务会计报告的编制要求
6. 具体会计准则按其内容可以分为（　　）三类。
   A. 资产类会计准则　　　　　　B. 共性业务会计准则
   C. 特殊行业特殊业务会计准则　D. 会计报告准则
7. 下列会计档案中,保管期限为30年的包括（　　）。
   A. 记账凭证　　　　　　　　　B. 总账
   C. 年度财务报告　　　　　　　D. 银行对账单

三、判断题

1. 国家统一的会计制度由国家财政部门制定。　　　　　　　　　　　　（　）
2. 我国企业会计的具体准则最早是在1997年推出的。　　　　　　　　（　）
3. 非独立核算单位不能单独编制对外会计报表。　　　　　　　　　　　（　）
4. 月度、季度财务会计报告属于保管期限为5年的会计档案。　　　　　（　）
5. 一般会计人员办理交接手续,应由单位负责人监交。　　　　　　　　（　）

【实训案例】

2002年11月15日,郑州市中级人民法院对郑州百文原董事长、法人代表李福乾,原总经理卢一德,财务处主任都群福提供虚假财务报告案件进行了审理,认为3人存在如下犯罪事实：

（1）被告人李福乾作为董事长和法人代表,在已知公司1997年经营亏损,在1997年年底首次报表汇总亦显示亏损的情况下,指示财务部门和家电分公司在1997年度财务报表中披露已完成年初下达的盈利目标。

（2）被告人卢一德签发紧急通知,要求家电分公司财务部门把实际上未到位的1997年供应商返利"以预提形式在1997年度财务报表中反映"。被告人都群福指示总公司财务人员将各分公司所报当年的财务报表全部退回作二次处理,并明确要求不准显示亏损。

(3) 按照3名被告人的要求,家电分公司等部门财务人员在重新编制财务报表时,采取虚提返利以及将1997年财务费用推迟到1998年列账的手段,虚增利润8 658.99万元。

(4) 1998年3月10日,郑州市会计师事务所为郑州百文出具了无保留意见的审计报告。3月11日,李福乾签发了《郑州百文股份有限公司(集团)1997年度报告》,向社会发布,报告披露盈利8 563.76万元,从而使郑州百文在1998年7月实施了配股方案。其后因上述作假手段以及经营不善等原因,郑州百文在1998年出现50 241.46万元的巨额亏损,使股东权益包括配股资金当年即损失98.79%。

鉴于以上事实,法院判处李福乾有期徒刑3年,缓刑5年,并处罚金人民币5万元;判处卢一德、都福群有期徒刑2年,缓刑3年,并处罚金人民币3万元。

试对法院的判罚依据和结果进行分析。